하루 30분

그날그날 기분 따라 골라 읽는

일상의 인문학

하루 30분

그날그날 기분 따라 골라 읽는

일상의 인문학

김병철 지음

자화상

우리 삶
그 자체가 인문학

이 책은 역사책도 인문학책도 아니다. 이 책은 일상의 인문학을 지향한다. 일상의 인문학이란 말 그대로 우리 일상이 인문학이라는 뜻이다. 인문학은 인간과 문화를 다룬 학문이고, 문화는 자연 발생적인 것들을 제외한 인간이 만든 모든 인위적인 것을 말한다. 그래서 나는 우리 삶 그 자체가 인문학이라고 생각한다. 우리는 사람이고 우리의 발자취가 문화이기 때문이다. 그러나 많은 사람이 인문학은 문학, 역사, 철학이라는 고정관념을 가지고 있다. 특히 역사는 시험을 위해 암기해야 할 그 무엇이라 생각한다. 이 때문에 역사 공부를 포기하는 것이다. 그래서 만든 것이, 유튜브 채널 '일상의 인문학'이다.

2011년 12월 15일 유튜브에 가입해 2013년 5월 17일 첫 동영상을 올렸으니 벌써 꽤 많은 시간이 흘렀다. 이 글을 쓰는 현재까지 올린 동영상은 1,300여 개이고, 구독자는 20만 5천 명이며, 조회수는 4천 8백만여 회다. 활동한 시간에 비해 훌륭한 성과는 아니지만, 지금까지 꾸준히 운영하고 있다는 데 자부심을 느낀다.

나는 일상의 인문학 채널을 통해 사람들에게 우리의 삶 자체가 인문학임을 알리고 싶었고 영상에 달린 댓글들을 보면 그 진심이 전해졌음을 알 수 있다. “학교 다닐 때 역사를 이렇게 배웠으면 포기하지 않았을 겁니다.”, “지금까지 잊고 살았던 걸 알게 해주셔서 감사합니다”, “마지막 메시지가 감동이에요” 등의 댓글 등을 보면 고맙고 뿌듯하다.

유튜브 채널 일상의 인문학에 올라와 있는 강연은 모두 일상을 살아가는 데 꼭 필요한 메시지를 담고 있다. 그리고 그 메시지는 나와 강사님들이 함께 만들었다. 유튜브 채널 일상의 인문학을 기반으로 쓴 이 책 또한 지향하는 바는 같다.

이 책을 읽을 때는 연도와 사건보다 메시지에 집중해주길 바란다. 역사적 사건 하나 더 기억하고, 연도 하나 더 외운다고 인생이 달라지진 않는다. 그러나 이 책에 실린 메시지에 주목하고 나아가 작은 지혜와 깨달음을 얻게 된다면 당신의 인생이 좀 더 긍정적으로 발전할 수 있을 것이다.

나는 'KBC인재경영연구소'라는 1인 기업을 운영하고 있다. KBC인재경영연구소에서 하는 일은 특강, 컨설팅, 강사 양성, 강연 콘텐츠 개발(Youtube) 등이다. 이 책의 내용은 유튜브 채널 일상의 인문학 재생목록에 있는 '배은숙의 호락호락한 세계사', '강혜영의 친절한 역사 이야기', '김병철의 향기 노트'에서 가져왔다. 배은숙 교수님은 세계사 전문가이고, 강혜영 교수님은 한국사 전문가이며, 나는 정체성 찾기 전문가다. 우리는 수년간 메시지가 담긴 인문학 강연 콘텐츠를 함께 개발해 왔고 그중 꼭 전달하고 싶은 내용을 글로 쓴 것이 바로 이 책이다.

배은숙 교수님과 강혜영 교수님이 안 계셨다면 나는 감히 이 책을 쓰지 못했을 것이다. 나는 역사 전문가가 아니기에 두 분에게 정말 많은 도움을 받았다.

부디 이 책이 당신의 일상을 조금이라도 더 가치 있게 만들 수 있다면 나는 더 바랄 것이 없겠다.

김병철

I.

자존감을 높이고 싶을 때 읽는
정체성 확립을 위한 인문학

II.

배짱을 키우고 싶을 때 읽는
리더십 향상을 위한 인문학

Ⅲ.

새로운 사람을 만나기 전날 읽는
인간관계를 위한 인문학

Ⅳ.

삼일절과 광복절 즈음에 읽는
애국심을 일깨우는 인문학

V.

나이 듦에 대해 생각할 때 읽는
인생 2막을 위한 인문학

VI.

문득 반항심이 들 때 읽는
아웃사이더를 위한 인문학

I

자존감을 높이고
싶을 때 읽는

정체성 확립을 위한
인문학

인생의 선택권이 내게 있다는 것

시시포스의 신화

코린트 운하는 그리스 본토와 펠로폰네소스 반도를 연결하는 코린토스 지협을 가로지르는 폭 24m, 깊이 8m, 길이 6.346km의 소규모 운하다. 이 운하를 건설함으로써 배들은 돌아가면 700km나 가야 하는 거리를 가로질러서 약 6.4km에 갈 수 있게 되었다. 이 운하는 고대 로마 시대 네로 황제가 노예 6천 명을 모아 운하를 건설하려고 시도했다가 실패했다가 이후 1881년부터 1893년까지 프랑스가 투자해서 이 운하를 건설하는 데 성공했다.

운하가 있는 도시국가의 이름은 코린토스고 코린토스를 창건한 왕이 바로 시시포스다. 시시포스 왕에 대해 로마의 시인 호메로스는 "인간 중에 가장 현명하고 신중한 자다."라고 말했다. 그런데 신들의 입장은 달랐다. 신들은 시시포스가 엿듣기 좋아하고, 입이 싸고, 교활하고, 신들을 우습게 여기는 인간이라 여겼다. 왜 그랬을까?

시시포스의 형벌

아폴론이라는 신이 있다. 아폴론은 음악의 신이기도 하고, 태양의 신이기도 하고, 지혜의 신이기도 하다. 어느 날 아폴론이 소를 키우고 있었는데 전령의 신 헤르메스가 아폴론의 소를 훔쳤다. 헤르메스가 세상에 태어나 처음 한 일이다. 태어나자마자 도둑질을 한 거다. 그런데 헤르메스가 훔쳐 가는 걸 시시포스 왕이 보고 아폴론에게 알려주었다. 그러자 아폴론은 제우스를 찾아가 도둑맞은 소를 찾아달라고 했고 제우스는 그 소를 찾아주었다. 문제는 이런 사건들로 제우스가 인간 주제에 신들의 일에 자꾸 끼어드는 시시포스를 못마땅해했다는 거다.

그러던 중 제우스가 독수리로 변신해 강의 신 아포소스의 딸 아이기나를 납치해 오이노네 섬으로 데려가는 일이 발생했는데 이걸 또 시시포스가 봤다. 시시포스는 또 강의 신 아소포스에게 고자

질하러 갔는데 아니나 다를까 아포소스가 열심히 딸을 찾고 있었다. 그 모습을 본 시시포스는 이런 생각을 했다.

'코린토스는 물이 부족하고, 아포소스는 강의 신이니, 거래하면 되겠다.'

그래서 시시포스는 아소포스에게 "코린토스의 중심 아크로폴리스에 우물을 하나 파주면 딸이 있는 곳을 알려드리겠습니다."라고 말했다. 아소포스는 기꺼이 우물을 파주었고 딸이 있는 곳을 알려달라고 했다. 그러자 시시포스는 이렇게 대답했다. "커다란 독수리가 당신의 딸을 납치해 오이노네 섬으로 날아갔습니다."

뭔가 아주 중요한 내용이 빠진 듯하지 않은가? 시시포스는 그 독수리가 제우스라는 말을 하지 않은 것이다. 아소포스는 이 사실을 모른 채 딸을 찾으러 오이노네 섬으로 갔고 결국 제우스의 벼락을 맞고 섬에서 쫓겨나고 말았다.

이런 시시포스의 잇따른 고자질에 화가 난 제우스는 죽음의 신 타나토스에게 명령을 내렸다. "건방진 시시포스의 목숨을 거두어라." 그러나 시시포스는 타나토스가 올 거라는 걸 미리 알고 문 뒤에 숨어서 타나토스가 나타나길 기다렸다. 그리고 타나토스가 나타나자 쇠사슬로 묶어버렸다. 명색이 죽음의 신인 타나토스가 인간 시시포스에게 잡히는 엄청난 굴욕을 당한 거다. 그런데 더 큰 문제가 있었다. 죽음의 신이 잡혀 죽음이 사라졌다. 인간들이 아무리 싸워도, 중병에 걸려도 앓기만 할 뿐 죽는 사람이 없어진 거다.

죽는 사람이 없어지면 또 열받는 신이 있다. 바로 저승(명계)의 신 하데스였다. 하데스는 제우스에게 강력하게 항의했다. 죽음의 신이 잡히다니, 무슨 이런 망신이 있느냐고. 또 죽는 사람이 없어지면 할 일이 없어지는 세 명의 신이 있다. 바로 '운명의 세 여신'이라 불리는 클로토, 아트로포스, 라케시스였다.

클로토는 운명의 실을 뽑아내는 신으로 생명을 창조하는 역할을 하고, 라케시스는 운명의 실을 감는 여신으로 인간의 운명을 배당하는 역할을 하고, 아트로포스는 운명의 실을 자르는 신으로 죽음을 관장했다. 그런데 죽는 사람이 없으니 세 여신 역시 할 일이 없어진 거다. 그래서 운명의 세 여신도 제우스에게 강력하게 항의했다. 그래서 제우스는 타나토스를 구하고 시시포스를 잡아 오라고 아들 아레스를 보냈다. 아레스는 피와 살육을 즐기는 굉장히 무시무시한 전쟁의 신이다.

시시포스는 이번에도 아레스가 온다는 걸 미리 알았지만 아무리 생각해도 아레스는 이길 방법이 없었다. 그래서 아내를 불러 이렇게 말했다. "내가 죽으면 내 시신을 광장에 내다 버리고 절대로 장례를 치르지 마시오." 아레스의 도움으로 풀려난 죽음의 신 타나토스는 시시포스의 멱살을 쥐고 명계의 신 하데스에게 데려갔다. 끌려온 시시포스는 계획대로 슬프게 울기 시작했다. 하데스가 왜 그렇게 슬피 우느냐고 물었더니 시시포스는 이렇게 대답했다. "내 아내가 평소에도 행실이 문란하고 저를 무시했는데, 제가 죽었는데 장래까지 치러주지 않고 동물 밥이나 되라고 길거리에 내다 버렸습니다. 그러니 제가 어떻게 안 슬플 수 있겠습니까?"

참고로 당시 그리스 문화에는 장례를 치르지 않은 영혼은 저승에 가서 제대로 살 수가 없다는 인식이 있었다. 그래서 시시포스의 말을 들은 하데스는 시시포스가 너무 안쓰러워 이렇게 한 번 더 기회를 주기로 했다. "아내를 응징하고 잘못을 바로잡은 뒤에 바로 명계로 돌아오너라!" 그런데 시시포스는 아내를 응징하기는커녕 천수를 누리고 자연사할 때까지 잘 먹고 잘살다 죽었다.

죽은 시시포스는 결국 다시 하데스 앞에 왔다. 화가 난 하데스는 시시포스에게 이런 형벌을 내렸다. "너에게 커다란 바위를 산꼭대기로 밀어 올리는 형벌을 내리겠다."

우리가 자주 보는, 바위를 밀어 올리는 사람이 그려진 그림 속 주인공이 바로 코린토스의 왕 시시포스다. 그 산은 도저히 바위를 세울 수 없는 구조였기에 시시포스는 영원히 바위를 밀어 올리는 형벌을 받은 것이다. 이런 상황을 세 글자로 '부조리'라고 한다.

부조리에 반항하라

부조리의 사전적 의미는 '인생에서 그 의의를 발견할 가망이 없음을 이르는 말.'이다. 다시 말해 아무리 노력해도 아무 의미 없는 짓이 되는 상황을 말한다. 그러니 우리가 흔히 말하는 부조리한 세상에서는 아무리 노력해도 성장할 수 없다. 부조리를 철학적으로 표현하면 '인간의 합리적인 요구와 비합리적인 세상의 대립'이다. 예를 들면 아무리 열심히 일해도 아첨하며 놀고먹는 사람이 더 잘 승진하는 세상인 거다.

부조리라는 말을 처음 한 사람은 노벨문학상을 받은 소설가 알베르 카뮈다. 그렇다면 알베르 카뮈가 말한 '인간의 합리적인 요구'는 무얼 의미하는 걸까? '희망'이다. 알베르 카뮈가 쓴 소설 중에 《시시포스의 신화》라는 소설이 있다. 이 소설에 이런 말이 나온다.

> 우리는 미래를 내다보며 산다. '내일', '나중에', '네가 자리를 잡게 되면', '나이가 들면' 하는 식으로. 이런 자가당착은 참 기가 찰 일이다. 미래란 결국 죽음에 이르는 것이니 말이다.

인간은 이렇게 아무리 앞으로 뭘 하자고 계획을 세워봤자 어차피 죽을 것이기 때문에 부조리한 행동을 할 수밖에 없다. 그런데 이런 부조리한 행동을 동물도 할 수 있을까? 인간만이 부조리할 수 있다. 동물은 희망을 품지도 않고, 부조리함을 인식하지도 못한다. 육체적 욕구만 추구하는 본능으로 사는 게 동물 아니던가. 인간은 의식을 가지고 사고를 하기에 부조리함을 느낀다. 예를 들면 애완견은 발가락으로 먹을 걸 줘도 자존심 상해하며 부조리하다고 느끼지 않지만, 인간은 다르다.

그렇다면 카뮈가 말하는 '내일', '나중에', '네가 자리를 잡게 되면', '나이가 들면'이 의미하는 건 무엇일까? 그건 '희망'이다. 인간은 희망을 품고 산다. 동시에 현실의 부조리한 대우도 느끼며 산다. 그것은 죽음이다. 어차피 죽을 건데 희망이 무슨 소용인가? 그래서 인간은 부조리함을 겪고 살 수밖에 없다.

그런데 인간이기 때문에 이 부조리를 해소할 방법이 딱 하나 있다. 다시 말해 부조리하게 살지 않을 방법이다. 그건 '자살'이다. 부조리한 세상에서 내가 자살해버리면 부조리한 일을 당할 일이 없어지니까. 이에 대해 알베르 카뮈는 부조리는 인간이 짊어져야 할 운명이기 때문에, 굳이 자살할 필요는 없다고 했다.

그럼 자살하지 않고 우리가 취할 수 있는 태도는 뭘까? 그건 '반항'이다. 부조리에 반항하며 사는 거다. 문제는 어떻게 반항하는가다. 알베르 카뮈는 시시포스처럼 반항하라고 했다. 그의 말을 들어보자.

> 시시포스는 신에게 대적했고, 죽음의 신을 쇠사슬로 묶었으나, 의미 없는 일을 하도록 선고받았다. 그러나 시시포스는 자살하지 않고 자신의 의지로 신에게 끊임없이 반항하는 자유를 선택했다.

시시포스는 왜 이런 선택을 한 것일까? 알베르 카뮈는 굴러떨어진 바위를 향해 다시 내려오는 그 순간이야말로 시시포스가 자신과 운명을 이기는 것이라고 했다. 그때 시시포스는 부조리를 수용한 것이다. 바위를 향해 다시 걸어 내려오는 그 순간은 시시포스에게 형벌이 아닌 휴식이고 자유인 거다. 어떤 신도 그 순간을 빼앗을 수는 없다. 시시포스는 형벌을 자신이 선택한 자유로 바꿔버린 것이다. 힘들게 바위를 밀어 올리지만 행복하게 다시 내려온다면 이것이 무슨 형벌이겠는가. 이렇게 시시포스는 자유 의지로 부조리를 휴식과 즐거움으로 바꿀 수 있다는 것을 증명했다. 시시포스처럼 부조리에 반항하며 살아야 한다.

알베르 카뮈가 시시포스로써 부조리에의 반항을 말한 것과 비슷하게 표현한 이가 있다. 프리드리히 니체다. 그는 이렇게 말했다.

"아모르파티(라틴어 Amor Fati, 너의 운명을 사랑하라)" 부조리한 세상에 반항한다는 것은 자신의 운명을 사랑하라는 말과 일맥상통하는 면이 있다. 그리고 실존주의 철학자 장 폴 사르트르는 이런 말을 했다. "인간은 B와 D 사이의 C다." B는 'Birth', D는 'Death'를 의미한다. 그렇다면 C는 무엇일까? Choice, 선택이다. 실존의 주체로 살 것인지, 환경의 노예로 살 것인지 스스로 선택해야 한다는 말이다. 우리는 부조리한 환경의 노예로 살 것인지, 존재 자체로 가치 있는 실존의 주체로 살지 선택해야 한다. 그 선택이 바로 부조리에 대한 반항이다.

지금까지 시시포스의 신화를 바탕으로 여러 이야기를 해보았다. 시시포스의 신화는 우리에게 부조리에 반항하며 살라는 메시지를 던지고 있다. 살다 보면 '나는 왜 이렇게 사는가?', '이렇게 살아 뭐 하나?'라는 생각이 들며 삶이 무의미하게 느껴질 때가 있다. 그러나 우리는 삶이 아무리 무의미하게 느껴지더라도 절대 포기하지 말고 살아 내야 한다. 왜냐하면 선택은 신도 어찌할 수 없는 인간의 특권이고, 그 특권이 우리 삶의 과정을 의미 있게 만들기 때문이다. 삶은 결과가 아니라 과정이다.

다름을 인정하고 쉽게 흔들리지 않으려면

장자의 소요유를 꿈꾸며

《장자(莊子)》는 이야기로 구성된 책이다. 직설적으로 어떤 메시지를 전하는 대신 이야기 속에 메시지를 담아 읽는 사람이 깨닫게 하는 방식으로 서술되어 있다. 책 속의 이야기들은 매우 허무맹랑하기도 하고, 공상과학 같은 이야기이기도 하다. 그중에 소요유(逍遙遊)는 '아무 거리낌 없이 편안하게 노닌다.'라는 뜻으로 《장자》 내편(內篇)의 7편 중 제1편의 제목이다. 소요유는 단순히 노는 걸 의미하는 것이 아니라, '완전한 정신적 자유를 의미한다. 장자는 우리가 완전한 정신적 자유를 누리는 삶을 살아야 한다고 생각했던 거다. 나는 이런 장자의 소요유에 이르는 단계를 세 가지로 정리해보았다.

1단계_우주를 품을 만한 대붕이 되어라

소요유 1장에 이런 이야기가 나온다.

> 북녘 아득한 바다에 물고기가 있으니 그 이름을 곤(鯤)이라고 한다. 곤의 크기는 몇천 리가 되는지 알 수 없다. 어느 날 이 물고기가 변신해서 새가 되니 그 이름을 붕(鵬)이라고 한다. 이 붕새의 등 넓이는 또한 몇천 리가 되는지 알 수 없다. 그것이 힘껏 날아오르면 그 활짝 편 날개는 하늘에 드리워진 구름과도 같다. 이 새는 바다에 폭풍이 일면 그 틈을 타 남녘 아득한 바다로 날아가는데, 남녘 아득한 바다란 '천지(天池, 하늘에 떠 있는 연못)'를 말한다.

'곤(鯤)'은 물고기 알이기도 하고 상상 속의 아주 거대한 물고기이기도 하다. 물고기 알만 한 작은 물고기가 상상할 수 없이 큰 물고기가 되는데 그 이름이 '곤'이라고 이해하면 되겠다. 곤의 크기는 몇천 리가 되는지 알 수 없다고 했는데 천리가 400km이니까 그 크기가 어마어마한 것만은 분명하다. 이 곤이 변신을 해서 '붕(鵬)'이라는 새가 되는데, 중국의 전설에 존재하는 엄청나게 큰 새를 말한다. 짐작했겠지만 이 이야기의 스케일은 지구가 아니라 우주다.

이어서 나오는 이야기는 재해(齊諧)라는 사람의 이름을 빌려 다음과 같이 이어진다.

> 재해라는 자는 기이한 것을 많이 하는 사람인데 그가 말하기를 "붕이 남녘 아득한 바다로 옮겨갈 때는 물을 3천 리나 치고 올라 회오리바람을 일으키면서 위로 오르는 것이 9만 리나 되는데 날갯짓 한 번으로 여섯 달을 날아 그곳에 도착한다."라고 하였다.

9만 리는 지구 지름의 크기의 3배 크기다. 그렇게 뛰어오른 새가 날갯짓 한 번으로 6개월을 날아가면 그 거리는 얼마일까? 정말 스케일이 어마어마한 이야기다. 다음은 이어서 나오는 이야기다.

매미나 작은 비둘기가 이것을 비웃으며 이렇게 말한다. "우리는 재빠르게 솟아 날아도 겨우 느릅나무나 박달나무의 가지에 다다를 뿐인데, 그것도 때에 따라서는 이르지 못하고 땅바닥에 떨어지건만, 무엇 때문에 붕새는 9만 리 꼭대기까지 올라 남쪽으로 가려 하는가?"

매미와 비둘기는 붕이 쓸데없는 짓을 한다고 생각하고 있다. 붕을 이해하지 못하니까. 우리도 이런 실수를 할 때가 많다. 너무 수준 높은 사람을 만나면 존경하기보다 되레 욕을 하곤 한다. 붕새가 이 말을 듣고 대답하듯 다음 이야기가 이어진다.

> 근교(近郊)의 들판에 가려는 사람은 세끼 먹을 음식만 가지고 가도 집에 돌아올 때까지 배가 부르겠지만, 백 리 길을 가려는 사람은 전날 밤부터 미리 양식을 준비해야 갈 수 있고, 천 리 길을 가는 사람은 석 달 전부터 미리 양식을 준비해야 갈 수 있으니, 이 두 마리의 벌레와 새가 또한 무엇을 알겠는가?

여기까지 곤이 대붕이 되어 9만 리를 날아올라 날갯짓 한 번으로 우주로 날아가는 이야기와 이를 이해하지 못하는 매미와 비둘기 이야기를 했다.

소요유의 삶을 살기 위한 1단계는 우주를 품을 만큼 큰 대붕이 되는 것이다. 다시 말해 그릇이 큰 사람이 되어야 한다. 속 좁은 사람이 되면 그릇이 큰 사람을 이해할 수 없고 그 때문에 자유로울 수도 없기 때문이다.

2단계_우주 만물은 각각 존재 이유가 있음을 알라

혜자(惠子, 장자의 친구)가 장자를 찾아와 이런 이야기를 했다.

위왕(魏王)이 나에게 큰 박씨를 주기에 내가 그것을 심어 열매가 열렸는데 그 열매는 용량(容量)이 다섯 석(石)들이나 될 정도로 크다. 여기에 마실 물을 담으면 무거워 들 수가 없다. 그래서 이것을 둘로 쪼개서 표주박을 만들었더니 얕고 평평하여 아무것도 담을 수가 없었다. 공연히 크기는 하지만 아무 쓸모가 없어서 나는 그것을 부숴 버리고 말았다. 사람으로 산다고 하여 쓸모 있는 사람이 되는가?

쌀 한 석은 144kg이다. 그런데 쌀 다섯 석이 들어갈 만큼 큰 박이 열렸으니 얼마나 큰 박이겠는가. 그런데 그런 박을 쓸모없다고 부숴 버렸다고 한다. 그 말을 듣고 장자가 이렇게 대답했다.

송나라 사람 중에 손이 트지 않는 약을 잘 만드는 사람이 있어서 대대로 솜을 물에 빠는 일을 가업(家業)으로 삼고 있었다. 그런데 어느 날 나그네가 이 이야기를 듣고 그 비방(祕方)을 백금(百金)을 주고 사겠다고 하였다. 그러자 그는 친족들을 모아 상의하여 말하기를 "우리는 대대로 솜 빠는 일(세탁업)을 하고 있지만

(수입은) 몇 金에 지나지 않았는데 이제 하루아침에 그 기술을 백금에 팔게 되었으니 주어버리자."라고 하였다. 나그네가 그 비방을 얻어 그것으로 손 트지 않는 약을 수중전(水中戰)에 이용할 것을 오왕(吳王)에게 설득하였다. 월(越)나라와 전쟁(戰亂)이 일어나자, 오왕이 그 나그네를 장수로 삼아 겨울에 월나라와 수중전을 펼쳐 월나라 군사를 크게 무찔렀다. 그리하여 오왕이 땅을 나누어 그를 영주(領主)로 봉하였다. 손을 트지 않게 할 수 있는 비방은 하나이지만 어떤 사람은 그것으로 영주가 되고 어떤 사람은 그것으로 세탁업을 면치 못하고 있었으니, 그것은 곧 그 비방을 어디에다 쓰느냐가 달랐기 때문이다. 이제 그대에게 다섯 석 들이의 큰 박이 있다면 어찌하여 그것으로 큰 술통 모양의 배를 만들어 강이나 호수에 떠다닐 생각을 하지 않고 그것이 얕고 평평하여 아무것도 담을 수 없다고 걱정만 하는가. 그대는 작고 꼬불꼬불한 쑥대 같은 마음을 가지고 있구나.

혜자와 장자는 이렇게 생각의 그릇 크기가 달랐다. 모욕을 당한 기분이 들었던 혜자는 복수하고 싶었다. 그래서 또 이런 이야기를 했다.

나에게 큰 가죽나무가 있는데 사람들은 그것을 가죽나무라고 말한다. 그런데 그 큰 줄기는 울퉁불퉁하여 직선(直線)을 그릴 수가 없고 그 잔가지는 비비 꼬이고 구부러져 동그라미나 네모꼴을 그릴 수가 없다. 그래서 이 나무가 길옆에 서 있기는 하지만 목수가 쳐다보지도 않는다. 지금 그대의 말이 크기만 하고 쓸모가 없는지라 뭇사람들이 모두 버리고 떠나 버리는 것이다.

해자의 의도는 이런 것이다. '당신의 말은 매우 크고, 그럴듯해 보이지만 이 나무처럼 쓸모없는 말이다.' 이에 장자가 이렇게 대답했다.

그대도 살쾡이를 본 일이 있을 것이다. 몸을 바짝 낮추고 엎드려서 나와 노는 작은 짐승들을 노리고 또 먹이를 찾아 동(東)으로 서(西)로 이리 뛰고 저리 뛰면서 높고 낮은 데를 가리지 않는다. 그러다가 덫에 걸리기도 하고 그물에 걸려 죽기도 한다. 그런데 지금 저 태우(斄牛)는 그 크기가 하늘에 드리운 구름과 같으니 이 소는 크기는 하지만 쥐 한 마리도 잡을 수 없다. 등 굽은 나무가 선산을 지킨다. 이제 그대에게 큰 나무가 있으면서도 그 나무의 쓸모없음이 걱정된다면 그것을 아무것도 없는 허무(虛無)의 고을, 끝없이 펼쳐진 광원막대(廣遠莫大)한 들판에 심어 놓고 그 옆에서 자유롭게 거닐면서 아무 하는 일 없이 지내고 그 아래에서 유유자적(悠悠自適)하면서 낮잠이라도 자는 것이 좋지 않겠는가. 이 큰 나무는 도끼에 잘릴 염려도 없고 아무도 해칠 자가 없을 것이니 세속적인 쓸모가 없긴 하지만 괴롭게 여길 것 하나도 없다.

살쾡이는 작지만 사냥할 수 있는데 덫에 걸리거나 그물에 걸린다는 단점이 있고, 소는 살쾡이보다 엄청나게 크지만, 쥐새끼 한 마리도 잡을 수 있는 능력이 없다는 말이다. 장자는 왜 이렇게 말했을까? 저마다 능력과 쓰임이 다르다는 말이다. 그러니 등 굽은 큰 나무가 쓸모없다 말하지 말고 그 능력에 맞게 유유자적하며 활용하라는 뜻이다. 이런 경우를 두고 사자성어로 '무용지용(無用之用)'이라고 한다. '쓸모없는 것이 쓸모 있다.'라는 말이다. 등 굽은 나무는 목재로 쓸모가 없었기에 그늘로 쓸모 있었던 거다.

그러니 소요유의 삶을 살기 위해 해야 할 2단계는 우주 만물은 각각 존재 이유가 있음을 아는 것이다. 세상 모든 만물은 각기 다 쓸모가 있다는 걸 알아야 무시하지 않고 1단계에서 말한 대붕이 될 수 있으니 말이다.

3단계_만사만물의 시비를 논하지 말라

세상에 절대적으로 옳고 그름이 있을까? 사람들 대부분은 있다고 생각하며 살아가는 것 같다. 옳고 그름은 구분된다고 착각하기 때문이다. 예를 들어 여기 소주 한 병이 있다. 소주는 술이다. 술을 영어로 표현하면 알코올(alcohol)이다. 더 정확히 말하면 에탄올이다. 메탄올도 알코올이지만 마시면 죽는다. 그러니 술을 마신다는 건 에탄올을 마시는 거다. 그렇다면 소주잔으로 소주 한 잔을 마시면 술을 마신 걸까? 안 마신 걸까? 당신은 마신 거라고 할 것이다. 1/2잔을 마시면? 1/4잔을 마시면? 1/10잔을 마시면? 1/100잔을 마시면? 아마 헷갈리기 시작할 것이다. 질문을 바꿔보겠다. 박카스 한 병을 마셨다. 술을 마신 걸까? 안 마신 걸까? 아마 안 마셨다고 할 것이다. 그러나 박카스에도 소량의 에탄올이 들어 있다.

세상에 절대적 옳고 그름은 없다. 다시 말해 무조건 맞고, 틀린 것은 없다. 그저 상황에 따라 달라질 뿐이다. 그럼에도 무조건 옳고 그름이 있다고 따지면 당신 주변에는 아무도 남아나지 않을 것이다. 그러니 만사만물의 시비를 논하지 말라.

누가 한 말인지는 모르겠지만 인간은 세 가지 레벨로 나눌 수 있다고 한다. 진(眞), 선(善), 미(美). 미스코리아를 뽑을 때는 진이 가장 높은 수준이다. 그러나 동양철학에서 볼 때는 순서가 바뀌어야 한다. 미(美), 선(善), 진(眞) 순으로 말이다. 이유가 뭘까? 진(眞)은 옳은가, 그렇지 않은가의 문제다. 선(善)은 선한가, 그렇지 않은가의 문제다. 미(美)는 아름다운가, 그렇지 않은가의 문제다. 그러니 진을 논하는 인간은 하(下), 선을 논하는 인간은 중(中), 아름다움을 논하는 인간은 상(上)이다.

이해를 돕기 위해 구체적인 예를 들어보자. A와 B는 친구다.

A가 B로부터 돈을 빌렸다. 그런데 A는 돈을 제때 갚지 않지 못할 정도로 형편이 매우 어려운 친구였다. 이때 돈을 돌려받기 위한 B의 인품은 진, 선, 미, 세 가지 레벨로 나눌 수 있다.

진은 이렇게 말한다. "돌려주는 게 맞잖아, 계약서 썼잖아." 맞는 말이지만 선하진 않다. 선은 이렇게 말한다. "형편이 안 되는 거 같은데 천천히 갚아도 돼. 부담 갖지 마. 나 아직 먹고 살기 괜찮아." 선함이 느껴진다. 그러나 아름답다고 하기에는 뭔가 부족하다. 미는 어떻게 할까? 미는 A에게 먹을 걸 사다 주며 돈 얘기는 꺼내지도 않고 힘내라고만 한다. 아름답지 않은가? 아름다움은 '무엇을 얻을까?'가 아니라 '무엇을 해줄 수 있을까?'라는 마음에서 나온다. 그러니 아름다운 삶을 원한다면 만사만물의 시시비비를 논하지 말아야 하고 이것이 소요유의 삶을 위한 마지막 단계다.

소요유의 본질

지금까지 내가 생각하는 소요유에 이르는 세 단계를 정리해보았다. 소요유의 상징적 의미는 '완전한 정신적 자유'라고 했다. 어떤 속박과 굴레에도 구애받지 않고 사는 거다. 그렇다면 소요유의 본질은 무엇일까? 순자집해(荀子集解)라는 책이 있다. 이 책 권학편(權學編)에 이런 말이 나온다.

積土成山하면 風雨興焉하고

흙을 쌓아 높은 산을 이루면 비바람이 일어나고,

積水成淵하면 蛟龍生焉하며

물을 축적하여 깊은 못을 이루면 용이 생장하며,

積善成德하여 神明自得하면

선행을 쌓아 덕 있는 사람이 되어

신묘하고 밝은 지혜가 저절로 얻어지면,

聖心備焉이니라

성인의 마음이 갖춰진다.

위 문장은 앞 어절은 원인이고, 뒤 어절은 결과다. 우리가 할 수 있는 일은 앞 어절이다. 흙을 쌓고, 물을 축적하고, 선행으로 덕을 쌓는 일 말이다. 행동으로 옮기면 뒤 어절, 즉 결과는 저절로 일어난다. 우리의 의지와 아무 상관 없다. 예를 들어 매일 아령을 들면 팔뚝은 저절로 굵어지는 것과 같다. 결과에 대해서는 의심할 필요가 없는 거다.

소요유의 삶 역시 의심할 필요가 없다. 소요유는 결과이기 때문이다. 우리는 그저 3단계를 믿고 실천하기만 하면 된다. 의심하면 행동하지 않게 되고, 행동하지 않으면 아무 결과도 일어나지 않으니 말이다.

이제 원점으로 돌아가 보자. 소요유의 본질은 무엇일까? 나는

'자대인(自大人)'이라 생각한다. 자대인은 내가 만든 말이다. 스스로 큰 사람이 되자는 말이다. 붕새가 매미와 비둘기에게 휘둘리지 않는 것처럼 내가 큰 사람이 되면 완전하지는 않더라도 '정신적 자유'는 저절로 생길 것이다. 장자의 뜻과 맞는지 모르겠지만 이것이 내가 생각하는 소요유의 본질이다. 당신이 꿈꾸는 소요유를 응원한다.

비록 느리더라도 꺾이지 않는다는 마음

베를린의 슬픈 영웅 손기정, 남승룡

1936년 8월 9일 베를린 올림픽에서 마라톤 대회가 열리고 있었다. 그 마라톤 대회에서 손기정은 금메달, 남승룡은 동메달을 차지했다. 그러나 세상에서 가장 기뻐해야 할 순간에 이들은 세상에서 가장 슬픈 표정을 하고 있었다. 왜 그랬을까?

그날의 이야기

히틀러는 1936년 8월 1일 베를린 올림픽에서 개회 선언을 했다. 히틀러는 독일인이 세계에서 가장 뛰어난 인종이라는 자기의 주장을 증명하기 위해 이 올림픽을 개최했다. 그래서 히틀러는 베를린 올림픽에서 독일인들이 가장 많은 메달을 획득하는 것은 물론이고 올림픽의 꽃이라는 마라톤에서 반드시 독일인이 금메달을 차지하기를 기대하면서 경기장에 나와 있었다.

8월 9일 오후 3시, 마라톤 경기가 시작되었고 손기정은 가장 오른쪽에서 출발했다. 당시 손기정은 마라톤 세계 신기록 보유자였기 때문에 세계의 주목을 받았다. 하지만 더 많은 관심을 받는 선수가 있었는데 1932년 로스앤젤레스 올림픽 마라톤에서 금메달을 땄던 아르헨티나의 자바라였다.

마라톤이 시작되고 얼마 후 자바라가 선두에 나서기 시작했다. 손기정은 자바라를 따라 선두에 나서는 대신 영국인 하퍼와 달리기로 했다. 30km를 지난 시점에서 자바라는 뒤처졌고 손기정은 하퍼를 앞질러 선두로 나서기 시작했다. 그리고 경기장에 가장 먼저 모습을 드러낸 사람은 바로 손기정이었다. 손기정은 결승선을 기준으로 마지막 100m를 무려 11초에 달렸다. 놀랍지 않은가? 그런 손기정을 보고 경기장 안에 있는 사람들은 열광했다. 그러나 손기정이 가장 먼저 한 행동은 열광에 대한 보답이 아닌 운동화를 벗는 일이었다. 그의 운동화는 작고 불편해서 42.195km를 달리는 동안 계속 그를 힘들게 했기 때문이다. 그럼에도 손기정은 베를린 올림픽에서 인간의 한계라는 2시간 30분의 벽을 깬 2시간 29분 19초라는 놀라운 기록으로 올림픽 신기록을 달성했다.

함께 뛴 남승룡은 동메달을 획득했는데 마라톤의 마지막 구간에서 무려 30명을 추월해 획득한 동메달이었다. 은메달을 딴 영국의 하퍼는 결승선에 도착하자마자 기진맥진 기절할 지경이었지만 남승룡은 결승선을 통과한 후 제자리 뛰기를 할 정도로 여유 있었다. 만약 마라톤이 42.195km가 아니라 좀 더 긴 거리였다면 남승룡이 은메달을 차지했을지도 모른다.

손기정과 남승룡은 각각 금메달과 은메달을 차지했다. 그러나 시상대 위에 선 두 사람은 세상에서 가장 슬픈 표정을 하고 있었다. 그들의 가슴에는 태극기가 아닌 일장기가 그려져 있었기 때문이다. 시상대 위에 선 남승룡은 손기정이 너무 부러웠다고 한다. 그 이유가 기가 막힌다. 다음은 남승룡의 말이다.

> 손기정이 1등 한 것보다 가슴에 일장기를 가릴 수 있는 월계수 묘목을 갖고 있어서 부러웠다.

월계수는 금메달을 딴 사람에게만 주어지는 것이었기에 남승룡은 가슴의 일장기를 가릴 것이 아무것도 없었다. 경기가 끝나고 손기정은 이 복잡하고, 슬픈 마음을 표현하기 위해 친구에게 엽서를 띄웠다. 엽서 내용은 단 세 글자였다. '슬프다.'

경기 종료 후 일본에서 선수들을 위한 파티를 열었지만, 손기정과 남승룡은 그 파티에 참석하는 대신 베를린의 교포들이 열어준 축하 파티에 참석했다. 그 축하 파티가 열린 장소는 안중근의 사촌동생 안봉근의 집이었고 손기정과 남승룡은 그 집에서 난생처음 태극기를 보았다. 손기정은 태극기를 처음 본 그날의 심정을 이렇게 기록했다.

> 온몸에 뜨거운 전류가 흐르는 듯해 몸을 부르르 떨었다. 잃었던 조국, 죽었던 조국을 대하는 듯한 기분이었다. 탄압과 감시의 눈을 피해 태극기가 살아 있듯 조선 민족도 살아 있다는 확신이 마음을 설레게 했다.

손기정은 어딜 가나 자신은 조선인이라는 생각을 늘 가슴에 품고 있었다. 그래서 사람들이 사인을 요청하면 늘 한글로 이름을 쓰고 반드시 '코리안'이라는 글자를 함께 썼다. 베를린 올림픽에서 우승한 선수들이 남기는 서명 역시 영문과 한글을 함께 남겼다.

경기 다음 날 손기정은 히틀러의 초대를 받았다. 히틀러를 처음 본 손기정은 그를 이렇게 기억했다. "손이 크고 억셌으며 체구는 우람했다. 독일을 이끌어 가는 통치자답게 강인한 인상을 풍겼다."

손기정은 히틀러를 만난 유일한 한국 사람이다.

손기정과 남승룡의 우승 소식은 우리 민족에게는 큰 기쁨을 주는 놀라운 일이었다. 그래서 조선에서는 이들의 우승 소식을 알리는 호외가 발부되었고 그 호외의 뒤편에는 이런 심훈의 시가 실렸다.

> 나는 외치고 싶다. 마이크를 쥐고 전 세계의 인류를 향해서 외치고 싶다. 인제도, 인제도 너희들은 우리를 약한 족속이라고 부를 터이냐!

심훈은 이 시가 민족정신을 불러일으킨다는 이유로 일본에 체포되었고 모진 고문을 당해야 했다. 그 고문으로 심훈은 더 이상 시를 쓸 수 없게 되었다.

1936년 8월 13일 조선중앙일보와 동아일보에서 일장기를 지운 손기정의 우승 기사를 실었다. 두 신문사는 모두 운 좋게 검열을 피할 수 있었지만, 며칠 후 8월 25일 자 동아일보에 실린 '영예의 우리 손 군'이라는 제목의 기사는 사정이 달랐다. 손기정의 사진이 훨씬 크게 실려서 가슴의 일장기가 지워진 흔적이 그대로 보였던 거다. 이 일로 동아일보와 조선중앙일보는 무기한 정간 조치를 당했는데 이를 '일장기 말소 사건'이라 한다.

이 사건으로 조선중앙일보의 사장이었던 여운영은 사장 자리에서 물러났지만, 조선중앙일보는 결국 폐간되었으며, 동아일보에

이 기사를 실었던 주임 기자 이길용, 사진기자 신낙균, 사회부장 현진건은 모두 일본에 체포되어 모진 고문을 당했다. 그들은 더 이상 언론사에서 일하지 않겠다는 서약을 하고서야 풀려날 수 있었다. 그러나 불행 중 다행인 것은 이 사건을 계기로 일본의 언론 탄압이 세계에 알려졌다는 것이다. 후일 이길용 기자는 자신의 기자 수첩에 이렇게 적었다.

> 어찌 손기정 선수 유니폼에 선명했던 일장 마크를 실을 수 있을 것인가! 세상이 알기로는 베를린 마라톤의 일장기 말살 사건이 이길용의 짓으로 꾸며진 것만 알고 있다. 그러나 동아일보에서 일장기를 지우는 건 차 마시고 밥 먹는 것처럼 흔한 항다반사였다.

이 일장기 말소 사건으로 동아일보의 사장이었던 송진우 역시도 사장 자리에서 물러나야 했다. 이후 동아일보는 일본과 협의 끝에 일장기 말소 사건에 대한 사과문을 싣기로 하고 9개월 후에 다시 신문을 발간할 수 있었지만, 동아일보의 항일 언론 색채는 점점 옅어져 갔다. 1920년대부터 항일 민족 신문으로서 독립 의식을 고취하고 일본에 맞서는 언론사의 역할을 해왔던 동아일보였는데 참으로 안타까운 일이다.

세계 제패를 향한 그들의 험난한 여정

다음은 1940년대에 《삼천리》라는 잡지에 실린 기사다. 손기정과 남승룡의 우승 소식은 우리 민족에게 큰 희망을 주는 놀라운 소식이었다.

> 조선이 세계 대회에 출정할 수 있는 종목은 대단히 많다. 베를린 올림픽 때도 느낀바, 4억 인구를 가진 중국이 우승하는 것을 한 번도 못 봤지만 2,300만 인구를 가진 조선은 운동으로도 세계에 기함을 토할 수 있다는 것을 잊어서는 안 된다.

손기정은 가난한 집안 탓에 16살 때부터 직장을 다녀야 했다. 그의 직장은 압록강 넘어 단둥에 있었기에 집에서 직장까지 20리를 매일 뛰어다니면서 출근해야 했다. 손기정은 그 시절을 이렇게 일축했다.

> 모든 게 길이었고 모든 곳을 달렸다. 오로지 달릴 뿐이었다.

그에게 달리기는 일상이었다. 사실 손기정은 압록강 위에서 스케이트 타는 사람들을 보면서 스케이트 선수가 되고 싶었다고 한다. 하지만 손기정이 할 수 있는 것은 달리기밖에 없었고 다행히 그는 달리기가 즐거웠다.

반면 손기정의 어머니는 아들이 달리기보다는 공부하기를 더 바랐다. 그래서 손기정에게 일부러 여자 고무신을 사주었다고 한다. 여자 고무신을 신고는 제대로 달릴 수 없을 거로 생각했던 거다. 그러나 손기정의 달리기에 대한 열정을 막기에는 역부족이었다. 손기정은 새끼 끈으로 고무신을 질끈 묶고 발등에 피가 나도록 계속 달렸다. 결국 손기정의 어머니가 두 손을 들었고 손기정에게 일본 버선 모양의 신발인 다비를 사주었다. 손기정은 이 다비를 신고 마음껏 달렸다.

이후 손기정은 신의주에서 열리는 5,000m 마라톤에서 좋은 성적을 거둔 후 다른 달리기 대회에도 조금씩 출전했다. 그러던 중 1932년 동아일보에서 개최한 경영마라톤대회에서 2등을 했는데 덕분에 육상으로 유명했던 양정고보에 입학해 본격적인 육상 선수 훈련을 받을 수 있었다. 그리고 1935년 일본에서 열린 메이지신궁마라톤대회에서 1등을 차지하며 세계 신기록을 달성하게 된다. 그로부터 채 한 달도 지나지 않아서 조선육상경기협회에서 개최한 제1회 마라톤에서도 1등을 차지했다. 이때는 마라톤 기록에 대한 논란을 불러일으키지 않기 위해 42.195km보다 무려 500m를 더 뛰었는데 그럼에도 세계 신기록을 달성했다.

남승룡 역시 마라톤에서 두각을 나타냈다. 남승룡은 일본에서 열린 마라톤 대회에서 갑자기 달려든 자동차에 치이는 사고를 당했지만, 길 위에 선혈을 뿌리면서 남은 4km를 끝까지 달려 1등으로 골인했다.

손기정과 남승룡은 마라톤에서 독보적인 실력을 갖춘 선수였고, 일본도 이를 인정했다. 하지만 두 사람이 베를린 올림픽의 마라톤 선수로 선발되기까지는 여전히 험난한 여정이 남아 있었다.

1932년 로스앤젤레스 올림픽 마라톤에 김은배, 권태하, 쯔다 세 선수가 출전했다. 18살의 김은배는 양정고보 출신으로 당시 세계기록 보유자였고, 26살의 권태하는 새롭게 마라톤 영웅으로 떠오른 인물이었다. 쯔다는 셋 중 3등이었다. 올림픽 마라톤에는 국가마다 세 명만 출전할 수 있는데 일본은 세 명의 선수 중 두 명이 조선인이란 것이 못마땅했지만 성적 때문에 어쩔 수 없었다. 이때 일본인 선수 쯔다는 선수 겸 코치였기에 김은배와 권태하에게 이렇게 말했다. "너희는 경기할 때 나를 앞지르지 말고 그 뒤를 따르라! 이것이 일본이 필승을 거두는 팀워크이자 절대 조건이다!"

쯔다는 김은배와 권태하에게 자신의 페이스메이커를 하라고 요구했던 거다. 이 때문에 로스앤젤레스 올림픽에서 쯔다는 5위 김은배는 6위 권태하는 9위의 성적에 그치고 말았다. 마라톤 경기가 끝난 후 쯔다는 이렇게 불평을 했다. "막상 경기가 시작되자 조선 선수들이 나의 요구를 무시하고 마구 앞으로 뛰쳐나가는 바람에 페이스를 잃어서 우승을 놓쳤다." 이런 쯔다의 말에 권태하는 너무 화가 나고 억울해서 손기정에게 편지를 띄웠다.

나는 로스앤젤레스 올림픽에 출전했지만 실패했네. 나는 손 군과 함께 연습하면서 뛰어난 마라톤 소질을 보았네. 손 군이라면 세계 마라톤을 제패할 수 있다고 생각하네. 꼭 세계를 제패해서 일본 사람들의 콧대를 눌러주게.

손기정은 평소 권태하를 마라톤 선수로서 존경하고 있었기에 그의 제안을 받아들이기로 했다. 이를 계기로 이때까지 10,000m 장거리 육상 선수였던 손기정은 마라톤 선수로 전향했다. 이후 손기정과 남승룡은 1936년 베를린 올림픽 마라톤 출전권을 획득했다. 손기정은 당시 세계 신기록을 보유한 선수였고 남승룡은 선발전에서 1위를 차지하면서 베를린 올림픽 출전권을 차지했기에 가능했던 일이다.

그런데 이 두 사람이 베를린 올림픽 출전권을 획득하자 이번에도 일본은 조선인 두 명을 내보내는 것이 탐탁지 않아 했다. 일본 육상관계자협회 사람들은 세계 신기록을 보유한 손기정은 떨어뜨릴 수 없으니 남승룡 선수를 떨어뜨리고 일본인 선수 두 명을 출전시키려고 모의했으나 뜻대로 되지 않았다. 일본인 육상관계자협회의 모의에 문제를 제기한 사람이 있었기 때문이다. 그 사람은 바로 일본 선수로는 올림픽에서 가장 먼저 금메달을 딴 오다 미키오였다. 오다 미키오는 이렇게 말했다. “올림픽 마라톤 선발전에서 1등한 선수를 탈락시키는 것은 말이 되지 않는다.” 일본 육상관계자협회는 오다 미키오의 말을 무시할 수 없었고 덕분에 손기정과 남승룡을 예정대로 출전할 수 있게 되었다.

그러나 손기정과 남승룡이 베를린 올림픽에 출전하기 위한 여정은 녹록치 않았다. 두 사람은 일본에서 배를 타고 부산에 도착해 경부선을 타고 서울에 올라와 다시 경의선을 타고 신의주, 중국 단둥, 하얼빈을 거쳐 러시아의 치타에서 시베리아 횡단 열차를 타고 독일에 이르는 긴 여정을 거쳐야 했기 때문이다. 독일에 도착하는 데 무려 보름이나 걸렸다. 게다가 이들이 탄 시베리아 횡단 열차는 화물열차였으니 얼마나 불편하고 힘들었겠는가. 손기정과 남승룡은 몸을 풀 수 없어 기차가 설 때마다 내려 기차 주위를 계속 달렸다. 두 사람의 이런 모습을 본 러시아인이 두 사람을 일본인 첩자로 오인하는 촌극이 벌어지기도 했다.

힘든 여정 끝에 손기정과 남승룡은 드디어 베를린에 도착했다. 하지만 베를린에 나와 있던 일본인 관계자들은 조선인 선수가 두 명이나 포함된 것에 또 불만을 제기했고, 이 때문에 두 사람은 베를린 올림픽 개막을 사흘 앞두고 또다시 마라톤 최종 선발전을 치러야 했다. 손기정, 남승룡, 일본인 두 선수 이렇게 네 명이 마라톤 출전 티켓을 두고 경쟁하게 되었는데 일본인 선수 두 명 중 한 명은 중간에 기권했고, 나머지 한 명은 손기정 선수와 남승룡 선수를 추월하기 위해서 지름길로 빠지는 야비한 수를 썼음에도 둘을 이기지 못했다. 그렇게 최종 선발전에서도 1, 2등을 차지한 손기정과 남승룡은 베를린 올림픽 마라톤에 출전할 수 있었고 결국 금메달과 동메달을 목에 걸었다. 아래 기사는 당시 금메달을 획득한 손기정에 대해 네덜란드 기자가 쓴 기사다.

> 손기정 선수의 트레이너는 그에게 10km 마라톤의 페이스를 유지하도록 가르쳤습니다. 일본인의 유일한 두려움은 손기정 선수가 그 속도로 너무 일찍부터 달리는 것이었습니다. 손기정 선수는 지칠 줄 모르고 들어왔습니다. 마라톤 선수가 올림픽 스타디움에 등장하고 결승선을 그렇게 신선하게 넘은 적이 없었습니다.

손기정이 얼마나 뛰어난 선수였는지 이 기사가 잘 말해주고 있다. 손기정과 남승룡은 베를린 올림픽에서 세계를 제패했다. 그러나 세계를 제패하고 돌아온 두 사람을 기다리고 있던 것은 환영과 축하가 아닌 일본인 형사와 순사들이었다. 두 사람은 비행기를 타고 돌아왔는데 이것은 일본이 두 사람을 대우하기 위한 것이 아니라 열차를 타고 오면 중간중간 설 때마다 환영 인파들이 몰릴 것을 염려했기 때문이다. 일본인 형사와 순사들은 손기정 선수를 보호하고 사고를 예방한다는 명목으로 환영 인파들이 들어오지 못하게 막고 마치 죄인을 끌고 가듯 양쪽에서 팔짱을 끼고 손기정을 데리고 다니며 많은 사람 앞에서 우승 기념 연설을 하게 했다. 손기정이 사람들 앞에서 했던 우승 연설 목소리가 녹음된 테이프가 아직 남겨져 있는데 다음은 그 연설 내용의 일부다.

> 저는 손기정입니다. 24년간의 숙망을 달성하려고 우리들은 중대한 책임을 지고 8월 9일 오후 3시에 스타트에 나섰습니다. 언덕에 다다르니 우리나라 일장기가 나를 응원해주는 듯이 보였습니다. 두 번째 언덕에 도달하였을 때도 역시 이곳에 나를 응원해주는 우리나라 일장기가 날리고 있었습니다. 이 승리는 결코 내 개인의 승리가 아니라 전 우리 일본 국민의 승리라고 하겠습니다.

손기정은 기어들어 가는 작은 목소리로 이 연설문을 읽었고 연설문 중간중간에는 "더 크게, 크게 읽어."라는 다른 사람의 목소리가 튀어나온다. 손기정은 일본이 시키는 대로 이 연설문을 읽었던 거다. 일본은 베를린 올림픽 마라톤에서 세계를 제패한 영웅을 자신들의 꼭두각시로 만들어 일본의 선전 도구로 썼다. 더 화나는 것은 일본이 손기정에게 더 이상 마라톤을 하지 못하게 했다는 거다. 일본은 늘 조선인들은 미개하고 일본인들이 더 뛰어난 인종이라 자랑했는데, 손기정이 계속 뛰어난 성적을 거두며 일본인을 누르고 마라톤에서 우승하게 되면 자신들이 더 뛰어나다는 말을 증명하기가 어렵기 때문이다. 세계를 제패하고 돌아온 손기정을 기다리고 있는 것은 또 다른 슬픔과 좌절뿐이었다.

다시 희망을 꿈꾸며

1945년 8월 15일 우리는 드디어 해방을 맞았고 손기정과 남승룡도 다시 희망을 꿈꿨다. 1947년에 보스턴 마라톤 대회가 열릴 예정이었는데 이 대회에 서윤복이라는 뛰어난 마라토너를 출전시키기로 했기 때문이다. 보스턴 마라톤 대회에서 서윤복이 잔뜩 긴장하자 그의 코치였던 손기정은 이렇게 말했다.

> 나에겐 민족이 있었지만 국가는 일본이었다. 근데 너는 조국을 위해 달릴 수 있다는 자긍심이 있지 않느냐.

서윤복은 손기정의 말에 용기를 얻어 마라톤에 출전했고 1등을 차지했다. 이날 서윤복이 1등을 차지할 수 있었던 데에는 손기정과 더불어 그의 페이스메이커로 달렸던 남승룡의 도움도 컸다. 당시 남승룡의 나이는 36세였다. 마라톤 선수로서는 환갑을 넘긴 나이라 할 수 있지만 남승룡은 서윤복과 함께 뛰어주었다. 왜 그랬을까? 서윤복이 자신의 기량을 마음껏 발휘할 수 있도록 도와주기 위함과 함께 가슴에 태극기를 달고 대한민국 선수로 달리고 싶은 열정이 불타올랐기 때문이다. 1936년 베를린 올림픽 시상대 위에서 세상에서 가장 슬픈 표정을 지었던 남승룡은 이날만큼은 세상에서 가장 행복한 웃음을 지었다. 이후 우리 마라톤은 1950년 보스턴 마라톤 대회에서 함기용, 송길윤, 최윤칠 세 선수가 1, 2, 3등을 휩쓰는 쾌거를 달성했다.

1988년 서울에서 올림픽이 개최되었다. 올림픽이 개최되는 날 손기정은 금방이라도 울음을 터뜨릴 듯한 행복한 얼굴로 성화를 들고 달렸다. 그의 가슴이 얼마나 벅찼을까? 그리고 1992년 바르셀로나 올림픽 마라톤에서 우리는 드디어 잃었던 금메달을 되찾았다. 황영조가 금메달을 획득한 거다. 황영조가 결승선을 통과하는 순간 많은 카메라가 황영조를 향하고 있었는데 그중 한 카메라는 손기정을 향하고 있었다. 황영조의 금메달이 손기정에게는 50년 넘게 빼앗겼던 금메달을 되찾는 감격의 순간이었기 때문이다. 이날 손기정은 이렇게 기뻐했다

> 오늘은 내 국적을 되찾은 날이야! 내가 노래에 소질이 있다면 운동장 한복판에서 우렁차게 불러보고 싶다. 이제는 조용히 눈을 감을 수 있겠네!

우리에게는 금메달 말고도 되찾아야 할 것이 또 있었다. 1936년 베를린 올림픽 마라톤 금메달리스트에게 주어지는 부상인 그리스 청동 투구이다. 손기정은 그런 부상이 있다는 사실을 몰랐기에 그가 받았어야 할 청동 투구는 베를린 박물관에 소장되어 있었다. 청동 투구는 50년이 지난 1986년이 되어서야 손기정의 품에 안길 수

있었다. 손기정은 "이 청동 투구는 나의 것이 아니라, 우리 민족의 것이다."라며 청동 투구를 국립중앙박물관에 기증했고 그것은 보물로 지정되었다.

서울에는 손기정 체육공원이 있는데 그곳에는 키가 아주 큰 대왕참나무가 자라고 있다. 그것은 1936년 베를린 올림픽 시상대 위에서 손기정이 가슴에 끌어안고 일장기를 감추려 했던 바로 그 월계수 묘목이다. 그 대왕참나무는 그날 손기정의 가슴에서 울분에 차 빠르게 뛰고 있던 그의 심장 소리를 가장 가까이에서 들었을 것이다.

베를린 올림픽 마라톤 동메달리스트 남승룡도 결코 잊어선 안 된다. 손기정과 남승룡은 거의 비슷한 시기에 숨을 거두었는데 손기정은 국립묘지에 안장되었지만, 남승룡은 그럴 수 없었다. 왜냐하면 우리나라 체육계는 올림픽위원회에 '기테이 손'이라고 올라가 있는 손기정의 이름과 일본이라 적힌 국적을 바꾸기 위해서 무던 애를 쓴 반면 '난쇼르'라고 적혀 있는 남승룡의 이름과 국적을 되찾는 일에는 거의 노력을 기울이지 않았기 때문이다. 정말 안타까운 일이 아닐 수 없다.

손기정 기념관에 가면 스타디움을 향해 달려가고 있는 손기정의 뒷모습이 그려져 있다. 스타디움 안은 그의 우승을 반기는 사람들의 함성 소리가 들리고 있지만 손기정은 그 속에 자신이 생각지도 못했던 더 큰 슬픔이 있을 거라고는 예상치 못했을 것이다. 한평생 손기정의 소원은 이것이었다.

> 나의 평생소원은 일본인이 아닌 한국인 손기정으로 기억되는 것이다. 조국 땅에서 구김살 없이 달릴 수 있는 젊은이는 행복하다. 그들이 달리는 것을 누가 막겠는가!

손기정이 던진 이 말의 의미를 마음속 깊이 새기고 우리가 우리 땅에서 구김살 없이 달릴 수 있는 이 행복의 가치를 제대로 알아야 할 것이다. 42.195km의 마라톤을 인생에 비유하곤 한다. 인생이 스스로 페이스를 조절하며 오르막과 내리막을 달려야 하는 마라톤과 닮아 있기 때문일 거다.

당신의 인생 마라톤은 어디쯤 달리고 있는가? 혹시 고통스럽다면 즐겨라! 적어도 당신은 자유로운 세상에서 뛰고 있으니까!

나를 깎아내리는 자에게 맞설 용기

불멸의 노예 검투사 스파르타쿠스

로마 국립 박물관에 가면 이런 청동상이 있다. 두 눈은 부어 있고, 귀는 짓눌려 있으며 코뼈는 부러져 주저앉아 있다. 온통 상처투성이인 얼굴에 박힌 두 눈의 눈빛은 굉장히 처절해 보인다. 이 청동상은 검투사다. 검투사는 영화 〈글레디에이터〉로 잘 알려져 있는데, 글레디에이터는 '글라디우스 검을 쓰는 자'라는 뜻이다. 글라디우스는 양날의 단검으로 로마 군대의 보병들이 주로 사용하던 검이다. 검투사들은 이 검을 사용했다고 한다.

검투사들의 평균 수명은 23세밖에 되지 않았다. 검투사는 다른 말로 '호르데아리'로 불렸는데 이는 '보리 먹는 사람들'이라는 뜻이다. 당시 로마에서 보리는 가축의 사료로 쓰였으니 보리 먹는 사람들이라는 말은 가축의 사료를 먹는 사람들이라는 조롱이 담긴 표현이다. 또 검투사들은 식물을 태운 재를 물에 섞어 마셨다는 기록도 남아 있다.

검투사의 유래와 변천

고대 로마에서는 죽은 자를 추모하기 위해 장례식 때 전쟁 포로를 이용해 검투 경기를 펼쳤는데 이것이 검투사의 유래다. 전쟁 포로들은 주로 갈리아 지역(오늘날의 프랑스, 스위스, 그리고 네덜란드 지역), 이탈리아반도의 삼니움 지역, 발칸반도 북쪽의 트라키아 지역(오늘날의 불가리아)에서 로마로 유입되었다. 유입된 전쟁 포로들은 로마의 노예 시장을 통해 폼페이의 검투사 양성소로 팔렸는데 그곳에서 주로 검투사들의 훈련과 경기 일정 등을 조정했다. 다시 말해 고대 로마 제국의 전투형 엔터테이너가 검투사였다는 말이다.

초창기 검투 경기는 프로스포츠 엔터테인먼트의 성격을 지녔다. 한데 로마가 왕정에서 공화정, 제정 시대로 변화하면서 검투 경기의 성격이 조금씩 달라졌다.

공화정은 귀족을 대표하는 원로원, 평민을 대표하는 호민관, 행정을 담당하는 집정관으로 구성된 트로이카 체제였다. 로마는 이 공화정 시대 때 세력을 가장 많이 확장해 가장 넓은 영토를 확보했다. 당연히 전쟁 포로도 가장 많이 유입되었다. 그러다 보니 공화정 시대의 검투 경기 방식은 한쪽이 죽을 때까지 싸우는 데스매치였다. 죽이고 또 죽여도 검투사는 차고 넘쳤으니 말이다.

이후 로마는 아우구스투스가 평정함으로써 황제가 로마를 다스리는 제정 시대로 접어들었다. 아우구스투스는 검투 경기를 굉장히 좋아했는데 몸이 아프면 들것에 실려와 검투 경기를 관전할 정도였다고 한다. 아우구스투스는 "패자를 무조건 죽이는 검투 경기를 금한다."라는 명령을 내렸다. 그래서 이때부터 검투사들의 생존율이 높아졌다. 이 때문에 제정 시대에는 공화정 시대와 달리 자유인 중에도 검투사가 되려는 사람이 많았다. 특히 빈민이 많았는데 이들은 인생 역전, 일확천금을 노리며 검투사가 되려 했다.

검투사의 종류와 경기 방식

검투사는 출신지, 무기, 공격 방법 등에 따라 구분된다. 트라키아 검투사, 갈리아 검투사 등이 출신지에 따라 구분한 명칭이다. 무기와 공격 방법에 따른 구분은 다섯 가지 정도로 요약해보겠다.

첫 번째는 '베스티아리이'다. 창을 들고 맹수와 싸우는 2급 검투사다. 주로 본 경기에 들어가기 전에 하는 오전 경기를 담당했다. 이들은 사자, 하마, 불곰, 호랑이, 타조 등 맹수와 싸웠다.

두 번째는 '레티아리우스'다. 로마 시민들이 가장 사랑했던 검투사로 그물 검투사 또는 어부 검투사로 불렸는데 레티아리우스의 무장을 보면 왜 그런지 알 수 있다. 레티아리우스는 한 손에는 포세이돈의 상징인 삼지창을 들고 다른 한 손에는 그물을 들고 싸웠다. 그리고 허리와 오른쪽 팔뚝에는 청동 방어구를 착용했다. 특이한 건 투구를 쓰지 않았다는 건데 잘생긴 얼굴을 보여주기 위해서였다.

세 번째는 '무르밀로'다. 물고기 검투사라고도 불렸는데 물고기 모양의 투구를 쓰고 오른쪽 팔뚝에 물고기 비늘처럼 생긴 방어구를 착용했다. 또 한 손에는 글라디우스 단검을 들고 다른 한 손에는 큰 방패를 들고 싸웠다. 무거운 방패를 들어야 했기 때문에 근육질의 검투사들이 무르밀로로 많이 투입되었다.

네 번째는 '세크토르'다. 세크토르는 두 눈을 뚫은 투구를 쓰고 15~16kg이나 나가는 무기를 들고 싸우는 추격 검투사다.

마지막은 '녹시'다. 녹시는 맨몸에 눈을 가린 채 검 한 자루만 들고 싸우는 죄수 검투사였다. 대신 상대 녹시는 맨손으로 싸워야 했다. 누가 이길까? 주로 무기를 든 녹시가 이겼다. 이렇게 이긴 녹시는 다음 경기에서 눈을 가리지 않고 무기 없이 새로운 도전자를 맞아 싸웠다. 이런 식으로 계속 싸우다 보면 결국 모든 녹시는 죽을 수밖에 없게 된다. 녹시의 경기는 처형의 한 방법이었던 거다.

검투 경기는 철저한 기획 속에 체계적으로 진행되었다. 심판도 있었고, 스폰서도 있었으며, 심지어 프로모션까지 있었다. 검투사 프로모션이 가장 중요하게 여긴 것은 대진표였다. 대진표를 어떻게 짜야 로마 시민들이 가장 좋아할까를 고민했던 거다. 이 대진표 중 흥행보증수표는 그물 검투사 레티아리우스와 추격 검투사 세크토르의 대결이었다.

검투 경기가 시작되면 검투사들은 "황제 폐하 만세! 죽음을 향하는 자들이 경의를 표합니다."라고 외쳤다. 그리고 경기가 끝나고 승패가 갈리면 승자는 관중들을 향해 '이 패자의 목숨을 어떻게 할 것인가?'라고 묻듯 시선을 돌린다. 패자의 목숨은 관중들이 쥐고 있었기 때문이다.

관중들은 어떤 기준으로 패자의 생사(生死)를 결정했을까? 패배한 검투사가 얼마만큼 처절하게 싸웠는지, 얼마만큼 용맹하게 싸웠는지, 얼마만큼 최선을 다해 죽기 살기로 싸웠는지 등이 판단의 기준이다. 그리고 그 판단은 엄지손가락으로 표시했다. 엄지손가락을 하늘로 들면 살려주라는 뜻이고, 땅으로 들면 죽이라는 뜻이었다. 살려줄 때는 엄지손가락과 함께 "Mitto! Mitto!" 하고 함성을 질렀다. 원형 경기장에 이 'Mitto'라는 소리가 가득 채워지면 패자는 살 수 있었다.

검투 경기에서 승리한 검투사에게 주어지는 최고의 영예는 황제가 내리는 목검 '루디스'를 받는 것이었다. 이 루디스를 받은 검투사를 '루디아리'라고 하는데 루디아리는 자유인이 될 기회를 함께 얻는다.

로마 황제 중에 코모두스 황제는 직접 검투 경기에 뛰어들기도 했다. 영화 〈글레디에이터〉에 나오는 바로 그 황제다. 코모두스의 아버지는 로마의 5현제 중 팍스 로마를 이끌었던 마지막 황제 '마르쿠스 아우렐리우스'이고, 어머니는 '파우스티나' 황후였다. 파우스티나는 검투 경기를 너무 좋아해 당시 "황후가 검투사와 사랑에 빠져 코모두스를 낳았다."라는 소문이 돌 정도였다.

검투 경기에 대해 처음으로 문제를 제기한 인물이 세네카다. 세네카는 네로의 스승으로 잘 알려진 로마의 사상가인데 검투 경기에 대해 "검투 경기 관전은 사람을 한층 더 비인간적으로 만든다."라고 말했다. 그리고 프랑스의 유명한 계몽사상가 몽테스키외는 검투 경기에 대해 "검투 경기는 로마인들의 마음속에 잔혹성을 심었다."라고 말했다.

이렇게 비인간적이고 잔혹한 검투 경기를 시키는 로마에 대항해 난을 일으킨 노예가 바로 스파르타쿠스다.

불멸의 스파르타쿠스

고대 그리스 역사가 플루타르코스는 스파르타쿠스에 대해 "스파르타쿠스는 유목 부족 출신으로 트라키아인이다. 그는 정신이 위대하고 신체가 튼튼했으며 똑똑하고 교양이 있었다."라고 말했다. 또 고대 로마 역사가 아피아노스는 스파르타쿠스에 대해 "스파르타쿠스는 한때 로마군으로 복무했는데 투옥되었다가 검투사로 팔린 인물이며 트라키아 지방 출신이다."라고 말했다. 사실 스파르타쿠스의 출생에 대해서는 정확한 기록이 없어 어디까지가 사실인지는 알 수 없지만 스파르타쿠스가 트라키아 출신의 자유인이었다는 것은 분명한 것 같다.

스파르타쿠스가 난을 일으킨 배경은 두 가지로 요약할 수 있다. 첫 번째 배경은 당연히 노예 제도다. 스파르타쿠스의 난에 앞서 1, 2차 노예 반란이 있었다. 기원전 1세기경 고대 로마의 노예 수는 전체 인구의 1/3에 달할 정도로 많았는데 노예가 없으면 로마 경제가 돌아가지 않을 정도였다.

포에니 전쟁 이후 지중해의 패권을 장악한 로마는 속국으로부터 굉장히 값싼 농산물을 많이 들여왔는데 그 영향으로 로마의 평민과 자영농들은 몰락했다. 대신 '라티푼디움'이라는 대농장이 생겨나기 시작했는데, 이 라티푼디움이 노예 없이는 경영이 불가했기 때문이다. 라티푼디움의 영향으로 빈부격차는 점점 심해졌고 몰락한 자영농조차 라티푼디움의 노예가 되기도 했다. 이 라티푼디움이 가장 많은 땅 중 하나가 시칠리아였다. 그래서 1, 2차 노예 봉기는 모두 시칠리아에서 일어났다. 스파르타쿠스의 난은 3차 노예 봉기에 해당한다.

스파르타쿠스의 난이 일어난 두 번째 배경은 로마의 '빵과 서커스 정책'이다. 빵과 서커스는 권력자로부터 무상으로 제공받는 식량과 오락 거리를 상징하는 표현이다. 대표적인 오락거리가 검투 경기였고, 그 검투 경기가 열렸던 곳이 바로 원형 경기장 '콜로세움'이었다. 서커스는 이 원형 경기장의 원형을 뜻하는 'circle'에서 나왔다.

《호모 루덴스(Homo Ludens)》를 쓴 네덜란드의 유명한 역사가 요한 하위징아(Johan Huizinga)는 이 빵과 서커스 정책에 대해 이렇게 말했다.

> 로마 시민은 국가를 향해 끊임없이 빵과 구경거리를 요구했다. 이는 단순히 돈과 오락을 원한다는 것은 아니었다. 로마 사회에서는 놀이 없이는 더 이상 살아갈 수 없다는 의미였다. (중략) 시민에게는 위정자들에게 놀이를 요구할 권리까지 주어졌던 셈이었다.

검투 경기는 로마 시민들에게 없어서는 안 될 중요한 놀이였고,

로마의 정치인들은 시민들의 마음을 얻기 위해 검투 경기를 제공할 수밖에 없었던 거다. 당연히 경기장의 수도 엄청났는데 수도 로마에 12개가 있었고 로마 전역에는 무려 761개가 있었다. 이렇게 많은 경기장에서 검투사들은 매일 죽기 살기로 싸워야만 했다.

검투사들에게 하루하루는 그야말로 고난 그 자체였다. 그래서 힘든 훈련과 두려움, 공포 때문에 자살하는 검투사도 대단히 많았다. 예를 들면 4세기 심마쿠스 전쟁 때 잡혀 온 포로 29명은 검투사 훈련을 받던 중 서로를 찔러 모두 죽었다. 마지막에 남은 한 사람은 벽에 머리를 박아 자살했다. 또 어떤 검투사들은 다음 날 맹수와 경기하는 것이 두려워 지나가는 전차 바퀴에 자기 머리를 집어넣어 생을 마감하기도 했다.

그나마 다행 아닌 다행은 검투사들이 로마 시민들의 숭배와 찬양을 받았다는 것이다. 그러나 여전히 그들의 신분은 창녀, 노예, 범죄자보다 미천했다. 그래서 검투사들은 공동묘지에 매장되는 것조차 거부당했다.

그렇다면 스파르타쿠스의 난은 어떻게 진행되었을까? 계몽사상가 볼테르는 스파르타쿠스의 난을 "스파르타쿠스 전쟁은 가장 정의로운 전쟁이자 인류 역사상 유일하게 정당했던 전쟁이었다."라고 평가했다.

스파르타쿠스의 난은 기원전 73년 나폴리 북동쪽에 있는 이탈리아의 도시 카푸아에서 일어났다. 스파르타와 동료 검투사들이

자유를 향해 칼을 든 것이다. 이때 이 스파르타쿠스와 함께 난을 일으킨 사람이 갈리아 출신 검투사 '크릭수스'다. 스파르타쿠스는 숲으로 뒤덮인 베수비오산으로 숨어들어 게릴라전을 펼쳤는데 이 소식을 듣고 주변 농장의 노예들까지 합류해 74명으로 시작한 노예 반란군은 7만여 명으로 늘어났다. 로마의 토벌대가 왔지만, 상대가 되지 않았고 스파르타쿠스 반란군은 로마 정규군까지 격파하며 승승장구했다. 이제 처지가 바뀌어 로마군 포로들이 검투사 시합을 하는 상황에까지 이르렀다.

고대 역사학자 '오로시우스'는 이 상황을 "이제껏 볼거리 취급을 당했던 이들이 이제는 관객이 되었다."라고 기록했다. 스파르타쿠스와 동료들의 심정이 어땠을까? 그러나 이런 상황은 그리 오래가지 못했다. 로마 최고의 Super rich '크라수스'와 최고의 장군이자 정치가였던 '폼페이우스'가 진압에 나섰기 때문이다.

당시 스파르타쿠스 반란군은 두 세력이 있었는데 스파르타쿠스를 중심으로 한 트라키아인들과 크릭수스를 중심으로 한 갈리아인들이었다. 그리고 이 두 세력은 분열했다. 왜냐하면 스파르타쿠스는 고향 트라키아로 가고자 했고, 크릭수스는 로마를 더 약탈해 부를 누리자고 했기 때문이다. 결국 크릭수스는 7만 명 중 3만 명의 반란군을 데리고 떠났는데 이들은 얼마 안 가 로마의 정규군에게 전멸당하고 말았다. 남은 4만 명은 스파르타쿠스를 따라 고향 트라키아를 향해 알프스에 이르렀다.

그런데 여기서 놀라운 일이 벌어졌다. 알프스까지 갔던 4만 명의 반란군들이 유턴해버린 거다. 왜 유턴했는지는 기록이 남아 있지 않아 알 수 없지만 역사가들은 두 가지로 추측하고 있다. 첫 번째는 알프스를 넘어 트라키아로 가봤자 로마 땅으로 변한 트라키아에서는 정착할 수 없을 거라 판단하고 문명이 있는 로마에 정착하기로 했다는 추측이다. 두 번째는 알프스의 추위를 감당하지 못해 포기했다는 추측이다. 어떤 추측이 맞는지 모르겠으나 분명한 것은 스파르타쿠스가 이끄는 4만 명의 반란군들은 알프스에서 유턴해 시칠리아로 남하했다는 사실이다.

시칠리아섬으로 가기 위해서는 메시나 해협을 넘어야 하는데 그러려면 배가 필요했다. 스파르타쿠스는 해적에게 부탁해 배를 구할 수밖에 없었는데 이 해적들이 배신해버렸다. 반란군을 토벌하러 온 크라수스에겐 절호의 기회였다. 크라수스는 이탈리아반도 끝부분에 방벽을 세워 이들을 가두어 독 안에 든 쥐로 만들어버렸으나 4만 명의 스파르타쿠스의 반란군은 이 방벽조차 뚫어버렸다.

그러나 이것이 끝이었다. 스파르타쿠스의 반란군은 크라수스와 폼페이우스가 이끄는 정규군에 포위당해 대부분 사살되고 6천여 명은 포로로 잡혔다. 그리고 이들은 당시 로마에 법정 최고형인 십자가형을 받았다. 결국 노예의 유일한 자유는 죽음뿐이었다.

카푸아에서 로마시까지 가는 길을 '아피아 가도'라고 한다. 영화 〈스파르타쿠스〉를 보면 이 아피아 가도에 십자가형을 당한 스파르타쿠스 반란군들이 가로수처럼 늘어선 십자가에 매달려 죽어가는 장면이 나온다. 이때 로마 장군이 "누가 스파르타쿠스냐? 누가 스파르타쿠스인지 알려준다면 네 목숨은 살려주겠다."라고 말한다. 그러자 스파르타쿠스의 동료들은 앞다투어 이렇게 대답했다. "내가 스파르타쿠스다." 이 이야기가 영화적 상상력으로 만든 허구일지 몰라도 그들은 노예로 살기보다 인간으로 죽기를 선택했음은 분명해 보인다.

지금까지 불멸의 노예 검투사 스파르타쿠스에 관해 이야기했다. 미완성으로 끝난 스파르타쿠스의 난은 1,800여 년이 지난 후 아이티에서 부활했다. 아이티는 쿠바 남쪽에 있는 카리브해의 작은 섬나라다. 이 나라는 18세기에 세계 최초로 흑인 노예들이 혁명을 일으켜 탄생시킨 나라다. 이 혁명의 지도자는 '투생 루베르튀르'로, 그 역시 노예였다. 그리고 투생 루베르튀르는 '검은 스파르타쿠스'로 불리고 있다. 스파르타쿠스의 자유를 향한 열정과 정신은 지금까지 이어져 오고 있다.

당신은 지금 어떻게 살고 있는가? 당신 삶의 주인이 당신이라 자신 있게 말할 수 있는가? 그렇다면 당신은 이미 성공한 인생이다. 만약 그렇지 않다면 스파르타쿠스처럼 꼭 싸워 이기기 바란다. 자유로운 영혼과 당신다움을 간직한, 당신이 주인인 인생을 위해.

II

배짱을 키우고
삶을 때 읽는

리더십 향상을 위한 인문학

실패하면 반역
성공하면 혁명

태종 이방원에게 권력이란

창업과 수성을 이야기할 때 빠질 수 없는 인물이 조선의 태종 이방원이다. 이 이방원을 통해 권력의 속성을 파헤쳐 보자. 이방원은 조선의 건국 과정에서 정몽주를 죽여 조선 건국의 일등 공신이 되었고, 조선의 설계자 정도전을 죽이는 왕자의 난을 거쳐 왕위에 올랐다. 그는 왕위에 오르고 나서도 끊임없이 아버지 이성계, 새어머니, 부인, 자식과 갈등을 빚었다. 태종 이방원은 왜 이렇게 많은 사람과 갈등을 불러일으키면서 권력에 집착했을까?

아버지 이성계와의 갈등

조선을 건국한 태조 이성계에게는 두 명의 부인이 있었는데 첫 번째 부인 신의왕후 한씨와 개경에서 얻은 두 번째 부인 강씨였다. 첫 번째 부인 한씨는 조선 건국 한 해 전에 죽어 강씨가 조선의 첫 왕후가 되었다. 이성계는 한씨에게서 여섯 아들을 두었는데 첫째가 이방우, 둘째가 이방과, 셋째가 이방의, 넷째가 이방간, 다섯째가 이방원이다. 여섯째는 일찍 죽어 잘 알려지지 않았다.

건국 초기 조선을 안정시키기 위해서는 무엇보다 세자 책봉이 시급했는데 그 과정이 순조롭지 않았다. 장자인 이방우를 세자로 책봉하면 간단할 일이었지만 이방우는 조선 건국을 끝까지 반대하고 세자 자리를 거부했기 때문이다. 그러자 이성계는 황당하게도 장성한 다섯 아들을 모두 제쳐두고 두 번째 부인 강씨에게서 얻은 막내 이방석을 세자로 책봉했다. 당연히 강씨와 정도전의 작품이다.

정도전은 조선을 설계한 사람이다. 그런 정도전의 가장 큰 고민은 재상 중심의 정치를 하는 것이었다. 어리석고 무능한 왕은 나라를 망칠 수 있으니, 왕이 마음대로 정치할 수 없도록 재상이 중심이 되어 왕과 신하가 조화를 이루면서 정치를 해야 한다고 생각한 것이다. 이런 생각에 적합한 왕으로 만들기 위해 세자를 교육해야 하는데, 당연히 세자가 어릴수록 큰 효과를 발휘할 것이다. 그래서 정도전은 어린 이방석을 세자로 선택했다.

이방석이 세자가 되니 가장 불만을 가진 사람이 누구였겠는가? 그렇다. 조선 건국의 일등 공신 이방원이었다. 이방원은 왕자의 난을 일으켜 정도전, 이방번, 이방석을 죽이고 권력을 잡았다. 이것이 1차 왕자의 난이다. 이런 아들들 간의 다툼에 신물을 느낀 이성계는 둘째 아들 이방과에게 왕위를 물려주고 물러났다.

이방과는 정종으로 즉위했지만, 실질적인 권력은 여전히 이방원이 쥐고 있었다. 그러던 차에 이방원의 권력을 차지하려고 세자 자리를 두고 맞선 형제가 이방간이었다. 이 때문에 2차 왕자의 난이 일어났고, 이방원이 승리했다. 결국 정종은 하륜의 주청으로 상왕 이성계의 허락을 얻어 이방원에게 양위했다. 이방과가 이방원에게 양위 의사를 밝히자, 이성계는 이렇게 말했다고 한다. "하라고도 하지 못하겠고 하지 말라고도 하지 못하겠다."

2차례의 왕자의 난을 거쳐 이방원은 태종으로 즉위했다. 그러나 이성계는 왕이 된 이방원이 보기 싫어 고향인 함흥으로 떠나버렸다. 이것은 이방원을 왕으로 인정하지 않겠다는 뜻이었고 민심도 좋지 않았다. 이방원은 권력은 잡았으나 왕위에 대한 정통성이 부족한 형국이었다.

이방원은 이 부족한 정통성 확보를 위해 이성계를 한양으로 모셔 와 인정을 받아야만 했다. 그래서 함흥으로 사람을 보냈는데 보내는 사람마다 죽임을 당했다고 한다. 여기서 나온 말이 '함흥차

사'다. 이방원은 고민했다. '어떤 사람을 보내면 아버지가 죽이지 않고 그 사람 말을 들어줄까?' 이러한 고민 끝에 보낸 사람이 이성계가 아끼는 고향 친구 '박순'이다.

박순은 이성계를 데려오기 위해 함흥으로 떠나면서 어미말과 망아지를 데리고 갔다. 그리고 함흥의 이성계가 머무는 궁궐에 도착하자 망아지는 궁궐 밖에 묶어놓고 어미말만 데리고 궁궐로 들어갔다. 그랬더니 바깥의 망아지는 어미말을 찾으며 울고, 어미말은 망아지를 달래느라 또 울었다. 이렇게 밖에서 계속 말 울음소리가 들리니 이성계는 밖에 무슨 일이 있는지 물었고, 박순이 상황을 설명하며 "하물며 저런 동물들도 자식이 부모를 찾고, 부모가 자식을 걱정하는데 사람이 오죽하겠는가. 이방원이 한 짓은 밉지만 그래도 부모가 자식을 용서해야지 어쩌겠는가."라고 말했다. 박순의 이 말에 이성계는 마음을 돌렸다. 하지만 곧장 따라가지 않고, 나중에 무학대사가 다시 와 한 번 더 설득한 후 한양으로 돌아왔다.

이성계가 한양으로 돌아온다는 소식에 기뻤던 이방원은 친히 마중을 나갔다. 왕의 행차를 위해 장막을 쳤는데, 이때 이방원의 책사 하륜은 장막의 기둥을 둘레가 굵은 나무로 세우라고 했다. 아니나 다를까 이성계는 태종을 보자마자 활을 겨눴고, 이방원은 그 굵은 나무 기둥 뒤에 숨어 간신히 화살을 피했다. 하륜의 통찰력이 참으로 놀랍다. 나중에 이곳에 다리가 생겼는데 이 다리를 '살곶이 다리'라고 부른다. 그렇게 이성계는 아들 이방원을 용서했다.

태조 이성계는 죽기 전 자기의 고향 함흥에 묻어 달라는 유언을 남겼다. 그러나 이방원은 이 유언을 들어주지 않았다. 조선의 첫 번째 임금 왕릉을 어디에 조성하느냐는 이후 기준이 될 것이고 함흥은 수도와 너무 멀었기 때문이다. 그래서 태종은 지금의 구리시 명당자리에 태조의 무덤을 조성했는데 아버지의 유언을 지키지 못한 것이 마음에 걸렸는지 아버지 고향인 함흥에서 억새를 가져다 잔디 대신 심었다. 그래서 이 태조 이성계의 건원릉은 가을이 되면 늘 억새가 무성하다.

또 다른 갈등

태종 이방원은 새어머니 신덕왕후 강씨와도 갈등이 많았다. 강씨는 이방원만큼 탁월한 내조로 조선 건국에 많은 도움을 주었기에 이성계가 굉장히 아끼던 인물이었다. 그래서 신덕왕후가 죽자, 태조 이성계는 큰 상심에 빠져 경복궁 가까운 곳에 호화로운 무덤을 정성껏 조성하고 기렸다. 그리고 무덤 이름을 정릉이라 하고 이 동네를 정릉동이라 했다. 그런데 태종은 태조 이성계가 이렇게 정성스럽게 가꿔놓은 무덤의 봉분을 없애버리고 다른 곳으로 이장해버렸다. 옛 제왕들의 무덤이 다 도성 밖에 있는데 도성 안에 정릉이 있는 것은 이치에 맞지 않다는 이유였다. 그냥 이장한 것이 아니라, 무덤을 장식한 석물도 다 없애고, 정자각도 없애버렸다. 심지어 신덕왕후를 후궁으로 격하시키고 무덤도 능이 아닌 원으로 격하시켰으며 종묘에 있던 위패도 없애버렸다.

현재 청계천에 있는 광통교는 조선에서 처음 만든 돌다리인데 그 돌들은 신덕왕후 무덤의 병풍석으로 썼던 것들이다. 태종 이방원이 신덕왕후를 얼마나 미워했는지 알 수 있다. 다행히 신덕왕후의 지위는 조선 후기 현종 때 복권되었고 정릉도 복원되었다.

태종 이방원은 부인 원경왕후 여흥 민씨와도 많은 갈등을 일으켰다. 원경왕후와 태종은 나란히 묻혀 있는데 이 무덤의 이름이 헌릉이다. 헌릉은 조선 역사상 최초로 쌍릉으로 조성된 능이다. 태종과 원경왕후는 말년에 거의 원수 같은 사이였는데 왜 쌍릉으로 안장되었을까?

그보다 문제는 두 사람이 왜 그렇게 반목했느냐인데, 태종의 가계도를 보면 태종과 원경왕후 사이에 아들이 넷, 딸이 넷 있다. 그러니 처음에는 금슬이 좋았을 것으로 보인다.

민씨의 친정은 대대로 명문가 집안에 왕비도 많이 배출하고 재력 또한 대단했다. 원경왕후 집안에서는 이방원이 왕자의 난을 일으킨 데 엄청난 공로를 했다. 왕자의 난을 일으키는 데 필요한 사병과 무기를 모두 지원했을 뿐만 아니라, 원경왕후의 남동생들까지 왕자의 난을 도왔다. 그러니 원경왕후 민씨는 이방원을 왕위에 올린 일등 공신이었다.

그런데 태종은 왕위에 오르고 나자, 왕실이 번창해야 한다는 이유로 후궁을 들이기 시작했다. 그것도 무려 열두 명이나. 속에 천불이 난 원경왕후는 “상감께서는 어찌하여 예전의 뜻을 잊으셨습니까? 제가 상감과 더불어 이 어려움을 지키고 같이 화란을 겪어 국가를 차지하였사온데 이제 나를 잊음이 어찌 여기에 이르렀습니까?” 하고 따졌다. 태종은 적반하장으로 “정비가 이것을 돌아보지 않고 사사로운 분한을 품으니, 내가 폐출하여서 후세를 경계하고자 하나 조강지처임을 생각하여 차마 갑자기 버리지 못하겠다.” 하고 맞섰다. 태종은 이에 그치지 않고 원경왕후가 강하게 맞설수록 그 화를 원경왕후의 남동생들에게 풀었다.

당시 세자였던 큰아들 양녕대군을 태종은 엄청나게 아꼈다. 왜냐하면 양녕대군 이전에 태어난 아들들이 요절했기 때문이다. 양녕대군은 당시 문화에 따라 외가에서 자랐기에 외삼촌들의 영향을 많이 받았다. 그러니 양녕대군이 왕위에 오르면 당연히 외삼촌들의 입김이 크게 작용할 것이었다. 이것을 염려한 태종은 원경왕후의 첫째 동생과 둘째 동생인 민무질과 민무구를 양녕대군의 뒤에서 권력을 잡으려 했다는 빌미로 귀양 보낸 후 사사했다. 그리고 5년 후에는 셋째 동생과 넷째 동생인 민무휼, 민무회까지 자결하라는 명을 내려 죽였다. 이 일로 원경왕후의 아버지마저 화병으로 죽었고, 결국 원경왕후의 집안은 몰락해버렸다.

엎친 데 덮친 격으로 원경왕후가 마흔이 넘어 얻은 막내아들 성녕대군마저 요절해버려 이제 태종과 원경왕후는 돌이킬 수 없는 사이가 되어버렸다. 이후 원경왕후는 모든 걸 내려놓고, 절에 들어가 조용히 아들을 추모하다 숨을 거두었다. 그리고 실록 어디에도 두 사람이 화해했다는 이야기는 없다.

그렇다면 태종과 원경왕후가 쌍릉으로 묻혀 있는 이유는 뭘까? 세종 때문이었다. 세종은 아버지와 어머니가 저승에서라도 화해하기를 바라는 마음에서 헌릉의 난간석을 이어 두 사람의 무덤을 쌍릉으로 조성한 것이다.

한편 태종은 세자였던 양녕과도 반목했다. 태종은 자신이 과거에 합격한 인물이었고 유교 정치를 선호했기에 세자인 양녕도 공부에 집중하길 바랐다. 그러나 양녕은 갈수록 학문을 멀리하고 여색을 탐했다. 아마 외삼촌을 넷이나 죽인 아버지가 원망스러웠을 것이다. 그럼에도 태종은 양녕을 달래는 것이 아니라 더욱 엄하게 대했고, 양녕은 더 엇나갔다. 17세부터 기생집을 드나들었고, 기생을 궁궐로 불러들이고, 큰아버지 정종이 아끼는 기생을 자기 여자로 만들어버리고, 유부녀를 겁탈하는 등 온갖 문제를 일으켰다.

심지어 사대부가의 첩이었던 어리를 보고 반해 자기 여자로 만들고 궁궐로 데려오기까지 했다. 이 사실이 알려지자, 태종은 크게 노하여 어리를 내쫓았는데 양녕은 어리를 잊지 못하고 다시 몰래 궁궐로 불러들여 임신까지 시켰다. 더 이상 참을 수 없었던 태종이 다시 어리를 쫓아내자, 어리는 자결했고 양녕은 태종에게 "아버지는 그 많은 후궁을 두면서 나는 왜 안 됩니까?"라며 맞섰다. 더 이상 참지 못한 태종은 "태자가 여러 날 동안 불효하였으나 집안의 부끄러움을 바깥에 드러낼 수가 없어서 항상 그 잘못을 덮어두고 있었는데 오직 그 잘못을 직접 깨달아 뉘우치기를 바랐는데 이제 도리어 원망하면서 싫어함이 이 지경에 이르렀으니 내가 어찌 감히 숨기겠는가."라고 말하곤 결국 양녕을 세자에서 폐했다. 양녕은 세자에서 대군으로 격하되었고, 조용히 살다 생을 마감했다.

양녕을 세자에서 폐한 태종은 충녕대군을 세자로 책봉하고 두 달 만에 양위했다. 그러니까 세종은 세자가 된 지 두 달 만에 왕이 된 것이다. 그러나 태종은 군권은 놓지 않았다.

태종은 세자가 바뀌었다는 사실을 명나라에 알리기 위해 세종의 장인이었던 심온을 영의정으로 발탁하고 명나라에 사절단으로 보냈다. 그런데 심온이 명나라에 사절단으로 다녀오는 동안 조선에서는 강상인이라는 사람이 반역죄로 잡혀 오는 사건이 일어났다. 강상인이 "도대체 누구를 따라야 되느냐. 군권도 한 사람에게서 나와야 하는데 지금 두 사람에게서 나오고 있지 않느냐. 이게 맞는 거냐?"라고 말했기 때문이었다. 강상인과 함께 어울렸던 사람들이 모조리 잡혀 들어왔는데 그중에는 심온의 동생도 있었다. 심온도 무사하기 힘든 상황이 되어버린 것이다.

사실 이것은 모두 태종의 계략이었다. 태종은 심온을 명나라 사절단으로 보낼 때 아주 많은 인파가 몰렸다는 소문을 들었다. 이 때문에 태종은 심온이 장차 굉장한 권력을 가지게 될 위험인물이라 판단했다. 그래서 태종은 심온이 명나라에서 돌아오는 길에 바로 체포해 처형해버렸다. 세종의 장인을 죽인 것이다. 그런데 태종은 이것도 모자라 세종의 장모와 그 자식들까지 관노로 만들어버렸다. 이렇게 또 한 집안이 몰락했다.

대신들은 한발 더 나아가 심온이 대역죄를 지었으니, 그의 딸인 소헌왕후도 폐비시켜야 한다고 주장했다. 소헌왕후는 세종의 부인이었다. 그러자 태종은 "심온이 비록 중죄를 범하였으나 공비(소헌왕후)가 이미 주상의 배필이 되어 아들을 많이 둔 경사가 있으니 어찌 다른 사람에 비할 수 있으랴."라고 말했다. 그렇게 소헌왕후는 겨우 화를 피할 수 있었다. 참고로 세종과 소헌왕후 사이에는 아들이 여덟, 딸이 둘이었다.

그러나 이것은 명분일 뿐이고 태종의 복심은 달랐다. 만약 소헌왕후를 폐출시키고 새로운 왕후를 들이면 그 왕후의 집안은 또다시 외척이 되고 그러면 태종은 그 외척을 또 쳐내야 했기 때문에 소헌왕후는 건드리지 않고 그 집안만 몰락시킨 거다. 세종의 마음이 어땠을까? 자신이 왕위에 오른 것 때문에 처가가 몰락했다. 그러니 세종은 태종 때문에 마음고생이 이만저만이 아니었을 것이다.

그나마 태종은 미안했는지 반역죄인 심온을 참수하거나 거열형으로 다스려 목을 효수하지는 않고 사사했고, 그 시신은 지금의 수원 지역의 굉장한 명당자리에 묻어주었다. 다행히 소헌왕후의 집안은 문종 때 그 명예가 회복되었고, 이후 번창하여 많은 영의정, 좌의정을 배출하는 명문가로 다시 일어섰다.

정말 놀라운 것은 소헌왕후의 행동이다. 소헌왕후는 세종이 미웠을 법도 한데 그를 전혀 힘들게 하지 않고 조선의 왕비 중 최고로 내조를 잘했다. 그래서 세종도 부인을 굉장히 존경했다고 한다. 그런 세종의 모습을 실록에는 "왕후가 나아가고 물러갈 때 전하께서는 반드시 일어서서 공경하고 예로 대하셨다."라고 기록되어 있다. 세종의 이런 마음은 죽어서도 잘 나타난다. 세종과 소헌왕후의 무덤은 조선왕릉 중 최초로 합장릉으로 모셔졌다. 지금의 여주에 있는 영릉이다.

지금까지 태종과 태종의 아버지, 새어머니, 부인 그리고 아들이었던 양녕, 세종의 대립까지 살펴보았다. 실록에 따르면 태종은 세종에게 이런 말을 남겼다고 한다.

> 나는 이 세상에 잔재해 있는 모든 악몽과 슬픔을 뒤집어쓰고 갈 것이니, 너는 이 세상에서 제일 훌륭하고 어진 성군이 되어라!

이 말에서 우리는 태종이 왜 그렇게 많은 피를 흘렸는지 짐작할 수 있다. 한편 태종은 이런 유언도 남겼다.

> 내가 죽어 영혼이 있다면 반드시 이날만이라도 비를 내리게 하겠다.

이후 태종이 승하한 날이 되면 어김없이 비가 내렸는데 사람들은 그 비를 '태종우'라고 불렀다. 종합해보면 태종은 개인적인 왕권 강화만을 위해서 권력을 탐한 게 아니라, 세종을 위해, 더 나아가 조선왕조의 탄탄한 미래를 위해 그렇게 권력에 집착했던 것 같다. 그렇다면 태종에게 권력이란 무엇이었을까?

권력의 '권(權)' 자에는 저울추라는 의미가 있다. 저울추는 무게를 잴 때 사용하는데 저울추와 물건이 균형을 이룰 때 물건의 무게를 정확히 알 수 있다. 따라서 저울추의 역할이 균형을 맞추는 데 있듯 권력은 균형을 맞추는 힘이어야 한다. 그러니 현대를 살아가는 우리는 누가 권력을 잡느냐, 얼마나 많은 권력을 쥐느냐 등 권력에 대한 고정관념을 버리고 그 권력을 누구와 나누고 어떻게 써야 할 것인가에 초점을 맞춰야 하지 않을까 생각해본다.

나만의 무기를 갖춘다는 것

일본 전국시대를 평정한 3인의 리더십

오다 노부나가, 도요토미 히데요시, 도쿠가와 이에야스는 일본 전국시대를 통일한 3인방으로 한 번쯤을 들어봤을 것이다. 일본에서는 위기 상황이 닥치면 이 세 사람의 리더십을 비교하는데 이들의 리더십을 가장 잘 보여주는 이야기가 "울지 않는 두견새를 어떻게 할 것인가?"라는 물음에 대한 세 사람의 대답이다. 지금부터 한 명씩 살펴보자.

오다 노부나가

오다 노부나가는 울지 않는 두견새를 어떻게 할 것이냐는 물음에 "죽여야 한다."라고 답했다. 이것은 기존 질서의 틀을 깨는 혁신을 의미한다. 1543년은 일본의 역사뿐만 아니라 동아시아 역사에서도 굉장한 분기점이 되었다. 다네가시마라는 섬에 포르투갈 상인이 조총을 들고 상륙했기 때문이다. 이 조총으로 일본 전국시대를 통일하려 했던 인물이 바로 오다 노부나가다. 사무라이가 칼 대신 총을 든다는 것은 당시 분위기로 볼 때는 엄청난 혁신이었다. 왜냐하면 사무라이들은 멀리서 총을 쏘는 행위를 무사답지 못하다고 여겨, 조총을 사무라이 정신에 반하는 무기라고 생각했기 때문이다. 하지만 오다 노부나가는 혁신을 선택했다.

당시 일본인들은 조총을 '남만 댓포'라 불렀는데 남쪽 서양인이 가져온 철포라는 뜻이다. 남만 댓포의 위력이 처음 발휘된 전투는 1575년 6월 29일 미카와노쿠니 나가시노 성을 둘러싸고 오다 노부나가와 도쿠가와 이에야스의 연합군 3만 8천 명과 다케다 가쓰요리군 1만 5천 명이 벌인 전투다. 다케다 부대는 조총이 없었고, 오다 부대는 3천 자루의 조총이 있었다. 초기 조총은 분당 서너 발 정도밖에 쏘지 못한다는 단점이 있었지만 오다 노부나가는 삼중 연속사격 진영 전술을 개발해 전투에 임했다. 다케다 가쓰요리는 다케다 신겐의 아들로 일본 최고의 기마 부대를 가지고 있었지만 남만 댓포가 없었다. 여기서 나온 말이 '무댓포'다. 다시 말해 다케다군은 무댓포였다. 결과는 당연히 오다 노부나가의 승리였다. 오다 노부나가는 이 전투로 전국시대 통일의 싹을 틔우게 된다.

당시 포르투갈 선교사 로드리게스가 오다 노부나가를 보고 이런 말을 했다. "노부나가는 일본의 전국시대를 종식하기 위해 나선 최초의 인물이다. 그가 일본 땅의 절반을 차지하자 나머지 절반은 그의 이름만 듣고도 무서운 나머지 무슨 명령이든 복종할 태세였다." 대단한 카리스마였다.

하지만 오다 노부나가의 불같은 성격은 부하의 배신을 불러왔는데 이것이 '혼노지의 변'이다. 혼노지는 일본 교토에 있는 절 이름인데 오다 노부나가는 전국시대 통일을 목전에 두고 70여 명의 소수 병력만 데리고 이곳에서 마지막 전술을 구상하고 있었다. 그때 가신이었던 미쓰히데가 1만 3천여 명의 군대를 이끌고 혼노지를 기습했다. 혼노지는 불탔고, 오다 노부나가는 할복했다. 그렇게 그는 시신조차 발견되지 않는 비극적인 종말을 맞았다. 그의 나이 49세였다.

이 사건에서 비롯된 일본 숙어가 '적은 혼노지에 있다.'이다. 미쓰히데가 오다 노부나가를 공격할 때 그의 부하들한테 했던 말이다. 무슨 뜻일까? 적은 미쓰히데처럼 내부에 있다는 뜻이다. 그런데 미쓰히데는 오다 노부나가가 죽고 난 다음의 계획이 없었다. 일본 전국시대는 배신과 하극상이 난무했지만, 여전히 명예와 의리를 소중히 여겼다. 미쓰히데는 배신했으니, 주변의 동의와 지지를 얻지 못했다.

이런 상황에서 혼노지의 변 소식을 듣고 주코쿠에 나가 있던 도요토미가 병력을 끌고 돌아오자, 미쓰히데는 도망칠 수밖에 없었다. 그러나 미쓰히데는 농민들에게 잡혀 처참하게 목이 잘리는 비극적인 최후를 맞아야 했다. 그리고 미쓰히데는 일본에서 지금까지도 배신자의 아이콘이다. 서양사로 치면 카이사르를 죽인 브루투스와 같은 인물이라 하겠다.

도요토미 히데요시

도요토미 히데요시는 울지 않는 두견새를 어떻게 할 것이냐는 물음에 "울게 해야 한다."라고 답했다. 도요토미 히데요시는 타이밍의 귀재다. 인생은 타이밍이라는 말을 몸소 보여준 인물이랄까. 우리는 그의 삶에서 공격적이고, 창조적이고, 진취적인 자세를 엿볼 수 있다. 도요토미 히데요시의 본명은 하시바 히데요시로 굉장히 천한 신분이었다. 그러나 도요토미 히데요시는 스스로 운명을 바꿀 줄 아는 사람이었다. 히데요시는 두 번째 마디까지만 있던 운명선을 칼로 그어 끝까지 이어지게 해 자기 손금을 스스로 만들었다. 그리고 그 손금은 지금까지 전해져 온다. 그래서일까? 도요토미 히데요시는 기막힌 타이밍에 오다 노부나가를 만났다.

도요토미 히데요시의 아버지는 어릴 때 전사했고, 어머니는 재혼했다. 그런데 양아버지의 학대가 너무 심했다. 거의 매일 매를 맞던 도요토미 히데요시는 결국 가출했고 방랑했다. 그러던 어느 날, 장사꾼으로 떠돌던 도요토미 히데요시 앞으로 오다 노부나가의 행차가 지나갔는데, 그는 무작정 행차 앞에 드러누워 "너무 가난해서 살 수가 없으니 제발 저를 죽여 주십시오."라고 외쳤다. 평소 오다 노부나가였다면 목을 쳤을 일인데 도요토미 히데요시의 절박함을 보았던 것일까. 오다 노부나가는 도요토미 히데요시를 거두어줬다. 그리고 도요토미 히데요시에게 아주 중요한 임무를 맡겼는데 바로 변소 지기였다. 히데요시는 이 일에 죽을힘을 다했고 오다 노부나가의 눈에 쏙 들었다. 입신의 시작이었다.

도요토미 히데요시는 머리도 좋았다. 어느 날 오다 노부나가가 금으로 만든 술잔을 우물 속에 빠뜨렸는데 어떤 하인도 꺼내지 못했다. 이를 본 도요토미 히데요시는 상당히 많은 물을 한꺼번에 우물에 들이부어 금 술잔이 떠오르게 한 뒤 꺼냈다. 이 일로 도요토미 히데요시는 오다 노부나가의 더 많은 신임을 얻게 되었고 결국 이인자의 위치까지 올랐다. 그리고 혼노지의 변 이후 일인자가 되었다.

오다 노부나가는 항상 히데요시를 이렇게 불렀다. '고자루'. 원숭이란 뜻이다. 그런데 도요토미 히데요시는 나이가 들면서 '대머리

쥐'라는 별명도 얻었다. 신분이 낮은 데다 외모가 볼품없고 키마저 작았기 때문이다. 그랬던 도요토미 히데요시가 일왕 아래 최고의 지위라는 관백의 지위까지 올랐다.

그러나 도요토미 히데요시는 만족하지 않았다. 쇼군(정이대장군)이 되고 싶었던 거다. 하지만 불가능했다. 신분이 천한 사람은 쇼군이 될 수 없었기 때문이다. 그래서 자격지심이 생긴 도요토미 히데요시는 쇼군직을 아예 폐지해버렸다. 그리고 다이묘 간의 혼인도 금지했다. 그는 그렇게 자신의 권력을 키웠다.

관백이 된 도요토미 히데요시는 지혜로운 정책을 많이 펼쳤다. 그중 하나가 '도수령'이다. 일어로 '가타나가리'라고 하는데 백성의 대도권(칼을 차고 다닐 수 있는 권리)을 박탈하는 병농분리 정책이다. 다시 말해 농민들은 칼을 차고 다닐 수가 없으니, 농사에만 집중하라는 법이었다. 칼은 싸우는 사람, 즉 사무라이들만 찰 수 있었다. 이 도수령으로 일본은 경제적으로 굉장한 발전을 했다.

도요토미 히데요시에게는 큰 걱정거리가 하나 있었는데 60이 다 되어 낳은 아들, 도요토미 히데요리였다. 히데요시는 이런 말을 자주 했다고 한다. "히데요리가 집에 없을 때는 마치 온 집 안이 텅 빈 것 같아 견딜 수가 없구나. 내가 분명히 이르노니, 모든 하인에게 엄하게 일러 성안에 화재가 발생하지 않도록 철저히 예방하고, 매일 밤 성 전체를 두세 번씩 순찰하라!" 그만큼 히데요시는 아들 히데요리를 아꼈다.

그러나 세월을 이길 수는 없는 법. 히데요시는 죽음이 다가오자, 전국의 유력한 다이묘 다섯 명을 불러 모았다. 이들을 '오대로'라고 한다. 히데요시는 히데요리의 어머니 요도도노를 옆에 두고 오대로에게 이렇게 말했다. "이제 겨우 다섯 살밖에 안 된 히데요리가 장성해 일본의 통치자가 될 때까지 잘 돌봐 달라." 그러나 모자의 운명은 도쿠가와 이에야스가 쥐고 있었다.

도쿠가와 이에야스

도쿠가와 이에야스는 울지 않는 두견새를 어떻게 할 것이냐는 물음에 "울 때까지 기다린다."라고 답했다. 도쿠가와 이에야스는 인내와 끈기로 다져진 전략가였다. 그는 어떤 삶을 살았기에 이런 인내와 끈기를 터득했을까?

도쿠가와 이에야스는 1542년 12월 26일 마쓰다이라 히로타다의 아들로 태어났으며 어렸을 때 이름은 다케치요다. 어린 시절 이에야스의 삶은 인질 생활이 전부였다. 왜냐하면 도쿠가와 이에야스의 가문은 오와리 지역의 오다 가문과 스루가의 이마가와 가문 사이에 딱 끼어 있었기 때문이다. 오와리의 오다 가문은 일왕이 있는 교토와 가장 가깝다는 지리적 이점이 있었다. 그런데 교토로 가기 위해서는 배후를 경계해야 하는데 그 배후에 도쿠가와 집안이 있었다. 도쿠가와 가문은 살아남기 위해 오다 가문과 이마가와 가문에 인질을 보냈다. 두 가문을 오가며 인질이 된 사람이 바로 도쿠가와 이에야스다.

힘들고 피곤한 인질 생활 속에서 이에야스가 깨달은 삶의 철학이 있다. '차가운 돌에도 3년'이다. 차가운 돌 위에서 3년이라는 세월을 앉아 있을 정도로 참고 또 참아 견디면 결국 돌도 따뜻해진다는 뜻이다. 바로 이 철학 덕분에 도쿠가와 이에야스는 훗날 전국시대의 최종 승자가 될 수 있었다.

도쿠가와 이에야스는 오다 노부나가와 도요토미 히데요시 밑에서 처절하게 이인자의 삶을 살았지만 두 사람은 끊임없이 이에야스의 충성도를 시험했다. 오다 노부나가는 도쿠가와 이에야스에게 그의 아내와 아들을 할복시키라 명했는데 그는 피눈물을 삼키며 그렇게 했다. 또 도요토미 히데요시는 도쿠가와 이에야스를 불러놓고 "교토를 떠나 도쿄로 가라. 그곳이 너의 새로운 영지다."라고 말했다. 지금의 도쿄는 수도로서 굉장히 번성한 도시지만, 당시에는 늪지대였다. 도쿠가와 이에야스는 변방으로 내쳐진 것이었다. 그러나 도쿠가와 이에야스는 히데요시의 명에 따라 에도로 갔을 뿐만 아니라 부흥시키기까지 했다. 멋진 성을 쌓고, 수많은 상인을 끌어모아 상업 도시로 변화시켰다.

1600년 세키가하라 전투가 벌어졌다. 이 전투는 도요토미 히데요시가 죽은 뒤 다이묘들이 패권을 놓고 동군(東軍)과 서군(西軍)

으로 나뉘어 벌인 전투였는데 도쿠가와 이에야스가 이끈 동군이 승리했다. 이 승리를 기반으로 도쿠가와 이에야스는 1603년 마침내 쇼군이 되었다. 도요토미 히데요시가 그렇게 되길 바랐던 쇼군 말이다.

이제 남은 건 도요토미 히데요시의 유일한 아들 히데요리뿐이었다. 히데요리는 오사카성에 살고 있었는데 오사카성은 이중 해자로 되어 있는 난공불락의 성이었다. 해자의 깊이는 6m였고, 너비는 75m에 달했다. 도요토미 히데요시는 이 오사카성을 지을 때 "백만대군이 쳐들어와도 끄떡없는 난공불락의 성이다."라고 말했다고 한다. 이 난공불락의 오사카성을 도쿠가와 이에야스는 어떻게 점령했을까?

당시 히데요리는 22살이었고 도쿠가와 이에야스는 73세였다. 백전노장 도쿠가와 이에야스는 히데요리와 평화협정을 맺고 이런 제안을 했다. "우리가 서로 평화협정을 맺었으니, 이중으로 된 해자도 메워 백성들에게 전쟁이 없는 평화 시대가 도래했음을 상징적으로 보여주는 게 어떻겠는가?" 어리고 순진했던 히데요리는 그 말을 그대로 믿고 난공불락의 핵심 요소인 해자를 메워버렸다. 결국 오사카성은 불타버렸고 히데요리와 그의 어머니 요도도노는 자결했다.

도쿠가와 이에야스는 끈기와 인내로 전국시대의 최후 승자가 되었고 PAX 에도막부 260년의 서막이 열렸다. 다음은 굉장히 유명한 말로 도쿠가와 이에야스의 유훈처럼 전해 내려오는 말이다.

> 인생은 무거운 짐을 어깨에 지고, 먼 길을 가는 나그네와 같다. 그러니 서두르지 마라. 무슨 일이든 마음대로 되는 일은 없다. 불만을 가질 이유도 없다. 인내는 무사 장구의 근본이고 분노는 적이다. 풀잎 위의 이슬도 무거우면 떨어지고 달도 차면 기울게 마련이니, 이기는 것만 알고 지는 일을 모른다면 몸에 화가 미친다. 자신을 책할지라도 남을 책하지 마라. 부족함이 지나침보다 낫다.

지금까지 3인 3색의 리더십을 이야기해보았다. 오다 노부나가는 과감한 혁신으로 시대의 변화를 주도했고, 도요토미 히데요시는 능동적이고 창조적인 자세로 기회를 포착했으며, 도쿠가와 이에야스는 인내와 끈기로 최적의 때를 기다렸다. 당신은 어떤 스타일의 리더십을 발휘하고 싶은가? 이왕이면 자신만의 스타일을 만들기 바란다.

리더가 관용을 베풀었을 때

십자군 전쟁의 주역 살라딘

십자군 전쟁(1095~1291)은 성지 예루살렘을 두고 유럽 기독교 왕국과 이슬람 제국이 200년간 싸운 긴 전쟁이다. 인류 역사상 이렇게 길고, 참혹했던 전쟁은 없었다. 11~12세기는 유럽의 봉건 사회가 무르익었고 기사들이 넘쳐났다. 십자군 전쟁을 통해 기사들의 호전성, 폭력성을 외부로 돌리고 내부의 결속과 평화를 도모하려는 의도도 있었다.

십자군 전쟁이 발발한 또 하나의 이유는 교황이다. 당시 교황은 동로마 황제에 대해 굉장한 콤플렉스가 있었다. 왜냐하면 동로마 황제는 황제이면서 교황이었기 때문이다. 동로마 황제보다 더 강한 권력을 가지고 싶었던 교황은 십자군 원정을 통해 동로마 황제의 권한과 봉건 영주, 주변 왕들의 지위를 약화시킴으로써 자신의 권한을 높이고자 했다. 권력 쟁취의 가장 큰 관건은 예루살렘이었다.

성지 예루살렘

예루살렘은 3개 종교, 즉 유대교, 이슬람, 기독교의 성지다. 세 종교의 공통점은 아브라함을 공통 조상으로 믿고 있다는 거다. 그러면 이 예루살렘은 왜 3개 종교의 성지가 되었을까?

통곡의 벽은 솔로몬 왕이 만든 유대교의 성지고, 무함마드가 승천한 황금 돔은 이슬람의 성지고, 예수님이 부활한 장소에 세운 성분묘 교회와 예수님이 십자가를 지고 걸어갔던 골고다 언덕은 기독교의 성지다. 이들 모두가 예루살렘에 모여 있으니, 예루살렘은 3개 종교의 성지가 될 수밖에 없다.

12세기에는 이런 예루살렘으로 성지순례를 떠나는 게 유행이었다. 성지순례를 하는 사람들은 중세 봉건 사회에서 경제적 능력이 있는 이들이었다. 이들의 성지순례로 예루살렘은 동방 무역의 중심지가 되었다. 다시 말해 예루살렘은 성지순례의 장소이기도 하고 무역의 중심지이기도 했다는 말이다.

그런데 중앙아시아에 있던 셀주크 투르크가 서쪽으로 이동하면서 이 중요한 장소를 정복해버렸다. 이후 셀주크 투르크는 성지순례를 방해하기 시작했다. 성지순례를 처음 떠났던 사람은 성 헬레나로 동로마 제국의 황제 콘스탄티노플 대제의 어머니다. 앞에서 언급한 성분묘 교회를 지은 사람이 성 헬레나다.

우르바누스 2세 교황은 클레르몽 공의회를 열어 성지 예루살렘 회복을 위해 원정군을 보내자고 전 그리스도교 계에 촉구하는 연설을 했다. 다음은 그 연설의 일부다.

> 사기꾼과 병자여도 상관없다. 모두 그리스도의 병사가 되어 성지 예루살렘을 이교도의 손에서 구해내자.

이때 모인 청중들은 "데우스 볼트."라고 화답하며 동의했다. 이는 '신이 그것을 바라신다. 신의 이름으로 전쟁에 나가자.'라는 뜻이다. 그 결과 '모든 세계를 십자가 아래'라는 기치 아래 제1회 십자군이 결성되었다.

이것은 중세 사람들이 구원받는 새로운 방식이었다. 중세 사람들은 '나는 항상 살아가면서 죄를 짓는구나. 나의 삶 자체가 죄구나.'라고 생각했다. 그래서 그들은 이 죄를 씻기 위해 십자군 행렬에 동참했다. 다시 말해 1차 십자군의 목적은 두 가지로 정리할 수 있다. 구원과 비즈니스.

1차 십자군은 예루살렘 함락시키는 데 성공했다. 문제는 보급이었다. 십자군이 유럽에서 아나톨리아 반도를 거쳐 중동의 예루살렘까지 오는 데 2년이 걸렸다. 보급품이 부족했던 이들은 약탈하면서 행군했다. 약탈 대상은 모두 동로마 제국의 지배 아래에 있는 기독교 나라들이었다. 당시 기록에 따르면 십자군이 예루살렘을 함락할 때 약탈, 방화, 폭력이 난무해 피가 발목까지 잠길 정도였다고 한다.

1차 십자군은 예루살렘 정복 후 잠시 십자군 왕국을 만들었다. 그러나 오래 유지하지는 못했다. 살라딘이 등장했기 때문이다.

살라딘의 등장

십자군 왕국은 2차 십자군 전쟁 때 살라딘(1137~1193)의 등장으로 이슬람의 손에 넘어갔다. 살라딘은 어떤 인물이었을까? 살라딘의 이름은 '살라흐 앗 딘'으로 정의로운 신앙이라는 뜻이다. 그 이름을 발음하기 어려워했던 유럽 사람들은 그를 '살라딘'이라 불렀다.

살라딘은 유목 민족인 쿠르드족 출신이다. 현재 인구 3천만~4천만 명인 쿠르드족은 세계최대의 유랑 민족으로 아직 나라 없이 이란, 이라크, 튀르키예(터키), 시리아 등에 뿔뿔이 흩어져 살고 있다.

쿠르드족에게도 예전에는 살라딘 같은 명망 있는 군주가 있었다.

살라딘이 십자군들을 점령한 결정적인 전투는 '하틴의 뿔 전투'다. 하틴의 뿔은 사화산(죽은 화산)을 의미하는데 살라딘은 이곳으로 십자군과 예루살렘 왕국의 기독교 군대를 유인했다. 이곳에는 물이 없었기 때문이다. 이후 살라딘은 기습 작전과 연막작전을 펼쳐 더위와 갈증에 지친 십자군을 대파했다. 그 결과 십자군 만 7천여 명이 전사했다. 이 기세를 몰아 살라딘은 아크레, 베이루트, 시돈 등 기독교 국가의 주요 도시를 차례로 점령했고, 1187년 10월 2일 드디어 예루살렘에 입성했다.

살라딘은 대량 학살로 예루살렘을 정복한 십자군과는 달리 협상을 통해 무혈 입성했다. 가족을 잃은 포로들의 가족을 찾아 주었고, 시신의 장례를 치러 주기도 했다. 포로들을 죽이는 것이 관례였던 당시에 살라딘의 행동은 대단히 관용적인 것이었다.

돈을 받고 포로들을 풀어주긴 했지만, 돈이 없는 포로들도 그냥 풀어주었다. 거기에 더해 포로들이 무사히 해안가에 도착해 자기 나라로 돌아갈 수 있도록 경호까지 해주었고 부하들에게 절대 약탈하지 말라는 명까지 내렸다.

한 부하가 살라딘에게 "잔혹한 기독교도들은 우리 백성들을 모두 베어버렸는데 왜 술탄께서는 그들을 살려 보내십니까?"라고 질문했다. 그러자 살라딘은 "우리가 마찬가지로 연약한 노인, 과부들을 포함해 포로들을 모두 베어버린다면 야만적인 기독교들과 무엇이 다를 것인가? 난 그들이 아니야, 난 살라흐 앗 딘이야."라고 답했다. 이름 그대로 '정의로운 신앙'다운 대답이다.

이런 살라딘의 선행과 관용은 유럽 세계에 널리 알려졌고, 기독교를 믿지 않는 사람들은 모두 짐승이라고 생각했던 유럽인들에게는 충격을 안겼다. 심지어 그를 존경하는 사람도 많았다.

이런 사실은 단테의 《신곡》에도 잘 나타난다. 《신곡》에는 지옥, 연옥, 천국이 나오는데 예수를 믿지 않는 사람들과 예수 탄생 이전에 태어나 활동했던 사람들 모두 지옥에 있다. 그리고 그 지옥 제일 상부에는 소크라테스, 플라톤 같은 정의롭게 살았지만, 예수를 받들지 못한 인물들이 있다. 단테는 이곳에 살라딘도 함께 두었다. '살라딘은 고결한 이교도'라며 그를 소크라테스와 동급 인물로 인정했던 거다.

두 영웅의 만남

3차 십자군 전쟁이 일어났다. 3차 십자군 전쟁에서는 또 한 명의 영웅이 탄생했다. 바로 사자왕 리처드 1세다. 사자의 심장을 가진 것처럼 용맹하다고 해서 붙여진 별명이다. 리처드 1세는 '잔혹함과 자비로움, 자만심과 용기를 모두 갖추었다.'라는 평가를 받고 있다. 그런데 1838년 프랑스 루앙 대성당에서 이 사자왕 리처드

1세의 심장이 실제로 발견되었다고 한다. 리처드 1세는 잉글랜드의 왕이었지만 평생 프랑스어만 사용했다. 왜냐하면 그는 프랑스의 해안에 있는 노르망디 공국의 영주였기 때문이다.

리처드 1세는 예루살렘이 살라딘에게 정복당했다는 소식을 듣고 본격적으로 전쟁에 뛰어들어 3차 십자군 전쟁을 총지휘했다. 이것은 유럽의 왕이 십자군 원정에 참여하는 결정적인 계기가 되었다.

리처드 1세는 '전쟁에서 가장 중요한 건 보급이고, 안정된 보급을 위해서는 재정적인 뒷받침 되어야 한다.' 하고 생각했다. 그래서 그는 자기 성과 영지를 팔아 자금을 마련했다. 이것은 통치권을 팔았다는 것을 의미한다. 그는 자기가 가진 모든 걸 3차 십자군 원정에 걸었던 것이다. 리처드 1세 휘하의 군대는 총 8차에 걸친 십자군 원정 중 가장 조직적인 군대로 평가받는다.

1191년 아크레에 도착한 리처드 1세는 3년이라는 긴 시간 동안 벌어진 아크레 공방전을 단 5주 만에 끝내버렸다. 아크레는 해안가 도시로 예루살렘으로 가기 위한 교두보였다. 이 상황을 두고 살라딘의 측근 바하 알 딘은 이렇게 기록했다.

> 영국 국왕 말리크 알 인키타르는 담대하고 힘이 장사이며 인정사정없는 열혈전사다. 아크레로 오는 도중 그는 키프로스를 점령하고 25척의 갤리선에 사람과 물자를 가득 싣고 도착했다. 그

모습을 본 프랑스인들은 기쁨의 함성을 질러댔다. 그러나 무슬림들에게는 두렵고도 걱정되는 일이었다.

그러나 리처드 1세는 예루살렘을 완전히 정복하지 못했고 전쟁은 장기전으로 흘러갔다. 살라딘은 포로 문제를 협상하기 위해 리처드 1세에게 전갈을 보냈다. 하지만 포로 문제로 시간 보내는 걸 싫어했던 리처드 1세는 살라딘과 달리 2천 7백 명의 무슬림 병사들과 3백여 명의 여성과 어린아이들을 무자비하게 죽였다.

그러나 함께 싸우던 필리프 왕의 귀국과 내부 알력 싸움에 지친 리처드 1세는 결국 협상에 임할 수밖에 없었다. 3년 동안 협상을 벌인 결과 이런 협상이 체결되었다. '기독교인들의 예루살렘 출입을 허용한다. 예루살렘은 이슬람이 계속 다스리고, 해안가에 있는 십자군 왕국들의 도시들은 십자군이 그대로, 기독교인들이 그대로 다스리게 한다.'

이렇게 3차 십자군 전쟁은 끝났다. 그러나 이 협상에 이르기까지 살라딘과 리처드 1세는 아주 많은, 크고 작은 전투를 했다. 그 과정에서 두 사람은 서로의 가치를 알아보았다. 그래서 많은 에피소드가 있는데 한번은 이런 일이 있었다.

리처드 1세가 몸이 쇠약해져 고열에 시달리자, 살라딘은 얼음과 약 그리고 주치의를 보내 리처드 1세를 치료하게 했다. 또 이런 일도 있었다. 리처드 1세가 전쟁 중 낙마해 말이 도망가버렸다. 그러자 살라딘은 리처드 1세에게 명마를 선물하며 "왕은 왕답게 말 위에서 싸워야 한다."라고 말했다. 살라딘의 이런 배려에, 협상에 관심이 없었던 리처드 1세도 마음을 열었던 거다.

리처드 1세는 전쟁터를 떠나면서 살라딘에게 한 통의 편지를 남겼다. '내가 몇 년 뒤 다시 여기로 쳐들어올지도 모르니 그때를 대비하라.' 이 편지에 살라딘은 이렇게 답했다. '만약 이 예루살렘을 빼앗기게 된다면 나는 당신한테 빼앗기고 싶소.' 영웅이 영웅을 알아본 것이다.

당시 기독교인들이 가장 좋아했던 학자 아우구스티누스는 《신국론(De civitate Dei)》에서 다음과 같이 말했다.

> 전쟁은 상대방을 자기 사람으로 만들고 자기에게 정복된 인간들에게 자기 나름대로 평화의 법률을 부과하고 싶어 하는 욕심에서 발생한다. 우리는 성스러운 전쟁의 핑계를 찾을 것이 아니라, 불의와 충돌의 근본 원인을 서로의 마음에서 제거하는 일에 온 힘을 다해야 한다.

쉽게 말하면 평화를 가져오는 것은 바로 '관용'이라는 말이다.

영화 리들리 스콧 감독의 영화 〈킹덤 오브 헤븐〉에서 발리암과 살라딘의 대화 장면이 나온다. 발리암이 "당신에게 예루살렘은 도대체 무엇입니까?"라고 묻자 살라딘이 "아무것도 아니야, 그리고 전부이기도 하지."라고 답한다. 살라딘의 대답 속에 관용이 무엇인지 잘 담겨 있다.

리더에게 관용은 아무것도 아니기도 하고 전부이기도 한 것 같다. 그래서 관용을 다른 말로 표현하면 이런 것이 아닐까? 'Nothing or Everything'

책임감의 무게를 이겨내는 사람

류성룡의 리더십

살다 보면 나도 모르게 역사 속 인물을 떠올릴 때가 있다. 특히 문제가 생기거나 결핍을 느낄 때 그런 것 같다. 지금의 국가 상황에 류성룡이 떠오르는 이유는 뭘까? 그가 누구보다 책임감이 강한 리더였기 때문이 아닐까.

류성룡이 재상이었을 때 조선은 역사상 최악의 상황이었다. 7년 동안 임진왜란을 겪어야 했고, 붕당정치로 혼란스러웠으며, 가장 무능하고 이기적인 군주였던 선조가 집권하고 있었다. 이런 악조

건 속에서 재상으로서 국정을 훌륭하게 수행해낸 이가 바로 류성룡이다. 지금부터 그의 삶과 업적으로 하나씩 살펴보자.

류성룡의 삶과 임진왜란

류성룡은 굉장한 신동이었다. 《선조실록》에는 그에 대해 "여러 책을 박람하여 외지 않은 것이 없었는데 한번 눈을 스치면 훤히 알아 한 글자도 잊어버리는 일이 없었다."라고 기록되어 있다. 그런 그가 21살 때 대단한 스승을 만나게 되는데 바로 '퇴계 이황'이다. 퇴계 이황은 류성룡을 "서애는 하늘이 낸 인물이다 장차 나라의 기둥이 되어 큰일을 할 것이다."라고 칭찬했다. 퇴계 이황의 말대로 류성룡은 25세 때 과거 급제를 시작으로 승승장구했다. 명나라 학자들로부터 선생(당시 사대주의 문화에서는 대단한 칭찬이었다)이라 칭송받았고, 최고의 경연관으로 인정받기도 했다. 30대 중반 이후에는 도승지, 대사헌, 대제학 등 요직이란 요직은 다 거치면서 최고의 인재임을 보여주었다.

그러나 그의 정치 인생은 그리 평탄하지 않았다. 붕당정치로 인해 반대 세력으로부터 탄핵받기도 하고, 여러 차례 사직해야 할 때도 있었다. 붕당정치는 이조전랑 자리를 두고 김효원과 심의겸이 다투면서 시작되었는데 이 붕당정치가 갈수록 심각해질 즈음

1589년 대동계를 형성하면서 세력을 키우던 정여립이 난을 일으켰다. 이 정여립의 난을 진압하는 과정에서 동인들의 이름이 거론되었다. 그래서 동인들까지 같이 벌을 받게 되는데 이 사건을 '기축옥사'라 한다.

이후 서인들이 집권하게 되는데 얼마 후 서인의 수장이었던 정철이 선조에게 "광해군을 세자로 책봉하십시오."라고 건의했다가 선조의 노여움을 사면서 파직되어 귀양 보내지는 일이 발생했다. 이 일로 인해 동인이 북인과 남인으로 나뉘게 되었다. 이때 이산해를 중심으로 한 북인들은 정철을 포함한 서인들 대다수를 벌줘야 한다고 주장했고, 류성룡을 중심으로 남인들은 정철을 비롯한 핵심 인물들만 벌주면 된다는 온건적 주장을 했다. 이러한 조선의 국내 정치 상황을 두고 율곡 이이는 이렇게 개탄했다. "나라의 형편이 고칠 수 없는 썩은 집과 같다. 1년을 버틸 양식도 없고 모든 것이 최악의 상황이다."

국외 상황도 만만치 않았다. 조선 초기부터 왜변이 자주 일어났는데 가장 큰 왜변은 명종 때 일어난 '을묘왜변'이다. 을묘왜변 때 쳐들어온 왜적이 무려 7천여 명이었다. 이즈음 도요토미 히데요시가 일본의 전국시대를 통일하고 전쟁을 일으킬지도 모른다는 분위기가 감돌았다. 이 시기 일본에 갔던 통신사가 일본으로부터 국서를 가지고 왔는데, 국서에는 征明假道(정명가도, 명나라를 정벌하려 하니 길을 빌려달라)라고 적혀 있었다. 그런데 1591년 돌아온 조선통신사의 정사와 부사의 말이 달랐다.

정사 황윤길은 "왜적은 반드시 침범할 것이오니 대비책을 마련하심이 옳을 듯하옵니다."라고 했고, 부사 김성일은 "전하, 일본에서 그런 정황을 보지 못했으니 걱정할 일이 아니라 사료되옵니다."라고 했다. 이들 의견이 다른 것은 황윤길은 서인이었고 김성일은 동인이었기 때문도 있지만 또 다른 이유도 있었다. 같은 동인이었던 류성룡이 김성일을 불러 "그대의 말이 황윤길의 말과 다르니 만약 전쟁이 일어나면 어찌할 것이요?"라고 질문했다. 그러자 김성일은 "왜인들이 움직이지 않는다고 제가 어떻게 장담할 수 있겠습니까? 다만 황윤길의 말은 너무 지나쳐서 안팎의 사람들을 놀라게 하고 미혹시킵니다. 그래서 저는 사람들의 의혹을 풀어주려 했습니다."라고 답했다. 류성룡은 김성일의 말을 듣고 전쟁이 일어날 것을 직감하고 전쟁 준비를 시작했다.

류성룡은 전라 좌수사로 이순신을, 경상 우수사로 원균을, 의주 목사로 권율을 천거해 임명했다. 특히 이순신은 종6품에서 정3품으로 7단계나 파격 승진시켰다. 그리고 류성룡은 이순신 장군에게 《증손전수방략(增損戰守方略)》이라는 책을 선물했다. 다음은 《증손전수방략》에 대한 이순신 장군의 평가다.

> 동헌에 나가 공무를 보았다. 군관들은 활을 쏘았다. 서울에 갔던 진무가 저녁에 돌아왔는데 좌의정 류성룡이 증손전수방략(增

損戰守方略)이란 책을 보내왔다. 그것을 보니, 수륙전에서의 화공(火攻) 등에 관한 것을 일일이 설명하고 있는데 참으로 만고에 보기 드문 책이다.

-《난중일기》 1592년 3월 5일.

류성룡이 병법에도 얼마나 탁월한 역량이 있었는지 잘 보여주는 일화이다. 또한 류성룡은 제승방략 체제였던 조선의 군사 체제를 진관 체제로 변경하려 했으나 반대 세력에 부딪혀 관철하지 못했다. 이런 상황에 결국 임진왜란은 일어나고 말았다.

임진왜란이 발발하자 51세였던 류성룡은 좌의정, 병조판서, 도체찰사까지 책임을 맡게 되었다. 일본은 부산을 점령한 후 서울을 향해 파죽지세로 올라왔는데 상주를 맡고 있던 이일 장군과 선조가 가장 믿었던 충주의 신립 장군 모두 크게 패하고 말았다. 이 때문에 선조는 몽진을 결정했고 류성룡은 선조를 따를 수밖에 없었다.

선조가 몽진을 떠나 임진강을 건널 때 배가 필요해서 주변에 있던 민가를 뜯어 배를 만들어 임진강을 건넜다. 임진강을 건넌 선조는 배를 가라앉히고, 나루를 끊고, 주변의 인가도 철거시키도록 명했다. 적병이 뗏목을 만들어 뒤쫓을 것을 염려했기 때문이다. 이 때문에 백성들 역시도 임진강을 건널 수 없었다. 참으로 못난 군주가 아닐 수 없다. 그런데 평양성에 도착한 선조는 더 못난 짓도 했다. 평양성은 대동강과 보통강으로 둘러싸여 있고 높은 모란봉으로 에워싸여 있는 요새 중의 요새였다. 그래서 선조는 평양의 부로와 군민들을 소집하여 죽음으로써 이 평양성을 지키겠다는 뜻을 분명히 했다. 그러자 선조와 함께 평양성을 지키겠다고 성 밖에 있던 백성들이 모여들기 시작했는데 선조는 그 백성들을 버리고 또 도망치듯 북쪽으로 몽진을 떠났다. 결국 평양성은 일본의 수중에 떨어졌고 백성들의 원망과 분노는 극에 달했다.

가장 한심한 것은 선조가 "내가 천자의 나라에서 죽는 것은 괜찮지만 왜적의 손에 죽을 수는 없다."라며 명나라로 도망치려 했다는 것이다. 다시 말해 나라를 버리려 했다는 말이다. 이런 선조를 류성룡이 막아서며 말했다.

"전하! 전하께서 의주를 떠나 압록강을 넘는 즉시 이 전쟁은 조선과 왜의 전쟁이 아닌, 명과 왜의 전쟁이 됩니다. 그렇게 되면 조선은 이 전쟁에서 단 하나의 주장도 할 수 없는 처지가 됩니다. 그리고 조선은 더 이상 전하의 땅이 아니게 되옵니다. 만약 이 사실을 백성들이 알게 되면 사기는 땅에 떨어져 의병도 더 이상 일어나지 않고 병사들 또한 창을 잡을 힘이 없게 됩니다. 전쟁에서 지는 것입니다."

눈물로 호소하는 류성룡의 이런 주장에 선조는 결국 뜻을 접었다.

그 당시 명에서는 조선이 일본과 손을 잡은 것이 아닌지 확인하기 위해 송국신을 보내 진위를 알아보게 했다. 이에 류성룡은 송국신을 데리고 평양성 높은 곳으로 가 평양성 근처까지 일본이 진격해 오는 모습을 분명하게 보여주었다. 그러자 명나라도 의심을 거두고 요동에 있는 기병대를 먼저 파견했다. 요동에 있던 기병들을 이끌고 온 장수는 "내 일찍이 10만의 몽골군을 섬멸했으니, 왜놈을 개미나 모기같이 볼 뿐이요."라고 하면서 자신만만하게 일본과 붙었다가 참패를 당해 3천의 군대 중 2천여 명이 죽거나 다쳤다. 이러하니 명에서도 제대로 된 원군을 보내게 되는데 이여송이 이끄는 4만여 명의 원군이 파병되어 조명연합군이 꾸려졌다. 그리고 조명연합군은 평양성을 탈환하는 대승을 거뒀다.

이 평양성 전투에서 승리할 수 있었던 것은 명나라가 가지고 온 강력한 화공 무기들과 기마부대 덕분이기도 했지만, 무엇보다 류성룡의 지략이 큰 역할을 했다. 《징비록》에는 "나는 평양 지도를 꺼내 놓고 자세히 설명했다. 이여송은 내가 가리키는 곳마다 붉은 글씨로 표시했다."라고 기록되어 있다.

승기를 잡은 명나라 군대는 이후 벽제관으로 향했는데 도중에 일본의 매복에 걸려 참패를 당했다. 겨우 살아 돌아온 이여송은 돌아가서 휴식을 취한 후 다시 진군하겠다면서 후퇴해버렸다. 그런데 명나라 군대는 단순히 후퇴만 한 것이 아니라, 조선의 백성들을 약탈하고 폭행하는 등 여러 가지 만행을 저질렀다. 《선조실록》에 따르면 이여송이 평양 전투에서 벤 수급 중 절반이 조선 백성이며 불에 타 죽거나 물에 빠져 죽은 1만여 명도 모두 조선 백성이라고 한다.

조선의 관군과 의병들은 행주대첩에서 큰 승리를 거뒀고 한양을 다시 탈환했다. 당시 류성룡이 도성으로 들어가 봤더니 그 모습이 아주 처참했다. 상황이 이러한데 명나라는 전쟁을 중단하기 위해서 몰래 일본과 강화 회담을 추진하고 있었다. 명나라가 원하는 것은 이 전쟁이 명나라로 확대되지 않도록 하는 것이었기에 평양성까지만 지키면 된다고 생각했던 거다.

류성룡의 리더십

이쯤에서 류성룡이 어떤 리더십을 발휘했는지 알아보자. 류성룡의 리더십은 크게 네 가지로 요약할 수 있다.

첫 번째는 지략이다. 류성룡은 이순신 장군에게 《증손전수방략》이라는 책을 선물하고 평양성 전투를 승리로 이끈 대단한 지략가였다. 명나라는 평양성 전투에서 승리한 후 벽제관으로 향할 때 임진강을 건너야 했는데 배도 다리도 없으니 남하하지 않겠다고 버텼다. 그러자 류성룡은 칡넝쿨을 꼬아 단단한 동아줄을 만들고 그 동아줄 사이에 일정한 간격으로 나무들을 비틀어 꼽아 부교를 만들었다. 이러한 류성룡의 기지로 결국 명나라 군대는 임진강을 건너 남으로 진격할 수밖에 없었다.

두 번째는 개혁이다. 류성룡은 명나라가 일본과 비밀리에 강화

회담을 추진하고 더 이상 전쟁할 의사가 없자 독자적으로 일본에 맞서야겠다고 생각했다. 그래서 전쟁에서 마땅히 지켜야 할 10조목을 쓴 〈전수기의십조(戰守其宜十條)〉라는 상소를 올리고 개혁을 추진했다. 일본의 조총부대에 맞서기 위해 조총을 쓰는 군사, 창이나 칼을 쓰는 군사, 활을 쏘는 군사, 이렇게 삼수병으로 구성된 훈련도감을 편성했고, 모병제로 군사를 모집해 더 많은 군사를 모았으며, 속오군을 편성해 양반도 병역의 의무를 지게 했다. 더불어 공물을 쌀로 내도록 한 작미법이라는 세제 개혁, 노비도 공을 세우면 평민이 되게 해주는 면천법, 중국과의 사무역 일부 허용 등 수많은 개혁을 단행했다.

세 번째는 혜안이다. 류성룡은 이순신 장군, 권율 장군 등을 천거했고, 전쟁이 일어나지 않을 것이라 주장했던 김성일을 복귀시켜 경상도의 민심을 다독이기 위해 왕의 특사인 초유사로 파견했으며, 사형수 대풍손을 설득해 엄청난 화약을 제조했다. 선조에 대한 원망이 컸던 백성들은 "나를 어루만져 주면 임금이요, 나를 학대하면 원수이니 누구를 섬긴들 임금이 아니겠느냐."라는 입장이었다. 류성룡은 이런 백성들이 일본의 첩자가 되는 일이 없도록 죄지은 백성을 용서해주고 군량미를 보급하는 등의 중요한 역할을 맡기며 민심을 다독였다.

네 번째는 결단력이다. 류성룡은 일본이 정명가도라 적힌 국서를 보내왔을 때 반대파의 수많은 신료의 반대에도 불구하고 명에 알려야 된다고 적극적으로 주장해 관철했고, 무례한 명나라 장수 이여송을 유연하면서도 당당하게 대했으며, 자신을 시기하고 반대하는 세력들에 의해 탄핵을 받으면 거침없이 관직을 내려놓을 줄 아는 인물이었다.

《징비록》

1598년 11월 19일 류성룡은 일본과 강화를 주장했다는 이유로 '주화오국(主和誤國)의 죄인'이라는 누명을 쓰고 파직되었다. 그리고 같은 날 이순신 장군은 노량해전에서 전사했다. 임진왜란의 위기를 누구보다 앞장서서 헤쳐 나갔던 두 사람이 한날 한 사람은 파직되고 한 사람은 죽음을 맞은 것이다. 류성룡은 대통력(지금의 다이어리)에 이순신 장군의 죽음에 대해 애통해하며 다음과 같이 적었다.

> 전투하는 날에 직접 화살과 돌을 무릅쓰자, 부장들이 간언하여 만류하며 "대장께서 스스로 가벼이 하시면 안 됩니다."라고 했다. 그러나 듣지 않고 직접 출전해 전쟁을 독려하다가 이윽고 날아온 탄환을 맞고 전사했다. 아! 아!

또 이순신을 애도하는 내용인 〈애이통제(哀李統制)〉라는 시를 짓기도 했다.

백전노장 이 장군은 한 손으로 하늘 절반을 지탱했네. 맹렬한 불길로 풍신수길 같은 왜적의 마음을 다 태웠네. 공은 컸지만, 모함과 시샘의 틀을 피하지 못하여 목숨을 깃털처럼 여겼으니 무엇이 아까웠으리.

파직된 류성룡은 안동 옥연정사에서 《징비록》을 집필하기 시작했다. 《징비록》의 서문에는 다음과 같이 적혀 있다.

나와 같이 보잘것없는 사람이 어지러운 시기에 나라의 중책을 맡아 위태로운 판국을 바로 잡지 못하고 넘어지는 형세를 붙들어 일으키지도 못했으니 그 죄는 용서받을 수 없을 것이다. 지금에 와서 비록 후회한들 무슨 소용이 있으랴마는 그래도 훗날에 경계가 되겠기에 상세히 기록하여 둔다.

류성룡은 7년의 전란을 극복하고 그 전란을 잊지 않도록 후세에 경계하기 위해서 《징비록》을 저술했다. 《징비록》은 당시 조정의 상황, 주요 인물들에 대한 설명, 명과 일본과의 외교, 백성들의 고통 등이 포함된 방대한 기록이다. 그렇게 그는 전란이 끝나고 난 이후에도 자신의 막중한 책임을 다했다. 류성룡은 파직당한 후 2등 호성공신으로 책봉되었으나 거부했고, 북쪽을 향하여 정좌하고 66세의 나이로 조용히 숨을 거두었다.

류성룡이 남긴 책 중에 《운암잡록(雲巖雜錄)》이라는 책도 있다. 이 책에서 그는 이렇게 한탄했다.

> 자기와 같은 무리이면 비록 그른 것이라도 옳다고 하고 자기와 다른 무리이면 옳은 것이라도 그르다 한다. 온 나라 안이 그르고 옳음을 떠나 헐뜯기를 일삼는 것이, 망국으로 가는 길이다.

현재를 사는 우리가 마음속 깊이 새겨야 할 말이다.

류성룡은 최악의 상황 속 최고의 리더였다. 최고의 리더는 자신이 한 말과 행동에 마음을 다하여 책임지는 사람이고, 류성룡은 그런 사람이었다. 현실이 녹록지 않더라도 이 시대를 살아가는 리더들이 류성룡처럼 책임감 있는 리더이길 바란다.

III

새로운 사람을
만나기 전날 읽는

인간관계를 위한
인문학

서로를
빛나게 하는 관계

조선의 찰떡궁합 왕과 신하

살다 보면 '나하고 참 잘 맞는 사람이다.'라는 생각이 절로 드는 사람이 있다. 요즘 말로 '케미가 좋은 사람'이다. 우리 역사 속 왕과 신하 중에도 케미가 잘 맞는 사람들이 많다. 이성계와 정도전, 세종과 신숙주, 태종과 하륜, 중종과 조광조 등이 그런 사람들이다. 그러나 이들은 왕과 신하 사이에 분명한 선이 있었다.

그런데 지금부터 소개할 네 사람은 그 경계가 좀 모호하다. 분명 왕과 신하의 관계지만 그 관계를 뛰어넘는 멋진 케미를 보여준 사람들이다. 그들은 '영조와 박문수', '정조와 정약용'이다.

영조와 박문수

박문수는 영조에게 막말하는 신하였다. 이렇게 말이다.

> 전하께서 직언을 들으려 하지 않으시니 군신들도 전하의 뜻을 거스를까만 두려워하고 있어 상하가 서로 도리를 잃고 있습니다. 이렇게 하여 1~2년이 지나게 되면, 나랏일이 장차 어떨 지경에 이르겠습니까?

사실 막말이라기보다는 직언이지만 그 시대 분위기로 봐선 막말에 가깝다. 그런데 영조의 답변이 놀랍다.

> 오늘날 박문수가 아니었다면 내가 이와 같은 말을 듣지 못했을 것이다.

이렇게 영조와 박문수는 막말에 가까운 직언을 들어주고 포용해주는 사이였다. 그런데 박문수의 막말은 이뿐만이 아니었다.

전하께서는 영명함이 너무 지나치나 학식이 부족하여 작은 일은 살피지만 혹 대체를 잃기도 하십니다. 원하건대 긴요하지 않은 문서는 제거해 없애고, 긴절한 공부를 하신다면 국가를 부지 할 수 있을 겁니다.

자칫 영조가 중요한 일과 그렇지 않은 일조차 구분 못 하는 왕이라는 말로 들릴 수도 있는 위험한 발언이다. 이런 박문수의 직언에 '박문수를 처벌해야 합니다.'라는 신하들의 상소가 빗발쳤다. 그럴 때마다 영조는 이렇게 대답했다.

영성군(박문수의 공신 책봉 이름)의 이와 같은 기습을 사람들이 거칠다고 얘기하지만 나는 당직하다고 생각한다.

이렇게 영조는 박문수의 말 그 자체가 아니라 그 말이 담고 있는 뜻을 있는 그대로 다 수용해주었다. 도대체 둘은 어떤 관계였기에 영조는 박문수의 이런 말들을 다 받아준 걸까? 사실 영조는 그렇게 만만한 사람이 아니었는데 말이다.

영조는 조선 후기의 대표적인 훌륭한 군주이기도 하지만 완벽주의자답게 굉장히 깐깐한 사람이기도 했다. 실록에 따르면 영조는 성격이 다소 급하고, 감정적이며, 변덕이 심하고, 눈물이 많으며, 화를 잘 냈다. 특히 아주 냉정한 사람이었기에 자신에게 자칫 말실수하는 신하가 있으면 쉽게 넘어가지 않는 스타일이었다. 한마디로 대단히 맞추기 힘든 스타일의 왕이었다. 그런 영조가 왜 박문수에게만큼은 관대했을까? 지금부터 차근차근 알아보자.

박문수는 암행어사로 유명한 사람이다. 그러나 박문수는 암행어사였던 적이 없다. 그냥 어사였다. 어사는 여러 종류가 있는데 암행어사는 자신의 신분을 숨기고 몰래 탐관오리들의 부정부패를 찾아내 왕에게 아뢰는 어사고, 보통의 어사는 공개적으로 왕의 명을 받아 파견되는 사람이었다. 주로 흉년이 들거나 백성들을 구휼해야 하는 상황이 발생했을 때 왕이 정말 신뢰하는 사람에게 어사의 직책을 내려 파견했다. 다시 말해 박문수는 어사의 직책은 받았지만 한 번도 암행어사였던 적은 없다. 그런데 박문수는 왜 암행어사의 대명사가 됐을까?

어사는 익숙지 않은 말이지만 암행어사는 너무나 익숙한 말이다. 또 백성들 처지에서는 암행어사가 출두하는 것이 더 통쾌한 일이었고, 힘들 때마다 암행어사를 기다렸을 것이다. 박문수는 바로 그 암행어사처럼 백성들이 가장 구원을 바랄 때 나타나 그들의 편에서 일한 인물이었다. 그래서 박문수는 암행어사의 대명사가 된 것이다.

그럼 박문수는 어떻게 영조를 만났을까? 그 첫 만남은 영조의 세제 시절이었다. 영조는 경조의 동생이었으니 세자가 아니라 세제다. 그 시절 박문수는 33세에 과거에 합격하여 관직에 진출했고,

세제의 개인 교사로 파견되었다. 두 사람은 스승과 제자의 관계로 처음 만났다. 첫 만남부터 영조는 박문수를 마음에 쏙 들어 했다. 영조가 봤을 때 박문수는 굉장히 소탈했고, 누군가에게 잘 보이려 하기보다 자기 생각을 있는 그대로 직언하는 사람이었기 때문이다. 그러니 훗날 왕위에 오른 후에도 영조는 박문수의 직언을 잘 받아주었던 거다.

영조가 박문수를 절대적으로 신뢰하게 된 계기가 있다. 영조는 경종 독살 의혹에 휩싸였는데, 이 때문에 이인좌의 난이라는 대규모의 반란 사건이 일어났다. 이 반란을 진압하는 데 박문수의 역할이 매우 컸다. 박문수는 이인좌의 난 이후에도 경상도 지역의 민심을 안정시키기 위해 경상도에 남겠다고 했다. 이때부터 영조는 박문수를 절대적으로 신뢰하게 되었고 그에게 경상도 관찰사 직책을 내렸다. 7품이었던 박문수가 하루아침에 2품 관찰사가 된 것이다.

박문수가 경상도 관찰사로 있을 때 동해안 바닷가로 가재도구, 시신, 관 등이 떠내려오는 사건이 있었다. 박문수는 함경도 지방에 물난리가 난 것을 직감했고, 급히 함경도 지방에 재난 물자를 실어 보내겠다고 했다. 그러자 박문수의 아랫사람들이 반대했다. 일단 조정에 보고부터 하고 조정에서 명하는 대로 처리하자고, 자칫 잘못하면 큰 화를 입을 거라고. 그러자 박문수는 이렇게 말했다.

당장 쌀 3천 석을 함경도로 보내라. 내가 문책을 당하는 것은 작은 문제요, 굶주린 백성을 구하는 것은 큰 문제다.

박문수는 독단적으로 함경도에 물자를 보냈다. 이런 박문수에게 크게 감격한 함경도 사람들은 나중에 큰 공덕비를 세워줬다. 박문수는 이처럼 자신의 안위보다 백성을 먼저 생각했던 사람이다. 삼남 지방의 어사로 파견되었을 때도 박문수는 똑같이 행동했다. 수재가 나고, 또 흉년이 들자, 백성들이 사람의 시체를 구워 먹었다는 말이 나올 정도로 어려운 상황이 닥쳤다. 그러자 박문수는 영조에게 이런 청을 올렸다.

제가 가진 곡식을 먼저 백성들에게 내어주었으나 턱없이 부족하니 조정 대신들의 곡식을 징발하여 백성들에게 나눠주게 하소서.

이것을 '분징지청(分徵之請)'이라 한다. 그러자 조정 대신들은 미치광이 잠꼬대 같은 소리라면서 박문수를 비판했다. 그러나 영조는 박문수의 청대로 백관의 녹봉을 모두 감하게 하여 백성을 구휼하는 데 썼다. 이렇게 영조는 박문수가 청하는 것은 무엇이든 들어주었다. 영조는 박문수가 개인의 이익이 아니라, 백성을 위해 말하고 행동하고 있다는 걸 잘 알고 있었기 때문이다.

박문수는 영조의 군포 개혁도 도왔다. 군포는 군대 가는 대신에 내는 세금이다. 백성들에게는 군포가 큰 부담이었는데 양반들은 군포를 모두 피해 갔다. 영조는 백성들의 군포 부담은 줄이고, 양반들도 군포를 내게 하고 싶었다. 그러나 양반들이 찬성할 리가 없었다. 그런 영조의 옆에서 박문수는 백성들의 군포 부담이 너무 가중하니 줄여야 한다며 군포를 반으로 줄이는 개혁을 추진했다.

또 박문수는 굶주린 백성들에게 줄 구휼미를 마련하기 위해 많은 돈이 필요했는데 그 돈을 마련하기 위해 왕실이 관장하던 소금 사업을 국가가 가져와서 그 이윤으로 백성들을 구휼하자는 제안도 했다. 그리고 소금 만드는 일은 자신이 직접 했다. 소금 만드는 일은 10시간 이상 불을 지펴야 하는 보통 힘든 일이 아니었다. 그 밖에 박문수는 국가의 재정을 줄이는 방법으로 백성들을 구휼하는 여러 가지 방안을 책으로 내는 등 한평생 백성을 위해 일했다.

이런 박문수와 영조에게는 왕과 신하라는 경계를 넘나드는 인간적인 교감이 있었다. 왜냐하면 영조와 박문수는 성장 과정이 비슷했기 때문이다. 영조의 어머니는 조선 역사상 가장 신분이 천한 궁궐의 무수리 출신 숙빈 최씨였고, 그 때문에 왕족 대접을 제대로 받지 못했다. 또 영조는 혼인 후 궁궐 밖에서 생활했는데 백성들과 허물없이 어울리며 그들의 삶을 몸소 체험했다. 박문수 역시 10살도 채 되기 전에 아버지, 할아버지, 증조부 다 돌아가시면서 가세가 급격히 기울어 홀어머니 밑에서 힘들게 과거 공부를 했다. 그러니 두 사람은 누구보다 백성들의 힘든 삶을 더 잘 이해할 수 있었다. 그런 두 사람의 마음을 잘 보여주는 영조의 말이 있다.

일생토록 얇은 옷과 거친 음식을 먹었기 때문에 나는 지금도 병이 없다. (중략) 너희들 처지에서 백성을 볼 때는 너와 나의 구별이 있을지 모르나, 내가 볼 때는 모두가 나의 적자(赤字)이다.

양반이나 백성이나 똑같은 자식이라 생각하는 영조의 마음을 잘 보여주는 말이다. 서로의 마음을 이해했기에 두 사람은 왕과 신하 이상의 교감을 할 수 있었다.

영조의 총애가 이토록 깊다 보니 많은 신하가 박문수를 고깝게 보았다. 거기다 박문수가 막말에 가까운 직언까지 잘하니 그는 늘 모함의 대상이 되었다. 그럴 때마다 영조는 박문수의 편을 들어주었다. 그런데 영조 말년에 나주괘서사건(1755년(영조 31) 소론(少論)의 윤지(尹志) 등이 일으킨 모역(謀逆) 사건)이라는 모함 사건이 일어났다. 이 사건에 박문수도 연루되었는데 이때도 영조는 박문수의 편을 들어주려고 했다. 하지만 박문수는 영조가 이번에도 자신 편을 들어주면 영조의 정치에 많은 어려움이 생길 거라 판단해 스스로 물러났다. 그렇게 물러나 은둔 생활을 하던 박문수는 1년 후에 사망했다. 박문수가 죽었다는 소식을 들은 영조는 이렇게 말했다.

깊이 생각하고 널리 염려하여 일을 맡으면 반드시 효과를 거두니 백성들에게 국가가 있음을 알게 한 것이 바로 경이다.

-《영조실록》 영조 7년 7월 8일.

영조의 이 말은 영조의 존재를 백성들에게 알려준 사람이 바로 박문수였다는 것을 의미한다. 그래서 영조는 박문수를 일컬어 "박문수는 보검 자루다."라고 말했다. 보검은 칼이고 자루는 손잡이다. 보통의 왕들은 반대로 표현한다. 신하가 칼이고 자신이 자루라고. 그런데 영조는 자신이 박문수의 칼이라고 표현한 것이다. 영조는 누구보다 박문수의 죽음을 슬퍼하며 큰 소리로 울었다. 그리고 박문수를 영의정에 추증하며 이렇게 말했다.

> 나의 마음을 아는 사람은 박문수이며, 박문수의 마음을 아는 사람은 나였다.
>
> -《영조실록》1756년 4월 24일.

정조와 정약용

정약용은 '정조의 남자'로 불릴 만큼 정조가 총애했던 사람이다. 두 사람은 서로 참 재밌는 관계였다. 왕은 무게가 있어야 하는데 정약용 앞에서 정조는 개구쟁이 같은 면이 있었다. 그는 정약용과 내기도 자주 했는데 한번은 정조가 정약용에게 "똑같은 글자를 세 번 사용해 만들 수 있는 글자를 찾아 써보자."라는 내기를 했다. 예를 들면 '일(日)' 자가 세 번 들어간 '정(晶)' 같은 글자 말이다. 그러자 정약용이 자신만만하게 “이 내기는 무조건 제가 한 글자 차이로 이깁니다.”라고 말했다. 그러자 정조는 “무슨 소리냐 내가 자전을 다 외우고 있는데, 말도 안 되는 소리다.”라며 반박했다. 그런데 두 사람의 내기 결과 정약용이 이겼다. 어떻게 이겼을까? 정약용이 정조보다 한 글자 더 썼는데 ‘삼(三)’ 자였다. 그러자 정조가 무릎을 치면서 “맞네~ 이게 있었네.” 했단다. 이렇게 당대의 최고 지식인이었던 두 사람은 인간적으로 교감하는 관계를 이어 갔다.

정조는 신하들의 공부에 많은 애정이 있었기에 37세 이하의 ‘초계문신(抄啓文臣)’을 모아 재교육시켰다. 그리고 수시로 시험을 쳤는데 이 시험은 정약용조차 고개를 내저을 정도로 빡셌다. 요즘 식으로 말하면 일주일에 한 번씩 시험을 치는 스파르타식이었는데 시험을 못 친 신하는 반성문을 제출하거나 유배형에 처했다. 그러니 신하들에게는 엄청난 스트레스였다. 정약용도 차상의 성적밖에 받지 못할 정도로 정조의 학문 수준은 대단했다.

정조는 대단한 애주가였다. 그는 시험을 치른 후에는 시험을 잘 친 신하들을 위해 술자리를 자주 마련했는데 그 술자리에서 늘 “주량대로 다 마셔라!”라고 말했다. 요즘 말로 ‘원 샷’ 하라는 거였다. 정조는 원 샷 하지 않는 신하가 있으면 할 때까지 권했다. 실제 정약용의 일기에는 “세 번 1등 한 덕택에 소주를 가득 따라 하사하시기에 나는 오늘 죽었구나, 생각했다.”라는 글이 있다. 그 소주를 한가득 따랐던 잔이 붓을 넣는 필통이었다.

정조와 정약용의 첫 만남은 정약용이 1783년 1차 과거 시험에 합격했을 때였다. 과거 시험 1차에 합격하는 사람은 생원이나 진사라는 호칭을 갖게 되고, 성균관에 입학할 자격을 얻었다. 그리고 성균관에서 정식 대과 과거 시험 준비를 했는데 그 시험에 합격해야 관리로 등용될 수 있었다. 그런데 무슨 운명이었는지 이제 막 초시에 합격한 합격생들을 정조가 한번 보자 했다. 초시 합격생들이 정조에게 인사를 하러 갔는데 정약용이 정조 눈에 딱 들어왔다. 그래서 정조는 정약용에게 나이가 몇 살이냐고 물었다. 정약용은 당시 22살이었기에 임오년생이라고 답했다. 그 말을 듣는 순간 정조의 표정이 굳어졌다. 임오년은 임오화변(壬午禍變)이 일어났던 해였던 거다. 임오화변은 사도세자가 뒤주에 갇혀 죽은 사건을 말한다. 이 일로 정약용은 정조의 뇌리에 인상 깊게 자리 잡았다.

이후 정조는 자주 성균관을 찾아 학생들을 독려했는데 한번은 성균관 학생들에게 "중용을 읽고 의문 나는 점 70가지를 뽑아 문답을 쓰라."라고 했다. 이 과제를 모두 취합해 정조가 직접 읽었는데 가장 마음에 든 답안이 정약용의 것이었다.

당시 주도권을 잡고 있던 세력은 노론이었는데 정약용은 남인이었다. 남인은 퇴계 이황의 학풍을 따르는 사람들이고, 노론은 율곡 이이의 학풍을 따르는 사람들이다. 그러니 정약용은 이황의 학풍을 따라 그의 중용 해석이 옳다고 해야 하는데 이이의 해석이 더 옳다고 한 것이다. 당시 붕당정치 상황은 남인은 이이의 말을 인용하면 안 되고, 노론은 이황의 말을 입에 담아선 안 되는 분위기였다. 그런데 정약용은 남인임에도 율곡 이이의 해석이 자기 생각과 같다고 한 것이다. 정조는 정약용의 이런 모습이 매우 마음에 들었다. 자신의 통치 철학과 딱 맞았기 때문이다. 정조는 붕당과 상관없이 탕평 정치로 인재를 골고루 등용할 생각이었는데 정약용이 바로 그런 인물이었다.

이후 정조는 수시로 성균관을 찾아 정약용만 따로 불러 만났고 그가 과제를 잘할 때마다 책을 선물로 주었다. 정약용이 얼마나 뛰어났는지 웬만한 궁궐의 책들은 다 선물로 줬을 정도였다. 이런 정조의 책 선물에 대해 정약용은 훗날 "진지하신 칭찬 말씀에 밤은 깊어 가고, 보배로운 서적들을 하사하시니 그 책이 향기를 머금었네."라는 시를 읊었다.

그렇게 정조와 정약용은 자주 만나 함께 시를 읊고, 함께 학문을 논하며 가까워졌다. 그런데 정약용도 나머지 공부를 할 때가 있었다. 정약용은 무예와 관련된 지식이나 무예는 젬병이었던 거다. 그러나 정조는 정약용이 무예도 잘해야 한다며 활쏘기 20순(1순이 화살 5개다) 숙제를 냈다. 그리고 한 순을 쏠 때마다 하나는 꼭 맞춰야 한다고 했다. 이 때문에 정약용은 늘 남아서 나머지 연습을 해야 했다. 그럴 때마다 정조는 "문장은 아름답게 꾸밀 줄 알면서 활을 쏠 줄 모르는 것은 문무를 갖춘 재목이 아니다. 끝까지 쏘아라."라고 말했다. 그래도 정약용이 활쏘기를 잘하지 못하자 "정약용을 위리안치

시켜라,"라고 했다. 귀양 보내라는 말이었다. 그 귀양지는 바로 창덕궁에서 가장 아름다운 연못 부용지 중간에 있는 섬이었다. 정약용은 부용지에 배를 띄워 직접 노를 저어 섬으로 들어갔고 정조는 정약용의 이런 모습을 보고 배를 잡고 웃었다고 한다.

이렇게 두 사람은 함께 시간을 보내며 서로에게 없어선 안 될 인간관계를 만들어 갔다. 문제는 정조가 정약용을 아낄수록 그를 시기하는 사람들도 늘어났다는 거다. 그래서 정약용은 정조에게 해가 되지 않기 위해 정조를 떠날 생각도 했다. 정약용의 다음 시에는 이런 생각이 잘 묻어난다.

나비야, 나비야 너 믿을 것이 뭐가 있니?
전갈 이빨 벌 독침이 네겐 본디 없지 않니?
부디 그저 꽃 밖으로 훨훨 날아다니고
꽃술을 사모하여 맴돌지 말거라

꽃은 정조고, 나비는 정약용이다. 정약용은 정조를 위해 몇 달간 물러나 조용히 학문을 익히기로 했다. 그런데 그 몇 달이 정조에게는 몇 년 같았던 모양이다. 정약용에 대한 그리움을 이기지 못한 정조는 정약용에게 이렇게 편지를 썼다.

오래도록 서로 보지 못했다. 너를 불러 책을 편찬하고 싶어 주자

소의 벽을 새로 발랐다. 아직 덜 말라 정결하지 못하니 그믐께쯤 에는 궁궐에 돌아와서 경연에 나오너라.

이 편지와 함께 정조는 정약용에게 10권의 책을 보내며 이 중 5 권의 책에 제목을 써서 다시 보내라 했다. 정약용이 보고 싶지만 아직은 때가 아니니 글씨라도 먼저 보여 달라는 뜻이었다. 그 마음을 알았던 정약용은 5권의 책에 제목을 써서 먼저 보내고 그믐께는 지체하지 않고 궁궐로 돌아가겠다고 했다. 그리고 그믐달이 되었을 때쯤 정약용은 정조를 만나기 위해 궁궐로 갔다. 그런데 전날 정조가 승하했다 한다. 정조는 정약용에게 그 마지막 편지를 보내고, 다음 날부터 몸져누웠다가 보름 만에 승하한 거다. 이후 정약용은 "그때 그 일만 생각하면 눈물이 옷깃을 적셔 곧바로 따라 죽어 지하에서라도 임금을 뵙고 싶었으나 그러지를 못하였네." 하면서 죽을 때까지 정조를 그리워하는 마음을 놓지 않았다. 다음 글은 정약용이 자신의 묘비명에 직접 쓴 정조에 대한 마음이다.

군신의 정의가 그날 저녁에 영원히 끊긴 것이다.
매양 이 일을 생각할 때마다
눈물이 비 오듯 쏟아져 금할 수 없었다.

이렇게 애틋했던 정조와 정약용에 대해 일제 강점기 때 조선학

(조선 시대의 학문)을 연구했던 정인보 선생은 "정조는 정약용이 있었기에 정조일 수 있었고, 정약용은 정조가 있었기에 정약용일 수 있었다."라고 말했다. 정조와 정약용의 관계에 대해 이보다 명쾌한 말은 없으리라.

지금까지 '영조와 박문수', '정조와 정약용'에 대해 이야기했다. 이들은 각각 서로에게 아주 좋은 영향 끼쳤고, 꼭 필요한 관계였으며, 소울메이트(soulmate) 같은 사이였다. 말 그대로 영혼이 통하는 사이였다. 이렇게 찰떡궁합의 인연은 서로를 빛나게 하는 관계다.

한번 '나를 빛나게 하는 사람은 누구인가?' 하고 자문해보자. 금방 떠오르는 인물이 없다면 이렇게 질문을 바꿔보는 건 어떨까? '나는 누구를 빛나게 할 수 있는가?' 당신의 찰떡궁합은 당신이 만드는 것이다.

인연은 배려함으로써 시작하는 것

위인들의 말말말

무엇이 우리의 인생을 좌우할까? 첫 번째 힌트다. 괴테가 이런 말을 남겼다.

> 지금 네 곁에 있는 사람, 네가 자주 가는 곳, 네가 읽는 책들이 너를 말해준다.

두 번째 힌트다. 다음은 부처님이 제자와 길을 걸어가다 길에 무언가 떨어져 있는 것을 발견하고 나눈 대화다.

부처님 : 주워 와 보거라.

제자 : 네.

부처님 : 무엇이냐?

제자 : 종이입니다.

부처님 : 어떤 종이냐?

제자 : 향을 쌌던 종이입니다.

부처님 : 어떻게 알 수 있느냐?

제자 : 종이에 남아 있는 향으로 알 수 있습니다.

제자의 말을 들은 부처님은 더 이상 아무 말도 하지 않고 다시 가던 길을 갔다. 그런데 가던 길에 또 무언가가 떨어져 있었다.

부처님 : 주워 와 보거라.

제나 : 네.

부처님 : 무엇이냐?

제자 : 새끼줄입니다.

부처님 : 어떤 새끼줄이냐?

제자 : 생선을 묶었던 줄입니다.

부처님 : 어떻게 알 수 있느냐?

제자 : 새끼줄에 아직 생선 냄새가 남아 있어 알 수 있습니다.

제자의 말을 들은 부처님은 제자에게 이렇게 말했다.

종이는 향을 가까이해서 향기가 나는 것이고, 새끼줄은 생선을 만나 비린내가 나는 것이다. 사람도 이처럼 자기가 만나는 사람에 의해 물들어 가는 것이다.

무엇이 우리의 인생을 좌우하는가?

사람마다 다른 답을 떠올리겠지만 나는 살면서 맺는 인연이 인생을 좌우한다고 생각한다. 공부에 관심 없던 사람이 학자가 되거나, 사업에 관심 없던 사람이 사업가가 되거나, 책을 읽는 것조차 싫어하던 사람이 작가가 된다거나 하는 등 인연은 이렇게 누군가의 인생을 바꿔놓을 만큼 소중한 것이다. 어떤 인연을 만나느냐에 따라 그 사람의 인생이 불행해지기도 하고 행복해지기도 하니 말이다.

그런데 그냥 인연이라고 말하기에는 뭔가 좀 씁쓸한 생각이 든다. 왜냐하면 내가 나쁜 사람을 만나 나쁜 인생을 살게 된다면 그 사람 탓을 할 수밖에 없게 될 테니 말이다. "그놈 때문에", "내가 그 인간만 안 만났어도." 같은 식으로 말이다. 그러나 이런 남 탓은 어딘가 무책임해 보인다. 그래서 나는 우리의 인생을 좌우하는 것은 그냥 단순한 인연이라고 해선 안 될 것 같다. 인연 앞에 이 말을 붙여야 한다. '내가 선택한'이라고.

철학자 장 폴 샤르트르는 "인간은 어느 날 갑자기 세상에 툭 던져진 존재다."라고 말했다. 이것은 우리 인간은 자유 의지로 세상에 태어난 존재가 아니라는 뜻이다. 또 "모든 사물은 목적에 의해 탄생한다."라고도 했다.

예를 들면 책상은 공부라는 목적을 위해 만들어졌고, 책은 읽기 위한 목적에 의해 만들어졌다. 그러니 목적이 없으면 존재할 수 없는 것이 사물이다. 샤르트르의 말을 하나만 더 보자.

모든 인간은 실존이 본질에 우선한다.

여기서 말하는 본질은 목적을 위한 기능적 존재를 말하고, 실존은 주체적 존재를 말한다. 어려운 것 같지만 본질은 목적에 의해 탄생한 사물을 말하고, 실존은 자유 의지로 태어나지 않은 우리 인간을 말한다. 그리니 인간은 사물과 달리 무엇이든 될 수 있는 존재라는 뜻이다. 의사가 되기 위해 태어나거나, 교수가 되기 위해 태어나는 인간은 없다. 이렇게 목적 없이 무엇이든 될 수 있는 존재로 태어난 우리는 주체적인 삶을 살 수 있다. 주체적인 삶이란 남이 정한 삶이 아닌 내가 선택하는 삶이다.

정리하면 이렇다. 인간은 무엇이든 될 수 있는 실존하는 존재, 즉 주체적 존재로 태어났고, 그 주체적 존재의 삶에 가장 큰 영향을 미치는 것은 인연이고, 그 인연은 우리가 선택할 수 있다. 그러니 결국 우리의 인생은 우리가 어떤 인연을 선택하느냐에 달려 있고, 그 인연을 선택하는 사람은 바로 자기 자신이어야 한다.

그럼 어떤 인연이 내가 선택한 인연일까? 내가 바라는 것이 있어 선택한 인연일까? 아니면 내가 배려한 인연일까? 당연히 후자다. 세상에서 가장 강한 사람은 바라는 것이 없는 사람이라고 누군가가 말했다. 바라는 게 없으니 종속될 일도 없기 때문이다. 그런데 우리는 반대로 생각하는 경향이 있다. 내게 필요한 인연을 찾느라 시간과 에너지를 낭비한다. 내가 선택한 인연은 내가 배려한 인연이다. 적어도 배려는 마음에서 우러나야 할 수 있고, 배려하는 인생이 주체적 인생이기 때문이다. 그러니 당신의 인생은 당신이 배려하는 만큼 달라질 것이다.

콤플렉스는 차라리 드러내는 게 낫다

조선왕들의 콤플렉스

누구나 콤플렉스 하나쯤은 있을 거다. 그런데 왕과 콤플렉스라는 단어는 좀 어색하다. 왠지 왕은 아주 절대적이고 완벽해야 할 것 같지 않은가. 그러나 왕도 사람이었기에 콤플렉스를 가진 왕이 많았다. 그런데 왕의 콤플렉스는 보통 문제가 아니다. 왜냐하면 보통 사람도 콤플렉스가 있으면 자신은 물론 주변 사람까지 힘들게 하기 마련인데 왕이 콤플렉스가 있으면 나라가 위태로울 만큼 큰 영향을 미칠 수 있기 때문이다.

조선의 왕 중에 콤플렉스 때문에 조선에 막대한 악영향을 끼친 네 명의 왕과 누가 봐도 콤플렉스가 있을 것 같은 왕임에도 이를 극복한 한 명의 왕을 소개하려 한다.

선조

선조 하면 저절로 임진왜란이 떠오른다. 이어서 조선에서 가장 무능한 왕이라는 생각이 뒤를 잇는다. 그런데 선조는 정말 무능하기만 한 왕이었을까?

선조가 묻힌 왕릉을 '목릉(穆陵)'이라 하는데 후대에 선조를 평가는 말 중에 '목릉성세(穆陵盛世)'라는 말이 있다. '훌륭한 인재가 두루 등용되어 문화와 학문을 발전시키고 국가의 위기를 극복하여 태평성대를 이루었다.'라는 뜻이다. 이황, 이이, 조식, 류성룡, 정철, 이항복, 이덕형, 이순신, 권율, 허준 등 수없이 많은 인재가 선조의 신하였다. 이는 선조가 인복이 많아서 그렇다고 치부해버릴 수도 있지만 그래도 왕이었으니 인재를 알아보는 안목이 높았다는 것도 인정할 수밖에 없다. 그러니 선조는 무능하기만 한 왕은 아니었다.

임진왜란 이전의 선조는 굉장히 똑똑하고 유능한 인물이었다. 선조가 왕위에 오른 과정을 봐도 알 수 있는데 선조의 선대 왕은 명종이었다. 명종은 세자가 있었지만 10대에 요절해 더 이상 적통이 없었다. 그래서 조카 중 한 명에게 왕위를 넘길 수밖에 없었는데 그런 명종의 눈에 들었던 왕족이 중종의 후궁 창빈안씨의 아들인 덕흥군이었다. 서자로 태어난 덕흥군에게는 세 아들이 있었는데, 명종은 이 세 조카가 영특하다는 소문을 듣고 자주 궁궐에 불러 얼마나 똑똑한지 알아보려고 대화를 나눴다.

한번은 명종이 세 조카에게 왕의 익선관을 벗어주며 "누구 머리가 큰지 보자. 한 번씩 써보아라."라고 말했다. 그러자 첫째와 둘째 조카는 익선관을 써보았는데 셋째 조카인 하성군(선조의 어릴 때 이름)은 쓰지 않으려 했다. 명종이 왜 쓰지 않느냐고 물었더니 하성군은 "임금께서 쓰시는 것을 어찌 감히 신하가 쓸 수 있겠습니까?"라고 답했다. 명종은 속으로 참 영특한 녀석이라 생각했다.

명종은 한참 후에 또 세 조카를 불러 "부모와 임금 중에 누가 더 중요한 거 같으냐?"라는 질문을 던졌다. 하성군의 대답은 "임금과 아버지는 다르지만, 충과 효는 본래 하나입니다."였다. 이러니 명종은 하성군이 가장 마음에 들 수밖에 없었을 것이다. 그래서 하성군이 왕위를 물려받아 선조가 된 것이다.

이렇게 똑똑해서 왕이 된 선조가 우리에게는 왜 무능한 왕으로 알려진 걸까? 임진왜란 때문이다. 선조는 조선의 역대 왕 중 네 번째로 재위 기간(1567년~1608년)이 긴 왕으로 41년간 왕위에 있었다. 그 재위 기간을 둘로 나누면 임진왜란 전과 후로 나눌 수 있다.

임진왜란 전 25년 동안의 선조는 굉장히 정치를 잘하고 많은 인재를 요직에 발탁해 정사를 잘 돌본 왕이었다.

선조 때부터 붕당정치(朋黨政治)가 시작됐는데 다른 말로 표현하면 당쟁이 시작되었다고 할 수 있다. 당쟁은 말 그대로 당이 논쟁을 벌였다는 뜻인데 '조선은 당파 싸움 때문에 망했다.'라는 말이 있을 정도로 당쟁은 부정적인 느낌이 많다. 그러나 사실 이 붕당정치는 굉장히 긍정적인 의미의 정치 방식이다. 글자 그대로 뜻을 같이하는 벗들이 당을 만들어 서로 견제하면서 나라를 잘 이끌어 가고자 하는 정치 방식인 것이다. 선조는 이 붕당정치를 통해 신하와 정치를 잘 이끌었던 군주였다.

정치를 잘 이끌었던 선조는 임진왜란이라는 큰 전란을 겪으며 무능한 왕으로 전락해버렸다. 선조가 도대체 어떤 잘못들을 저질렀던 걸까?

첫째, 선조는 임진왜란이 터지고 일본이 부산에 상륙해 곧장 북진해 충주를 함락했다는 소식을 듣자마자 곧바로 몽진을 떠났다. 왕이라는 사람이 한번 싸워보지도 않고 궁궐과 백성을 버린 거다. 그것도 한밤중에 몰래 말이다. 실망감과 배신감에 화가 난 백성들은 도성에 불을 질렀으니, 선조는 도성을 버리는 것도 모자라 자기 백성들에 의해 궁궐까지 불타게 만든 왕이 되어버린 거다.

둘째, 선조는 국난에 대비한다는 명분으로 피난지 평양에서 급히 광해군을 세자로 책봉했다. 자신은 의주로 도망가고 광해군에게는 권섭국사(權攝國事)의 직위를 맡겨 분조(分朝)를 책임지게 했다. 다시 말해 조정을 둘로 나누어 도망가는 조정은 자신이 맡고 싸우는 조정은 광해군에게 맡긴 것이다. 이는 광해군을 사지로 내몬 것이나 마찬가지다. 그러나 광해군은 분조를 잘 이끌며 이순신과 함께 전세를 역전시켰다. 그러자 선조는 그런 광해군을 시기했다. 선조는 무능하다 못해 비겁하기까지 했다.

셋째, 선조는 조선을 구한 신하, 이순신을 질투했다. 임진왜란 때 패전을 거듭하던 조선은 이순신 장군의 연승으로 전세가 역전되었다. 일본은 이순신의 이름만 들어도 벌벌 떨었고, 백성들은 그런 이순신을 존경하며 따랐다. 선조는 이런 신하에게 상을 주지는 못할망정 질투하고 누명을 씌워 처벌하는 등 왕으로서 절대 하면 안 될 짓을 했다. 그것도 전란 중에 말이다. 이순신이 누구인가? 류성룡이 천거했으나 선조 자신이 발탁한 인물이 아닌가. 그것도 종6품 정읍 현감을 6단계나 파격 승진시켜 정3품 전라 좌수사로 임명한 인물이 이순신이었다. 자신이 임명한 장수가 전쟁에서 승리하면 기뻐하는 것이 상식인데 선조는 이런 훌륭한 장수를 전란 중 두 번이나 감옥에 가두어 삼도 수군을 거의 전멸케 한 것이다. 선조의 이런 모습 때문에, 임진왜란 이후 선조는 무능하고 무책임한 왕의 대명사가 될 수밖에 없었다.

어려서부터 명석했던 선조는 왜 이런 모습을 보였을까? 여러 가지 이유가 있겠지만 핵심은 선조의 콤플렉스 때문이었다. 그 콤플렉스는 선조가 적통이 아니라는 것이었다. 중종의 뒤를 이은 인종은 장경왕후에게서 태어난 첫째 아들이었다. 그런데 인종이 왕위에 오른 지 1년 만에 죽자. 중종의 세 번째 부인 문정왕후에게서 얻은 명종이 왕위에 올랐다. 그런데 명종의 세자가 일찍 죽는 바람에 서자로 태어나 적통이 아니었던 덕흥군의 셋째 아들 선조가 왕위를 잇게 된 것이다. 그러니 선조는 아버지가 왕이 아닌 왕이었다. 이는 조선 역사상 처음 있는 일이었다. 이것이 바로 선조의 콤플렉스다. 이 때문에 선조는 신하는 물론이고 아들에게까지 질투를 느끼는 무능한 왕으로 전락해버린 것이다.

광해군

광해군은 앞서 말했듯 임진왜란이 발발하자 분조를 이끌며 활약했다. 남쪽으로 내려가 백성들을 이끌고 의병을 독려해 일본과 싸우며 백성들의 많은 지지도 받았다. 또 왕이 된 이후에는 임진왜란으로 힘든 백성을 위해 대동법을 강행해 세금을 줄여주었고, 명과 후금 사이에서 어느 한쪽에도 휘둘리지 않고 중립을 지켜 국제사회에서 조선의 자리도 잘 지켜 나갔다. 이런 점에서 본다면 광해군은 정말 능력 있고 뛰어난 왕이었다.

그런데 광해군은 쫓겨난 왕이 되고 말았다. 왜일까? 네 가지 정도로 요약해볼 수 있다.

첫 번째 이유는 '폐모살제(廢母殺弟)'다. 광해군이 어머니 인목대비를 폐하고 동생 영창대군을 죽였기 때문에 나온 말이다. 영창대군은 선조의 유일한 적장자로 광해군이 세자였을 때부터 그를 위협하는 인물이었다. 그래서 광해군은 영창대군의 외할아버지 김제남을 반역자로 몰아 사형에 처하고 영창대군은 강화도로 유배 보냈다. 당시 영창대군은 8살이었다. 역모가 무엇인지도 모를 나이였다. 더 큰 문제는 유배지에서 동생 영창대군을 방에 가둬놓고 구들에 계속 불을 지펴 타 죽게 했다는 거다. 이에 영창대군의 어머니였던 인목대비가 광해군에게 아들을 살려내라고 패악을 부리자, 인목대비마저 폐위시키고 서궁에 가둬버렸다. 이러한 폐모살제는 광해군을 쫓아내기 위한 서인 정권의 큰 빌미가 되었다. 광해군이 왕으로서 해선 안 될 큰 패륜을 지질렀다는 거다.

두 번째 이유는 무리한 궁궐 공사다. 광해군은 임진왜란 때 경복궁과 창덕궁이 불타는 바람에 임시 궁궐이 필요했다. 그래서 왕족의 집을 '경운궁'이라 이름 짓고 임시 궁궐로 만들고 창덕궁 복원을 명했다. 이 과정에서 배다른 동생 정원군의 집을 왕기가 서려 있다는 이유로 빼앗아 궁궐로 만들었는데 이것이 경덕궁이다. 지금은 경희궁이라 불리는 곳이다. 전란의 후유증으로 안 그래도 먹고살기 힘든 백성들에게 무려 세 개의 궁궐 공사를 시킨 것이다. 그 원성은 광해군에게 다 쏟아졌고 이 또한 광해군을 몰아내는 빌미가 되었다.

세 번째 이유는 경연 불참이다. 왕이면 정치를 잘하기 위해 공부도 열심히 해야 하는데 광해군은 왕위에 오르고 나서 신하들과 공부하는 시간인 '경연'에 거의 참석하지 않았다.

네 번째 이유는 잔혹한 행동이었다. 역모 사건이 터지면 친국하며 직접 온갖 고문을 자행했다. 이런 다혈질적이고, 외부의 자극에 민감한 모습은 광해군에게 반대하는 서인들이 광해군을 몰아낼 좋은 빌미가 되었다.

광해군은 왜 이런 실책들을 저지르게 되었을까? 광해군 역시 그의 콤플렉스에서 그 원인을 찾을 수 있다. 광해군의 콤플렉스에 가장 큰 영향을 끼친 사람은 선조다. 앞서 말했듯 선조는 조선 최초의 방계 출신 왕이고, 이것이 선조의 콤플렉스였다. 그러니 선조는 자신의 다음 왕위를 이을 아들은 완벽한 적통, 다시 말해 왕비에게서 태어난 대군을 왕으로 세우고 싶었다. 참고로 왕비의 자식을 대군이라고 하고 후궁의 자식을 군이라 한다.

그러나 선조는 첫 번째 왕후에게서는 아들을 얻지 못하고 후궁에게서만 여러 아들을 얻었다. 그래서 선조는 신하들의 계속되는 주청에도 세자 책봉을 미루었다. 그런 와중에 임진왜란이 터져버린 것이다.

선조는 어쩔 수 없이 광해군을 세자로 책봉했다. 맏아들 임해군은 성정이 난폭하여 둘째 아들 광해군을 세자로 세운 거다. 그러나 광해군으로서는 좋은 일이 아니었다. 전란 중 세자로 책봉되는 것은 적에게 왕 다음의 타깃이 되는 일이었으니 말이다.

임진왜란 후 선조는 두 번째 부인 인목왕후에게서 아들을 얻었다. 그가 영창대군이다. 그러자 선조의 마음속에는 불화의 씨앗이 싹트기 시작했다. 영창대군을 세자로 삼고 싶어진 거다. 그러나 선조는 이미 늙었고 영창대군이 3살 될 무렵 죽고 말았다. 3살 아들은 왕이 되기에는 너무 어렸기에 세자였던 광해군이 왕위에 올랐다. 적통이 아닌 왕이라는 것이 광해군의 첫 번째 콤플렉스다.

두 번째 콤플렉스는 선조의 장남 임해군이 살아 있다는 것이었고, 세 번째 콤플렉스는 적통 영창대군이 살아 있다는 것이었다.

두 사람의 존재 자체가 광해군에게는 콤플렉스였던 거다. 그래서 광해군은 형도 죽이고 동생도 죽였다. 사실 형제를 죽이는 일은 조선 왕실에서 왕권을 지키기 위해 흔히 일어나는 일이었다. 그럼에도 광해군이 쫓겨난 이유는 어머니 인목대비까지 폐했기 때문이다. 이는 왕이 몸소 모범이 되어야 하는 효를 저버린 일이라는 결정적인 빌미가 되었다.

광해군을 쫓아내고 왕위에 오른 사람은 인조다. 인조는 앞서 말한 왕기가 서린 집의 주인 정원군의 첫째 아들 능양군이었다. 정원군은 아들이 셋 있었는데 셋째 아들이 역모 사건에 연루되어 죽었다. 이 충격으로 정원군도 죽었다. 그러니 능양군에게 광해군은 원수였다. 능양군이 반정 세력과 손잡고 일으킨 정변이 인조반정이다. 광해군에게 콤플렉스가 없었다면 '폐모살제' 같은 일은 일어나지 않았을 것이다.

쫓겨난 광해군과 왕비, 세자는 모두 유배되었다. 궁궐에서 왕과 세자로 살다가 유배되었으니 그 심정이 어떠했겠는가. 견디기 힘들었던 폐세자와 폐세자빈은 유배지에서 탈출을 감행했다. 무려 21미터나 되는 땅굴을 판 것이다. 그리고 성공했다. 그런데 폐세자빈이 폐세자라도 살리겠다는 심정으로 자신은 집에 머물고 세자만 탈출시켰다. 탈출에 성공한 폐세자는 궁궐에서만 살았기에 어디로 가야 할지 갈피를 잡을 수가 없었고 결국 잡히고 말았다. 남편이 잡혔다는 소식에 폐세자빈은 자결했고, 폐세자 역시 인조의 명으로 자결했다. 아들과 며느리가 죽었으니 폐비 역시 살 의욕을 잃고 자결했다. 폐비는 자결하면서 "다음 생에는 절대 왕가의 며느리로 시집오지 않게 해주세요."라고 기도했다고 한다. 이렇게 부인과 아들, 며느리를 모두 잃은 광해군은 강화도와 태안을 거쳐 제주로 유배 보내졌다. 그리고 그 제주에서 명을 다하고 죽었다. 그의 나이 67세였다.

광해군은 제주에서 무슨 생각을 하며 살았을까? 아마 '내가 왜 이렇게 되었을까?'라는 생각을 수천 번도 더 하지 않았을까? 콤플렉스가 이렇게 무서운 것이다.

인조

인조는 반정으로 왕위에 오른 인물이다. 그러니 인조 역시 자신의 아버지가 왕이 아니라는 콤플렉스가 있었다. 인조는 왕위에 오르자마자 자기 아버지 정원군을 왕으로 추숭시키는 작업을 했다. 돌아가신 분이지만 이름이라도 왕으로 추대해 정통성을 확보하겠다는 의도였다.

결국 인조는 정원군을 원종으로 추숭시켰다. 여기까지는 신하들도 동의했다. 그런데 인조의 욕심은 여기서 끝나지 않았다. 아버지의 위패를 종묘에 모시겠다고 한 거다. 이 문제로 몇 년을 실랑이한 끝에 인조가 원하던 대로 아버지의 위패를 종묘에 모셨다. 이로써 인조는 법적으로나마 왕의 아들이 되었다. 인조가 얼마나 정통성에 대한 콤플렉스가 컸는지 알 수 있다.

한데 인조는 정통성에 신경 쓰느라 정치나 국제정세에는 소홀했다. 인조를 왕위에 올린 사람들은 서인들이었고 그들에게는 명과의 의리를 지키는 것이 가장 중요한 가치였다. 그런데 선대 왕이었던 광해군은 명도 후금도 아닌 중립 외교를 펼쳤으니, 서인들은 불만이 많았다. 그래서 폐모살제라는 명분으로 광해군을 쫓아낸 것이다. 서인에 의해 왕이 옹립되었으니, 서인들은 마음껏 명에 대한 의리를 지키면서 후금을 배척하는 친명배금(親明排金) 정책을 펼치기 시작했다. 그 결과가 바로 '정묘호란'과 '병자호란'이다.

전란이 일어날 때마다 인조도 몽진을 떠났다. 정묘호란 때는 강화도로 몽진할 수 있었으나 병자호란 때는 청의 군대가 너무 빨리 내려와 미처 강화도로 몽진하지 못하고 남한산성으로 들어가야 했다. 어찌 이리 선조와 똑같은 짓을 했을까? 아니, 인조는 선조보다 더 못난 짓을 했다. 선조는 도망만 갔지만 인조는 항복까지 했으니 말이다.

남한산성에서 45일을 버티다 항복한 인조는 삼전도에서 청 태종 홍타이지에게 세 번 절하고 아홉 번 머리를 조아리는 삼배구고두례(三拜九敲頭禮)라는 치욕적인 항복례를 올리며 항복했다. 이것이 '삼전도의 굴욕'이다. 이로써 조선의 왕 인조는 청 태종의 신하가 되었다. 이렇게 인조는 선조보다 더한 굴욕을 겪으며 왕권이 땅에 떨어지는 고통을 겪어야 했고 이것은 인조의 가장 큰 콤플렉스가 되었다.

삼전도의 굴욕 후 인조의 장남 소현세자와 둘째 봉림대군은 청나라에 인질로 끌려갔다. 찢어질 듯 마음이 아팠던 인조는 청나라 사람에게 소현세자와 봉림대군을 잘 보살펴 달라고 신신당부했다고 한다. 이때만 해도 인조는 지질한 왕이었을지는 몰라도 따뜻한 아버지였다.

청의 인질이 된 소현세자는 청나라의 성경(盛京, 지금의 선양(瀋陽))에 머물렀는데 처음에는 청에 대한 반감이 매우 컸지만, 청을 실제로 보고 난 후에는 우리가 청나라에 질 수밖에 없음을 깨달았다. 그리고 조선이 절대적으로 섬겼던 명나라가 청나라에 의해 무너지는 모습을 생생하게 지켜봤다. 그래서 소현세자는 청나라에 복수하기 위해서는 청나라를 뛰어넘어야 하고 그러기 위해서는 청을 배워야 한다고 생각했다.

소현세자는 그 당시 청나라에 들어와 있던 '아담 샬'이라는 선교사와 인연을 맺으며 많은 서양 문물을 접했고, 청나라의 고관대작들과도 친하게 지내며 청이 발전할 수 있었던 이유들을 배웠다. 그런데 처음에는 소현세자와 봉림대군에게 필요한 모든 걸 다 지원했던 청나라가 명나라와 전쟁을 하면서 지원을 끊었다. 땅을 떼 주고 알아서 살라고 한 것이다.

그래서 소현세자의 세자빈 강씨가 함께 간 식솔 오백여 명을 데리고 농사를 지었다. 농사가 전문이었던 조선 사람들은 척박한 청나라 땅을 성공적으로 일구어 큰 수확을 일궜다. 이렇게 일군 수확을 청나라에 팔아 돈도 많이 벌었다. 그리고 그 돈으로 끌려온 조선인 노예들을 샀다. 조선이 못 하는 일을 인질이었던 세자빈 강씨가 한 것이다. 이렇게 번 돈으로 세자빈 강씨는 소현세자 뒷바라지도 했다. 소현세자는 강씨가 번 돈으로 청나라 고관대작들에게 뇌물을 주며 친분을 쌓았고 이를 기반으로 청나라가 조선에 무리한 요구를 할 때마다 중간에서 조정하는 역할을 했다. 그러는 한편 서양 물품을 사들이고, 서양의 과학기술을 배우는 일에도 투자했다. 모두 세자빈 강씨의 내조 덕분이었다.

소현세자는 청나라에서 8년 동안 인질로 살며 중간에 잠깐씩 조선에 들어왔는데 그럴 때마다 인조는 소현세자 일행을 반기지 않았다. 소현세자가 청나라에 있는 동안 인조의 귀에 들려오는 이들의 생활이 마음에 들지 않았던 거다. 세자빈이 조신하게 있지 못하고 농사를 짓고 장사를 한다거나, 소현세자가 청나라의 고관대작들과 친하게 지내며 자기 세력을 만들려 한다는 등의 소식이었다.

인조가 어떤 사람인가? 반정으로 추대된 왕이 아닌가. 그러니 자기 역시 다른 세력에 의해 쫓겨날까 늘 두려워했다. 그런데 소현세자가 청나라 세력으로 자기 세력을 만든다고 하니 그 불안은 더욱 가중되었다. 긍정적으로 해석해본다면, 만약 소현세자가 청의 세력을 등에 업고 왕위에 오른다면 조선의 왕도 고려 말 원에 의해서 고려의 왕이 정해지는 것 같은 상황이 올지도 모른다는 걱정을 했을 수도 있다. 이러나저러나 인조는 소현세자에게 왕위를 빼앗길까 두려워했던 것 같다.

드디어 소현세자가 8년간의 인질 생활을 끝내고 영구 귀국했다. 소현세자는 어떤 마음으로 귀국했을까? 자신이 그동안 청에서 배우고 익힌 것들을 조선에 적용해 조선을 부강한 나라로 만들겠다는 큰 포부를 안고 돌아왔을 것이다. 그러나 소현세자를 대하는 인조의 태도는 싸늘했다. 아버지로부터 환대를 받지 못한 소현세자는 돌아온 지 불과 두 달 만에 죽고 만다. 소현세자의 시신을 검안했던 기록에는 이렇게 적혀 있다.

온몸이 전부 검은빛이었고, 이목구비의 일곱 구멍에서는 모두 선혈이 흘러나오고, 곁에 있는 사람도 그 얼굴빛을 분별할 수 없어 마치 약물에 중독되어 죽은 사람과 같았다.

독살을 의미하는 기록이다. 그럼에도 인조는 누구에게도 책임을 묻지 말라 하고 빨리 소현세자의 장례를 치르라 했다. 당시 법에 따르면 왕의 장례는 삼년상이고 세자의 장례는 일년상이다. 그런데 인조는 세자의 장례를 21일장으로 끝내라고 했다. 그리고 하루가 지나자 7일을 하루로 계산해 장례를 끝내라 했다. 결국 3일장으로 끝내라는 말이었다. 인조는 왜 그렇게 세자의 장례를 서둘러 끝내라 했던 것인지 의문을 가지지 않을 수 없다.

세자가 죽었으니 서둘러 다음 세자를 책봉해야 했다. 조선의 법통에 따르면, 세자가 죽으면 세자의 장남이 세손이란 이름으로 왕위를 계승하는 것이 원칙이다. 따라서 당연히 소현세자의 장남이 세손이 되어야 했다. 그러나 인조는 두 번째 아들 봉림대군을 세자로 책봉했다. 봉림대군을 세자로 책봉하려면 세자빈 강씨와 손자들은 없어져야 했다. 그래서 인조는 세자빈 강씨는 임금의 수라상에 오를 전복구이에 독을 넣었다는 누명을 씌워 사약을 내리고 3명의 손자는 모두 제주도로 유배 보내 버렸다. 그 당시 제주도는 육지와 완전히 분리된 곳이었기에 육지와 전혀 다른 나라였다. 그래서 육지 사람들은 제주도에 들어가면 풍토병에 걸렸고 제주도 사람들 역시 육지에 오면 풍토병에 걸렸다. 이 때문에 소현세자의 첫째 아들과 둘째 아들은 죽고 말았다. 결국 막내아들만 살아남은 것이다.

KBS2 사극 〈추노〉에서 송태하 장군역을 맡은 오지호가 끝까지 지키려 했던 아이가 바로 소현세자의 셋째 아들이었다. 살아남은 셋째 아들은 다행히 결혼해서 자손을 남겼지만, 그 역시 오래 살지는 못했다.

인조가 소현세자를 독살했다는 근거는 확인되지 않고 있지만 인조가 소현세자를 미워했다는 건 분명한 것 같다. 인조는 죽을 때까지 소현세자의 무덤인 소경원을 한 번도 찾지 않았으니 말이다. 만약 인조에게 콤플렉스가 없었다면 소현세자를 그렇게 미워하지 않았을지도 모르겠다.

왕의 콤플렉스는 국가의 존망을 좌우한다. 만약 인조에게 콤플렉스가 없었다면 소현세자가 다음 왕이 되었을 것이고, 그랬다면 우리의 역사는 좀 더 긍정적으로 흘러가지 않았을까 싶다.

영조

지금까지 이야기한 왕과 달리 영조는 무능한 왕이 아니었다. 오히려 아주 많은 업적을 남긴 성군에 가깝다. 그럼에도 영조는 아주 큰 콤플렉스를 가지고 있었다. 영조는 이 콤플렉스를 승화시켜 훌륭한 왕이 되기 위한 동력으로 삼았다. 다시 말해 콤플렉스라는 걸림돌을 디딤돌로 만든 것이다. 그렇다면 영조에게는 어떤 콤플렉스가 있었을까?

영조의 아버지는 숙종이다. 숙종은 정통성에 대한 콤플렉스가 전혀 없는 왕이었다. 아버지 현종과 어머니 명성왕후 사이에서 태어난 적통이었기 때문이다. 숙종은 굉장히 카리스마 있고 왕위의 정통성에 자신만만한 사람이었다. 그 자신감 덕분에 14살에 왕위에 올랐음에도 노련한 신하들을 잘 다루며 정치를 잘할 수 있었다.

그런데 숙종은 왕비의 몸에서 아들을 얻지 못하고 '장희빈'으로 잘 알려진 후궁 신분의 희빈 장씨에게서 경종을 얻고, 또 다른 후궁 신분의 숙빈 최씨에게서 연잉군을 얻었다. 이 연잉군이 바로 영조다. 이것이 바로 영조의 첫 번째 콤플렉스다. 영조의 어머니 숙빈 최씨는 궁궐에서 신분이 가장 낮은 무수리 출신이었다. 그는 조선 역사상 가장 비천한 출신의 어머니를 둔 왕이 된 것이다.

영조는 왕위에 오르는 과정도 순탄치 않았다. 숙종의 왕위를 이은 사람은 영조의 이복형인 경종이었다. 그런데 경종은 몸이 허약해 아들을 낳지 못했다. 그러자 경종의 어머니인 장희빈을 죽게 만든 노론들은 연잉군을 세제로 책봉하라고 주청했다. 하는 수 없이 경종은 연잉군을 세제로 책봉했고 이제 경종이 죽으면 자연스럽게 연잉군이 왕위를 이을 수 있게 되었다. 그런데 기막힌 사건이 일어났다.

경종이 앓아눕자, 연잉군이 경종을 위해 쾌차하라는 의미에서 음식 대접을 했는데 경종이 이 음식을 먹고 설사를 계속하더니 얼마 후에 죽고 말았다. 연잉군이 대접한 음식은 게장과 생감이었고, 한의학에서는 이 게장과 생감을 상극으로 본다. 이 때문에 영조는 경종을 독살하려 했다는 의혹을 받을 수밖에 없었다. 이것이 영조의 두 번째 콤플렉스다. 형을 독살한 왕이라는 오명 말이다.

왕위에 오른 영조는 앞서 말한 선조, 광해군, 인조와 달리 콤플렉스를 훌륭한 왕이 되기 위한 디딤돌로 삼았다. 천한 어미의 소생이라는 말을 듣지 않기 위해 행동 하나하나에 최선을 다하고, 약간의 실수도 용납하지 않는 완벽함을 추구했다.

영조가 왕위에 올라서 제일 먼저 한 일은 탕평책이었다. 그 당시 분당 정치로 조정은 매우 혼란스러웠다. 조정이 동인과 서인으로 분열하더니, 동인은 다시 남인과 북인으로 분열하고 서인은 다시 노론과 소론으로 분열해 정쟁이 매우 심했기 때문이다. 그래서 영조는 이렇게 선언했다. "나는 남인, 북인, 노론, 소론 할 것 없이 인재를 골고루 등용하겠다." 이것이 탕평책(蕩平策)이다.

영조는 탕평책으로 인재를 골고루 등용하겠다는 의지를 신하들에게 각인시키기 위해 신하들과 함께 탕평채(蕩平菜)라는 음식을 즐겨 먹었다. 왜냐하면 탕평채의 주재료는 청포묵, 김, 고기, 미나리였고 각각의 재료에는 고유 색깔이 있는데 이 고유 색깔들이 네

개로 분열된 붕당을 의미했기 때문이다. 예를 들면 청포묵은 흰색, 김은 검은색, 고기는 붉은색, 미나리는 푸른색이다. 고구려 사신도(四神圖)를 보면 동서남북 방향에 따라 색깔이 있다. 백호는 흰색으로 서쪽을 관장하니 서인을 상징하고, 현무는 검은색으로 북쪽을 관장하니 북인을 상징하고, 주작은 붉은색으로 남쪽을 관장하니 남인을 상징하고, 청룡은 푸른색으로 동쪽을 관장하니 동인을 상징한다. 이렇게 영조는 음식까지 활용해 탕평책을 각인시키며 정치를 잘 이끌었다.

영조의 가장 큰 정치적 업적은 '애민(愛民)'이었다. 균역법(均役法)을 시행해 백성들의 세금 부담을 덜어주었고, 몸을 상하게 하는 고문 제도를 폐지했으며, 사형을 받는 자는 세 번 재판을 받게 하는 삼심제를 시행했다. 특히 왕이 궐문 밖에서 직접 백성을 만나 백성의 이야기를 듣는 '임문'을 재위 기간 중 총 30여 회 진행한 것은 보통의 왕들이 하기 힘든 애민 정치였다.

영조의 애민 정치의 화룡점정은 '준천사업(濬川事業)'이다. 준천사업이란 지금의 청계천(淸溪川)을 준설(浚渫)한 것을 말한다. 당시 한양은 먹고 살기 위해 상경하는 백성들이 늘어나면서 집 없는 백성들이 하천 주변에서 살았다. 그래서 하천에 오물이 쌓이고 쌓여 바닥이 높아지고 그러다 비가 오면 범람하는 등 악순환이 반복되고 있었다. 이를 해결하기 위해 영조는 6만여 명을 고용해 준천사업을 시행했다. 이는 영조가 자신을 돌아보며 스스로 지은 《어제

문업(御製問業)》에서 자신이 가장 잘한 일이라 칭찬할 정도로 대단한 사업이었다.

영조는 세종 못지않게 공부도 정말 열심히 했다. 영조는 "음식은 한때 입을 즐겁게 해주지만 학문은 인생 자체를 즐겁게 해준다."라고 했다. 그는 학문에 뜻을 두고 신하들과 경연을 열심히 했다. 경연은 신하들과 함께하는 정책토론이나 유교 경전을 공부하는 시간이다. 영조의 경연 횟수는 세종에 버금갈 정도라고 한다. 이렇게 멋있는 왕이 어쩌다 아들을 죽게 했을까?

영조는 왕위에 오른 후에도 늘 자신의 몸가짐과 행동을 완벽하게 관리했다. 그래서 영조는 자기 아들도 그렇게 키우고 싶었던 것 같다. 그런데 첫째 아들 효장세자는 10살에 요절하고 말았다. 이후 어렵게 얻은 둘째 아들이 사도세자였다. 사도세자를 얻었을 때 영조의 나이 마흔이었다. 지금으로 치면 70이 넘은 나이에 아들을 얻은 격이다. 그러니 얼마나 귀하게 여겼겠는가. 그런 사도세자가 3살에 글을 깨치더니 시까지 잘 짓는 것이다. 그 수준이 얼마나 대단한지, 신하들이 사도세자로부터 시 한 점 얻으려고 경쟁할 정도였다고 한다. 그러니 사도세자에 대한 영조의 기대는 점점 커져만 갔다.

그런데 이 사도세자가 10대에 접어들더니 학문을 멀리하고 무예에만 관심을 두기 시작했다. 영조는 이런 사도세자를 어떻게든 학문에 관심을 두게 하려고 대리청정을 맡겼다. 여기서 갈등은 극으로 치닫기 시작했다. 왜냐하면 영조는 콤플렉스로 인해 완벽함에 대한 강박관념이 있었기에 사도세자가 뭘 해도 마음에 들지 않았고, 이 때문에 사도세자는 극도의 스트레스를 받았기 때문이다.

급기야 사도세자는 엄청난 스트레스로 '의대증'이라는 정신병을 앓게 된다. 옷을 입으면 대리청정을 가야 하니 옷을 못 입는 병에 걸린 것이다. 혹여 옷을 입다가 살갗에 닿으면 미치광이처럼 변해, 심지어 자기 후궁을 때려죽이는 일까지 일어났다. 이런 이야기는 영조의 귀에 들어갔고, 사도세자의 부인 혜경궁 홍씨는 아들이라도 살리기 위해 영조에게 "사도세자가 역심을 품고 있는 것 같습니다."라고 말했다. 결국 영조는 사도세자를 뒤주에 가두라고 명했고 사도세자는 뒤주에서 생을 마감했다.

영조는 아마 자신이 한 말을 번복하고 싶었을 것이다. 아들이 죽은 후 그 이름을 '사도세자(思悼世子)'라 지은 것을 보면 알 수 있다. '생각할수록 슬프다'라는 뜻이 아닌가. 후회가 이만저만이 아니었을 거다. 그런데 왜 번복하지 못했을까? 영조는 완벽한 사람이어야 했고, 그래야만 콤플렉스를 드러내지 않을 수 있었기 때문이다. 콤플렉스 탓에 영조는 가족의 죽음조차 외면한 것이다.

지금까지 소개한 선조, 광해군, 인조, 영조는 공통점이 있다. 모두 콤플렉스를 감추고 싶어 했다는 거다. 그런데 이와 비슷한 콤플렉스를 가졌으나 만천하에 드러낸 왕이 있다. 바로 정조다. 정조는 알다시피 사도세자의 아들이다. 달리 말하면 죄인의 아들이다. 그래서 영조는 정조를 지키기 위해 정조를 효장세자의 양자로 들였다. 그러나 모두 알고 있었다. 정조는 사도세자, 즉 죄인의 아들이라는 걸. 정조에게는 엄청난 콤플렉스였을 것이다.

그런데 정조는 왕위에 오르자마자 "과인은 사도세자의 아들이다."라고 말하며 자신의 최대 약점을 세상에 드러냈다. 이 순간 정조의 콤플렉스도 함께 사라졌다. 콤플렉스는 이렇게 드러내는 순간 더 이상 콤플렉스가 아니다. 그러니 당신에게 콤플렉스가 있다면 감추려 하기보단 차라리 드러내는 것이 어떨까.

상대의 자기애를 높여주었을 때

이루어질 수 없는 사랑의 주인공 나르키소스

나는 행복한 인간관계를 원한다면 꼭 알아야 할 인간의 심리 중 하나가 나르시시즘이라 생각한다. 나르시시즘은 그리스 신화 중 이루어질 수 없는 사랑에 관한 이야기다. 주인공의 이름은 나르키소스다.

나르키소스와 나르시시즘

나르키소스는 강의 신 케피소스가 물의 요정 리리오페를 겁탈해 생긴 아이다. 리리오페는 이렇게 태어난 나르키소스의 운명이 굉장히 궁금했다. 그래서 눈먼 예언자 테레시아스를 찾아가 나르키소스의 운명이 어떻게 될지 물어보았다. 테레시아스는 이렇게 예언했다. "자기 얼굴을 보지 않으면 오래 살 것이다." 그래서 리리오페는 나르키소스가 자기 얼굴을 볼 수 있는 환경을 모두 없애버렸다. 물도 못 쳐다보게 하고 반사되는 건 하나도 못 보게 했다. 이 때문에 나르키소스는 한 번도 자기 얼굴을 보지 못하고 자랐다.

세월이 흘러 16살이 된 나르키소스는 누구나 한번 보기만 하면 사랑에 빠질 정도로 아름다운 청년이 되었다. 그러나 정작 나르키소스는 마음을 열 줄 몰랐기에 자기한테 누가 사랑한다고 고백하면 모두 거절했다. 그냥 거절하는 것이 아니라 경멸할 정도로 싫어했다. 그런데도 나르키소스에게 단숨에 사랑에 빠진 한 요정이 있었는데 바로 산의 요정 '에코'다. 사랑에 빠진 에코는 나르키소스한테 말을 걸고 싶었지만 그럴 수 없었다. 헤라 여신의 저주를 받았기 때문이다. 헤라는 제우스의 아내이자 결혼의 신이었지만 실제로는 질투의 화신처럼 살아야 했다. 왜냐하면 제우스가 워낙 바람을 피우고 다닌 탓에 남편이 바람피우는 현장을 잡으러 다니는 것이 그녀의 주된 일이었기 때문이다.

제우스가 산에 가서 요정들과 노닥거린다는 소식을 듣고 헤라는 어김없이 달려갔다. 그때 에코가 헤라 앞에서 넋이 나갈 정도로 수다를 떨었다. 문제는 헤라가 이런 에코의 수다를 듣느라 제우스의 바람피우는 현장을 놓쳐버리고 말았다는 거다. 화가 난 헤라는 에코에게 "너는 절대로 먼저 말을 걸 수가 없다. 대신 상대방의 끝말만 따라 할 수 있을 것이다."라며 저주를 내렸다. 헤라가 내린 이 저주 때문에 에코는 나르키소스에게 먼저 말을 걸 수 없었다.

그러던 어느 날 나르키소스가 사냥을 나왔다가 친구들과 멀리 떨어지게 되었다. 나르키소스는 "거기 누구 있니?" 하고 친구를 불렀다. 나르키소스의 주변을 맴돌던 에코는 "누구~ 있니~?" 하고 그 끝말을 따라 했다. 그러자 나르키소스가 "어서 이리 와." 하고 답했다. 이에 에코는 "이리~ 와~" 하고 다시 끝말을 따라 했다. 그러자 다시 나르키소스가 "우리 여기서 만나자."라고 했다. 드디어 에코에게 기회가 생겼다. 에코는 "여기서~ 만나자~" 하고 말하며 나타나 나르키소스의 목덜미를 와락 껴안았다. 나르키소스는 어떤 반응을 보였을까?

불행히도 나르키소스는 에코에게 "손 치워! 껴안지도 말고, 그러느니 차라리 죽는 게 낫지."라며 거부했다. 에코는 자신도 모르게 나르키소스의 끝말을 따라 했다. "차라리 죽는 게 낫지~" 에코의 심정이 어땠을까? 너무나 참담했던 에코는 깊은 숲속으로 들어가 동굴 속에 숨어버렸다. 그러나 에코는 나르키소스에 대한 마음을 놓지 못했고, 결국 몸과 마음이 타들어가 뼈는 돌로 변하고 목소리만 남는 요정이 되어버렸다. 그래서 우리가 산에 가서 "야호~"라고 외치면 돌아오는 메아리를 영어로 에코라고 한다.

에코 말고도 나르키소스로부터 모욕을 당한 요정이 많았다. 에코의 죽음에 화가 난 요정들은 복수의 여신 네메시스를 찾아가 "나르키소스도 우리처럼 도저히 사랑할 수 없는 대상과 사랑에 빠지게 하소서."라고 부탁했다. 속된 말로 '나르키소스 너도 한번 당해보라.'라는 것이었다. 네메시스는 이 소원을 들어주기로 했다. 이렇게 말이다.

사냥을 끝내고 내려오던 나르키소스는 목이 너무 말랐다. 그러던 중 정말 맑고 별빛처럼 빛나는 샘물 하나를 발견한 나르키소스는 물을 마시려고 샘물에 고개를 숙였다. 그 순간 나르키소스는 태어나 처음으로 자기 얼굴을 보았다. 자기 얼굴인지 몰랐던 나르키소스는 자기 얼굴을 보고 감탄했다. 너무 아름답고, 매력적이고, 잘생기고, 사랑스러웠기 때문이다. 나르키소스는 자기 얼굴을 보고 한눈에 반해버리고 말았다.

사랑에 빠진 나르키소스는 샘물에 비친 얼굴을 만지고 싶었다. 그런데 손끝이 닿으면 물결이 일어나면서 그 사랑하는 사람은 사라져버렸다가 잠시 후에 다시 나타나기를 반복했다. 다시 나타난 그 사람은 웃고 있었는데 나르키소스가 자기 얼굴을 보고 반가워 웃었기 때문이다. 샘 속의 사랑하는 사람이 사라지고 나타나기를 반복해서 나르키소스는 샘을 떠날 수 없었다. 결국 나르키소스는 먹지도, 자지도 않고 계속 물속에 비친 자기 얼굴만 쳐다보다 에코처럼 말라 죽고 말았다.

니콜라 푸생이 그린 〈에코와 나르키소스〉라는 작품을 보면 샘 옆에서 목숨을 잃은 나르키소스 머리 위로 수선화가 피어 있고 주변에는 바위와 한 몸이 된 에코와 횃불을 들고 있는 사랑의 신 에로스가 그려져 있다. 수선화는 영어로 나르키소스다. 이 꽃은 영원한 변신을 암시하고, 횃불은 죽음을 암시한다.

그리스 신화에 나오는 고대 로마의 시인 오비디우스는 변신에 관한 이야기만 모아서 책을 썼는데 그 책 제목이 《변신 이야기》다. 이 책에서 오비디우스는 이 안타까운 상황, 다시 말해 자기 얼굴을 보면서 말라 죽어간 나르키소스의 심정을 이렇게 표현하고 있다.

> 그는 바로 나야. 이제야 알겠어. 내 모습이 나를 속이지는 못하지. 나는 나에 대한 사랑으로 불타고 있는 거야. 내가 불을 지르고는 괴로워하고 있는 거야.

바로크 미술을 창조한 천재 화가 카라마조프는 〈나르키소스〉라는 작품에서 물속에 비친 나르키소스와 물속을 보고 있는 나르키소스를 다르게 그렸다. 물속에 있는 나르키소스를 이미 늙어버린 모습으로 그린 거다. 이는 두 가지를 암시한다. 한 가지는 나르키소스가 물속에 비친 자기와 사랑에 빠질 때 이미 불행이 예고되어 있다는 것이고, 다른 한 가지는 보고 싶지 않은 자신의 아름답지 않은 모습을 감추고 싶어 한다는 것이다. 이것을 우리는 '나르시시즘'이라 한다.

나르시시즘의 사전적 의미는 '나르키소스처럼 자기의 외모, 능력과 같은 어떤 이유를 들어 지나치게 자기 자신이 뛰어나다고 믿거나 사랑하는 자기중심적 성격 또는 행동을 일컫는 정신분석학적 용어'이다. 쉽게 말해 정신병이다. 정신분석학에서는 이를 인격적 장애 증상으로 본다. 이 나르시시즘에 걸린 사람을 '나르시시스트'라 부른다.

나르시시즘에 걸리면 세 가지 대표 증상을 보인다. 첫째, 타인과 단절된다. 내가 세상에서 제일 잘났으니까 다른 사람과 어울리지 못하는 거다. 둘째, 정서적 친밀감 형성이 불가능하다. 나르키소스가 요정들한테 하듯 행동하면 어떻게 정서적 친밀감을 형성할 수 있겠는가. 셋째, 타인을 자기과시 수단으로 삼는다. 나르시시즘에 걸린 사람들은 유명한 사람들과 권력자들에게는 잘 보이려는 경향이 있는데, 이는 그들을 위해서가 아니다. '내가 이런 사람들하고 어울릴 정도로 잘났음'을 과시하기 위해 그들을 이용하는 거다.

행복한 인간관계를 위해 꼭 알아야 할 심리

지금까지 그리스 신화에 나오는 이루어질 수 없는 사랑의 주인공 나르키소스와 나르시시즘에 관해 이야기했다. 이제 자문해보자. “내가 나르시시스트인가?” 아니라면 이런 자문도 해보자. “내가 나르시시스트였던 적이 있는가?”

아마 아니라고 생각하는 사람이 대부분일 거다. 그러나 인간은 모두 한때 나르시시스트였다. 대표적인 시기가 유아기와 사춘기다. 유아기 아기들은 100% 나르시시스트다. 말이나 소 같은 동물은 태어나자마자 곧장 걸어 다니지만 인간은 적어도 10년 동안은 보호받아야 한다. 특히 갓 태어난 아기는 가만히 누워 눈만 움직인다. 그러면 주변에서 다 알아서 한다. 세상이 자기중심으로 돌아간다는 걸 알아서 아기들은 철저하게 나르시시스트적 행동을 한다. 어쩔 수 없다. 그런데 어느 정도 성장하고 나면 부모들은 관심을 줄이고, 더 이상 아기가 원하는 걸 안 들어준다. 이런 경험을 통해 아기들은 나르시시즘에서 빠져나온다.

그런데 다시 나르시시즘에 빠지는 시기가 온다. 사춘기다. 사춘기가 되면 세상이 자기중심으로 돌아가야 한다고 생각한다. 그래서 마음대로 하려 하고 안 되면 반항한다. 이렇게 우리는 누구나 한때 나르시시스트였다. 이처럼 나르시시즘은 나쁜 게 아니라, 인간이 가진 본능이다. 그래서 행복한 인간관계를 원한다면 꼭 알아야 할 인간의 핵심 심리가 바로 나르시시즘이다.

나르시시즘을 구성하고 있는 핵심 키워드는 두 가지다. 하나는 '자기애'고 다른 하나는 '남다름'이다. 어떤 관점에서 해석하든 인간은 자기를 사랑하고 싶고, 남들과 다르게 대접받고 싶어 한다는 거다.

어느 심리학자는 인간이 인간관계에서 가장 원하는 세 가지 욕구가 있다며 이를 '3R'이라고 했다. 첫 번째 R은 'Recognition', 인정받고 싶은 욕구다. 두 번째 R은 'Respect', 존경받고 싶은 욕구다. 세 번째 R은 'Reward', 보상받고 싶은 욕구다. 인간이면 누구나 인정, 보상, 존경 이 세 가지를 가장 원한다는 거다. 반대로 말하면 이 세 가지 욕구가 충족되지 못하면 그 인간관계가 엄청나게 힘들게 느껴진다는 거다.

현실에서 이러한 사례는 많다. 예를 들면 회사원을 대상으로 이직하는 가장 큰 이유, 조직 생활을 하면서 가장 힘든 점 등을 설문조사해보면 항상 1위로 나오는 것이 인간관계의 어려움이다. 인간관계 속에서 인정받지 못했거나, 존중받지 못했거나, 보상받지 못했다는 의미다.

나도 이런 경험이 있다. 어떤 사람이 자기 논문을 발표용 PPT로 만들어 달라고 부탁하길래 밤새워 만들어주었다. 그리고 그 사람은 내가 만든 PPT를 자기 이름으로 발표했다. 여기까지는 이해된다. 그런데 우연히 그 사람이 다른 사람한테 하는 얘기를 들었는데, 그 발표 자료를 자기 혼자 다 만들었다고 하는 것이 아닌가. 100% 내가 만든 자료였고, 돈도 받지 않았는데 말이다. 나는 3R을 하나도 얻지 못한 것이다. 인정받지도, 존중받지도, 보상받지도 못했다. 당연히 매우 열받았다.

반대의 경우를 살펴보자. 십여 년 전 지금은 종영한 예능 프로그램 〈무릎팍도사〉에 김제동이 출연한 적이 있었다. 김제동은 이 방송에서 "주례는 방OO 선생님"이라는 말을 했다. 참고로 방OO 선생님의 김제동의 스승이다. 이후 '방OO'은 무려 3일이나 네이버 실시간 검색어 1위를 차지했다. 방OO 선생님은 나도 아는 분이다. 그래서 이후 어떻게 되었는지 직접 여쭤보았다. "김제동 덕분에 방송 전에는 강사료가 시간당 몇십만 원이었는데 방송 이후에는 시간당 몇백만 원으로 뛰었어."라는 답을 들었다. 얼마나 훈훈한가.

근대 심리학의 창시자로 불리는 윌리엄 제임스는 "누군가와 갈등이 있을 때마다 관계를 망치게 할 수도, 반대로 강화할 수도 있는 하나의 요소가 있다. 그것은 바로 태도다."라고 했다. 이 말을 누구나 가지고 있는 나르시시즘에 대입해보면 우리가 상대방을 어떤 태도로 대해야 할지 답이 보인다. 행복한 인간관계를 만드는 훌륭한 태도 중 하나는 상대방이 자신을 마음껏 사랑할 수 있도록 마음을 담아 행동으로 돕는 것이다.

IV

삼일절과 광복절 즈음에 읽는

애국심을 일깨우는 인문학

나는 국가를 위해 무엇을 할 수 있을까

우당 이회영과 석주 이상룡

우리 역사 속에서 노블레스 오블리주를 가장 잘 실천한 인물을 꼽으라면 우당 이회영 선생일 것이다. 조선 중기 오성과 한음에 나오는 이항복의 10대손이다. 그의 집안은 조선 후기 내내 정승, 판서를 배출한 조선 후기 최고의 명문가다. 그러나 우당 이회영이 살았던 시기는 안타깝게도 우리가 일본에 나라를 빼앗긴 시기다.

우당 이회영

이회영은 나라를 빼앗기자 먼저 자신의 전 재산을 처분하고 형제들을 설득했다. "만주로 가 독립운동을 하자." 그래서 여섯 형제는 일본의 눈을 피해 상속받은 재산을 모두 처분했다. 이들이 갖고 있던 땅 대부분은 지금의 서울 명동에 있었다.

당시 일본은 양반들에게는 우호적이었다. 왜냐하면 일본이 조선을 식민지로 만드는 것을 합리화시키기 위해서는 양반들을 먼저 설득해야 했기 때문이다. 그래서 양반들에게는 일본의 편만 들어주면 귀족의 작위도 주고, 은사금이라는 돈도 주었다.

그러나 이회영 형제는 "대의가 있는 곳에서 죽을지언정 구차하게 생명을 도모하지는 않겠다."라면서 전 재산을 처분했다. 갑자기 처분해 제값을 받을 수 없었음에도 이들이 처분한 재산 40만 원은 현제 가치로 수조 원 이상이다.

1911년 이회영 형제는 이 돈을 들고 만주로 가서 신흥무관학교라는 독립군 학교를 창설했다. 이 학교는 1920년 일본에 의해 폐교당하는데 그때까지 길러낸 독립군이 무려 3,500여 명이다. 이렇게 길러진 독립군 3,500명은 청산리 전투에 참여해 대승을 거두었고 훗날 의열단 단원의 핵심 인물들이 되었다. 한국광복군 총사령관 지청천 장군과 해방 이후 국무총리 겸 국방부 장관을 맡았던 이범석이 바로 이 신흥무관학교 출신이다.

이회영 집안이 대한 독립을 위해 얼마나 큰 역할을 했는지 짐작 가는가? 아래 가사는 신흥무관학교 독립군들이 불렀던 독립군가다.

> 동편에 뜬구름 바라볼 때마다 더운 눈물 뿌리기 몇 번이던가
> 형제들과 처자들 어찌 되었나
> 아직까지 쓴 목숨 이어 가는지…….

음은 전해지지 않고 가사만 전해지고 있다. 이런 가사를 보면 그 당시 독립군들의 마음이 어땠을지 짐작이 간다. 이렇게 대단한 업적을 남긴 여섯 형제의 삶은 어땠을까?

우리가 알고 있는 우당 이회영은 넷째다. 첫째 이건영은 병사했는데 자손들도 독립운동에 뛰어들어 독립운동 중에 순국했고, 둘째 이석영은 일가족이 굶어 죽었다. 셋째 이철영은 신흥무관학교의 교장을 역임했지만 독립운동하다 병사했고, 넷째 이회영은 상해에서 독립운동을 위해 만주로 건너갔다가 반역자의 밀고로 잡혀 안중근이 갇혔던 뤼순 감옥에서 모진 고문 끝에 66세의 나이로 순국했다. 여섯째는 일가족 모두 행방불명됐다. 그래서 암살됐을 것이라는 의혹이 있다. 나라를 위해 전 재산을 처분해 독립군을 길러낸 대가가 이러하니 기가 막힐 노릇이다.

불행 중 다행인 것은 다섯째 이시형이 홀로 살아남아 해방을 보았다는 거다. 홀로 살아남아 해방을 보았으니 그 심정이 어땠을지

감히 짐작조차 힘들다. 이시형은 해방 이후 제1공화국 때 부통령을 지냈다. 이렇게 여섯 형제는 세계 역사에서도 유례를 찾기 힘들 만큼 대단한 노블레스 오블리주를 실천한 대한민국의 진정한 영웅들이다.

석주 이상룡

석주 이상룡은 안동 지역의 명문가 집안 출신으로, 그 역시 안동에 있는 저택과 땅을 모두 처분한 후 가족을 데리고 만주로 가서 신흥무관학교를 이끄는 데 참여했다. 안타깝게도 해방을 보지 못하고 독립군 활동을 하다 순국했다. 아래 문장은 석주 이상룡이 안동의 재산을 처분하고 만주로 갈 때 했던 말이다.

> 이미 내 논밭과 집을 빼앗아 가고 다시 내 아내와 자식을 해치려 하네. 이 머리는 차라리 자를 수 있지만 무릎 꿇어 종이 되게 할 수는 없도다.

임청각은 석주 이상룡이 안동에서 살던 집으로 아흔아홉 칸 대저택이었다. 아흔아홉 칸 저택은 왕이 아닌 사람이 지을 수 있는 최대 규모의 집이다. 궁궐을 제외한 모든 집은 백 칸을 넘어갈 수 없었기 때문이다. 그런데 일본은 임청각에 서린 이상룡의 정기를 끊어놓으려 이곳 중앙을 가로지르게 철도를 놓아버렸다. 이상룡의 집안에서 독립운동가를 아홉 명이나 배출했으니, 열을 단단히 받았던 모양이다.

대대로 명문가는 고유의 가풍이 있고 자손들이 명맥을 계속 이어 나갈 수 있도록 교육에 심혈을 기울인다. 그런데 이상용은 이 집을 처분해 만주로 갔고 그 돈을 독립운동에 모두 쏟아부었다. 이 때문에 이상룡의 손자들은 고아원에서 살아야 했고, 모두 중학교도 제대로 나오지 못했다. 이상룡 집안에는 현재까지 대학교 출신이 한 명밖에 없다. 대학을 나온 그 손자 이범증(석주의 장손 이병화의 아들)은 이상용이 가지고 있던 문집과 서적들을 고려대 박물관에 기증했다. 이것이 고려대학교 중앙도서관에 있는 '석주문고'다. 당시 고려대 김상협 총장은 유물을 기증받았으니 4천만 원을 보상하겠다고 했는데 이범증은 "이상룡 선생의 뜻을 거스르는 일이다."라며 그 제안을 거절했다고 한다.

이회영과 이상용은 나라에 위기가 닥쳤을 때 자신의 전 재산을 내놓았다. 우리가 지금 국가의 보호를 받으며 편안하게 살 수 있는 것은 국가를 지키기 위해 자신의 전 재산을 내놓은 이런 분들의 희생이 있었기 때문에 가능한 것이다.

문득 나는 이런 의문이 들었다. 국가가 국민을 지키는 것인가?

아니면 국민이 국가를 지키는 것인가? 내뱉고 보니 참으로 어리석은 질문 같다. 국가가 없는 국민은 없고, 국민이 없는 국가도 없기 때문이다. 그러니 항상 이런 생각을 하고 살아야 하지 않을까? '나는 국가를 위해 무엇을 할 수 있는가?'

적조차 존경할 수밖에 없는 삶

우리가 미처 몰랐던 안중근

안중근의 손도장에는 약지 한 마디가 없다. '독립을 위해 목숨 걸고 싸우겠다.'라는 의지를 다지기 위해 단지 동맹을 만들면서 잘랐기 때문이다. '단지'는 손가락을 자른다는 뜻이다. 그래서 단지 동맹 회원들은 모두 약지 한 마디가 없다. 이 단지 동맹은 1909년 2월에 결성되었고 같은 해 10월 안중근은 이토 히로부미를 암살했다.

독립운동가 안중근

이토 히로부미가 하얼빈을 방문한다는 소식을 들은 안중근은 이토 히로부미를 저격하기 위해서 하얼빈으로 갔다. 안중근은 하얼빈역에서 막 내리는 이토 히로부미를 향해 총을 쏜 후 "코레아 우라." 라고 소리쳤다. 이는 'Korea 만세!'라는 뜻의 러시아 말이다. 하얼빈은 당시 러시아 영역이었기에 러시아 말로 소리쳤던 것이다.

안중근은 그 자리에서 체포되었다. 그에게는 한 발의 총알이 남아 있었음에도 자결하지 않았다. 가톨릭 신자였기 때문이다. 도마 안중근이라는 이름에서 도마는 토마스를 한자로 표기한 그의 세례명이다. 그렇게 잡힌 안중근은 일본의 뤼순 감옥에 수감되었다.

안중근이 이토 히로부미를 사살한 하얼빈역은 지금도 하얼빈역으로 남아 있다. 리모델링되어 당시 모습과는 전혀 다른 모습이지만 그곳에는 아직도 '안중근격폐이등방문사건발생지(安重根擊斃伊藤博文事件發生地)'라는 표시가 있다. 이등방문은 히로부미의 한자 표기이다. 즉 '이토 히로부미를 암살한 장소'라는 뜻이다. 하얼빈역에는 이토 히로부미가 섰던 자리와 안중근이 총을 쏜 자리를 바닥에 표시되어 있다. 당시 하얼빈역은 러시아 영역이었지만 지금은 중국 영역이다. 그럼에도 이 표시가 남아 있다는 것은 이 사건이 중국인들에게도 매우 중요한 역사적 의미가 있음을 뜻한다.

뤼순 감옥에 투옥된 안중근은 재판에서 이렇게 말했다.

나는 개인 테러리스트로서 이토 히로부미를 죽인 것이 아니라, 독립군 의병장으로서 적을 죽인 것이다. 따라서 나는 군사재판을 받아야 한다.

안중근은 판사, 검사, 변호사까지 모두 일본인으로 구성된 재판을 받아야 했기에 당연히 이 제안은 받아들여지지 않았다. 그럼에도 안중근은 자신의 재판 중에 자신이 이토 히로부미를 죽인 15가지 이유를 나열했다.

첫 번째, 명성황후를 시해한 죄
두 번째, 고종황제를 폐위시킨 죄
세 번째, 15조약(을사늑약)과 7조약(정미칠조약)을 강제로 체결한 죄
네 번째, 무고한 대한 사람들을 학살한 죄
다섯 번째, 대한의 정권을 강제로 빼앗은 죄
여섯 번째, 철도, 광산, 산림, 천택을 강제로 빼앗은 죄
일곱 번째, 제일은행권 화폐를 강제로 사용하게 한 죄
여덟 번째, 군대를 해산시킨 죄
아홉 번째, 대한의 교과서를 불태운 죄
한국인들을 신문에 기여하지 못하게 한 죄
열 번째, 대한 사람들의 외국 유학을 금지시킨 죄

열한 번째, 교과서를 압수하여 불태운 죄

열두 번째, 대한이 일본의 보호를 받고자 한다고 거짓말을 퍼뜨린 죄

열세 번째, 대한과 일본 사이에 경쟁이 쉬지 않고 살육이 끊이지 않는데, 대한이 태평무사한 것처럼 위로 천황을 속이고 세계인을 속인 죄

열네 번째, 동양의 평화를 깨뜨린 죄

열다섯 번째, 일본 천황의 아버지 태황제를 죽인 죄

이런 죄를 낱낱이 들면서 자신이 이토 히로부미를 죽인 것은 당연한 일이라 주장했지만, 안중근은 결국 사형 선고를 받았다. 이날이 1910년 2월 14일이다. 우리가 열심히 챙기는 밸런타인데이는 사실 안중근 의사가 사형 선고를 받은 날인 거다. 그리고 3월 26일 안중근은 처형되었다.

사형 선고를 받은 안중근을 위해 그의 어머니는 그때부터 수의를 지었다. 완성한 수의를 안중근의 동생들 편에 전달하면서 편지도 함께 보냈다. 다음은 그 편지 내용이다.

네가 만약 늙은 어미보다 먼저 죽는 것을 불효라 생각한다면 이 어미는 웃음거리가 될 것이다. 너의 죽음은 너 한 사람 것이 아니라, 조선인 전체의 공분을 짊어지고 있다. 네가 항소한다면 그

것은 일제에 목숨을 구걸하는 짓이다. 네가 나라를 위해서 이에 이른 즉 딴맘 먹지 말고 죽어라. 옳은 일을 하고 받은 형이니 비겁하게 삶을 구하지 말고 대의에 따라 죽는 것이 어미에 대한 효도이다. 아마도 이 편지는 이 어미가 너에게 쓰는 마지막 편지가 될 것이다. 여기에 너의 수의를 지어 보내니 이 옷을 입고 가거라. 어미는 현세에서 너와 재회하기를 기대치 않으니 다음 세상에는 반드시 천부의 아들로 태어나 이 세상에 나오너라.

보통의 어머니들이 할 수 있는 말이 아니다. 우리가 알고 있는 어머니들이라면 어떻게든 살라고 했을 것이다. 항소하면 다시 재판해야 하니 목숨을 연장할 수 있고 사형에서 형이 감형될 수도 있었을 것이다. 그런데 안중근의 어머니는 항소하지 말라고 했다. 안중근이 개인의 몸으로 혼자 죽는 것이 아니라, 우리 민족 전체의 공분을 짊어지고 죽는 것이기 때문에 기꺼이 죽으라는 것이었다. 상식적으로 이해되지 않는 냉철한 어머니의 모습으로 보이지만 마지막 구절을 보면 안중근에 대한 애끓는 마음이 잘 드러나 있다.

다음 세상에는 반드시 선량한 천부의 아들로 태어나 이 세상에 나오너라.

이 편지를 받고 안중근은 항소를 포기하고 사형 집행을 기다리며 동생들 편에 이런 유언을 남겼다.

> 내가 죽은 뒤에 나의 뼈를 하얼빈 공원 곁에 묻어두었다가 우리 국권이 회복되거든 고국으로 반장해다오. 나는 천국에 가서도 마땅히 우리나라의 회복을 위해서 힘쓸 것이다. 너희들은 돌아가서 동포들에게 각각 모두 나라의 책임을 지고 국민 된 의무를 다하며 마음을 같이 하고 힘을 합하여 공로를 세우고 업을 이르도록 일러다오. 대한 독립의 소리가 천국에 들려오면 나는 마땅히 춤추며 만세를 부를 것이다.

안중근의 생애 마지막 한 달여

2월 14일 사형 선고를 받은 안중근은 사형 집행까지 한 달 남짓의 시간이 있었다. 사형 날짜를 기다리는 사람의 심정은 어떨까? 그저 아무렇지 않게 평정심을 유지할 수 있을까? 아마 시간이 지날수록 죽음에 대한 두려움과 압박감에 일상생활조차 여럽지 않을까?

그러나 안중근은 이 뤼순 감옥에서 너무나 평안하게 할 일을 다 했다. 열심히 책을 읽었고 저술 작업을 했다. 자신의 일대기와 《동양평화론》이라는 저술 작업도 이때 했다. 그 모습을 보면서 뤼순 감옥에 있던 교도관들이 큰 감명을 받았다. 특히 '치바 도시치'라는 사람이 그랬다.

당시 이토 히로부미는 일본 화폐에 새겨질 정도로 일본의 영웅이었다. 일본 역사에서 최고의 영웅 10명을 꼽으라면 반드시 들어가는 인물이 바로 이토 히로부미다. 그러니 이토 히로부미는 일본인들로부터 굉장히 존경받는 인물이었던 거다. 그런 이토 히로부미를 안중근이 죽였으니, 일본인들이 얼마나 싫어했겠는가?

치바 도시치도 마찬가지였다. 처음에는 안중근을 아주 미워하고 못살게 굴었다. 그런데 안중근이 뤼순 감옥에서 지내는 모습을 보면서 오히려 존경하게 되었고 그의 편의를 봐주면서 살뜰하게 챙겨주게 된다. 그러자 안중근 역시도 그 고마운 마음을 표현하기 위해 죽기 전 도시치에게 '위국헌신군인본분(爲國獻身軍人本分)'이라는 글을 써주었다. '나라가 위기에 처했을 때 자기 몸을 기꺼이 바치는 건 군인의 본분'이라는 뜻이다. 안중근이 군인의 몸으로 이토 히로부미를 죽인 것이나 도시치가 뤼순 감옥에서 안중근을 못살게 구는 것이나 다 군인으로서 제 할 일을 한 것이란 의미이다.

안중근이 사형당한 후 도시치는 간수직을 내려놓고 고향으로 낙향해 가까운 절에 안중근의 위패를 모셔놓고 그때부터 매일 아침, 저녁으로 안중근을 위해 기도하면서 존경하는 마음을 계속 이어나갔다고 한다. 그리고 안중근이 써준 '위국헌신군인본분'을 대를 이어 간직했는데, 우리나라에 안중근 기념관이 건립되자 그의 후

손이 기증했다. 그 유묵(遺墨)은 현재 보물로 지정되어 있다.

안중근에게 감명받은 사람은 도시치뿐만이 아니었다. 당시 재판에서 검사를 맡았던 사람 역시도 안중근을 존경하게 됐다고 한다. 안중근은 그 사람에게 '국가안위노심초사(國家安危勞心焦思, 국가의 안위를 마음으로 애쓰고 속을 태움)'라는 유묵을 써주었는데 이 유묵 역시 기증받았다.

더불어 뤼순 감옥의 형무소장은 안중근의 사형 집행 날짜가 잡히자, 일본 정부에 사형 집행을 늦춰 달라고 요청했다. 안중근이 《동양평화론》이라는 저서를 집필하고 있으니 완성할 수 있도록 도와주기 위함이었다.

안중근의 여러 유묵이 현재까지 남아 있는데 그중 우리가 가장 잘 알고 있는 글이 '일일부독서구중생형극(一日不讀書口中生荊棘, 하루라도 책을 읽지 않으면 입안에 가시가 돋는다)'일 것이다. '입안에 가시가 돋는다'는 입이 거칠어진다는 뜻이다. 한편 안중근의 유묵 중 한 작품이 〈진기명기〉라는 TV 프로그램에 나온 적이 있는데 그것의 가치는 '값을 매길 수 없다'였다.

안중근의 사망 후 당시 중국 군부의 최고 권력자였던 위안스카이는 이렇게 말했다.

> 평생을 벼르던 일이 이제 끝났구려. 죽을 땅에서 살려는 건 장부가 아니고말고. 몸은 한국에 있어도 만방에 이름을 떨쳤소. 살아

선 백 살이 없는 건데 죽어서 천 년을 가오리다.

또 중국의 국부라고 칭송받는 쑨원은 안중근에 대해 이렇게 말했다.

공은 삼한을 덮고 이름은 망국에 떨치니 백세의 삶은 아니나 죽어서 천추에 드리우리. 약한 나라 죄인이요, 강한 나라 재상이라 그래도 처지를 바꿔 놓으니 이등도 죄인이리.

이렇게 중국 최고의 지도자들도 안중근을 칭송했다. 안중근의 이토 히로부미 저격은 우리나라 역사 속에서만 빛나는 업적이 아니라, 그 당시 동양, 특히 중국에 엄청난 영향을 준 사건이었음을 알 수 있다.

안중근의 아들

이제 안중근의 가족에 대해 알아보자. 안중근에게는 어머니, 부인, 2남 1녀의 자녀가 있었다. 그중 첫째 아들은 7살 되던 해, 누군가가 주는 과자를 조금만 먹고 동생 주려고 집으로 가져오다 죽었다고 한다. 암살됐을 거라는 의혹이 많다. 안중근의 가족은 늘 신

변의 위협을 받으면서 살아야 했다. 다행히 둘째 아들과 딸은 무사히 성장했다. 그러나 안중근의 가족이었기에 늘 일본의 감시를 받아야 했고, 제대로 된 교육도 받지 못했으며 변변한 일자리도 구할 수 없었다. 먹고살기가 정말 녹록지 않았을 것이다. 그래서일까? 둘째 아들 안준생은 이런 선택을 했다.

1939년 일본은 중국과 전쟁 중이었고, 이 전쟁에 조선인들을 끌어들이기 위해 민족말살정책을 추진하고 있었다. 이때 우리나라에 들어와 있던 일본 총독은 안준생을 회유해 일본 총독의 양자로 만들었다. 이후 안준생은 이 총독의 주선으로 이토 히로부미의 아들에게 "아버지가 이토 히로부미를 죽인 지 벌써 30년이 지났다. 하지만 지금 생각해도 굉장히 부끄러운 일이다."라고 공개 사과를 했다. 그러자 이토 히로부미의 둘째 아들은 "벌써 30년이나 지난 일인데 이제 잊고 우리가 하나로 일본의 전쟁 승리를 위해서 함께하자."라고 답했다. 일본은 의형제를 맺는 분위기를 자아내며 둘이 화해하는 모습을 언론에 공개했다.

이후 두 사람은 이토 히로부미의 위패를 둔 '방문사'라는 절을 찾아갔고 거기서 안준생은 이토 히로부미의 위패 앞에서 또 아버지가 한 일을 사과했다. 이 소식은 중국의 김구에게 전해졌고 김구는 "누구든지 당장 안준생을 잡아서 교수형에 처해야 하지 않겠는가?"라고 말했다고 한다.

안준생은 해방 후 귀국해 한국전쟁 중 병으로 사망했다. 안준생이 이토 히로부미에게 사과했다는 사실은 2009년 출판된 《이토 히로부미 안중근을 쏘다》라는 책을 통해 세상에 알려졌다. '이토 히로부미 안중근을 쏘다'는 안중근의 아들과 이토 히로부미의 아들 사이에 있었던 일을 제목으로 붙인 거다. 작가는 실제 안준생이 했던 말에 보태어 다음과 같이 그의 변명을 서술했다.

> 그럼 어쩌란 말입니까? 그 자리에서 제안을 단호히 거절하고 잡혀 죽어야 했나요? 영웅 아버지처럼 위대하고 영광스럽게? 왜 나는 안준생으로 살 수 없었죠? 왜 나는 내 삶을 선택할 기회도 없이 이런 운명에 던져져야 했나요? 아버지는 자신이 선택한 거잖아요. 그래서 죽은 거잖아요. 그런데 왜 나는 내 선택이 아닌 아버지의 선택 때문에 이런 삶을 살아야 합니까? 왜 얼굴도 기억 안 나는 아버지 때문에 내 인생이 이렇게 통째로 망가져야 합니까? 우습지 않나요? 영웅의 아들은 개 같은 삶을 살고, 그 변절자의 자식들은 오히려 다시 성공하고, 아버지는 나라의 영웅이었지만 가족에겐 재앙이었죠. 나는 나라의 재앙이었지만 내 가족에겐 영웅입니다.

마음이 씁쓸해진다. 안준생의 이런 마음을 알았는지, 그가 이토 히로부미의 아들에게 사과하고 집으로 돌아왔을 때 그의 어머니, 즉 안중근의 부인은 어깨를 토닥이며 수고했다고 말했다고 한다.

그렇다면 안중근은 시신은 어떻게 되었을까? 김구는 해방 후 독립운동을 하다 타국에서 순국한 독립운동가들의 유해를 모셔 오는 일에 앞장섰다. 그렇게 모셔 온 이봉창, 윤봉길, 백정기 등의 시신은 효창공원에 안치되었다. 그러나 안중근의 시신은 없다. 1946년에 조성한 가묘만 있을 뿐. 2000년대에 북한과 합작해 뤼순 감옥이 있었던 일대를 발굴했지만 찾지 못했다. 안중근은 국가를 위해 자신의 삶을 송두리째 희생했지만, 우리는 그의 유언조차 들어주지 못하고 있으니 이 빚을 어찌 갚을 것인가.

지금까지 우리가 몰랐던 안중근에 관해 이야기했다. 우리는 역사책을 통해 수많은 영웅을 만나고 그들의 훌륭한 업적들을 알게 된다. 그러나 역사책에는 드러나지 않은 혹은 감춰진 부분이 분명 있다. 그러니 겉으로 드러난 부분만 보고 쉽게 판단해선 안 될 것 같다. 좀 더 깊이 생각하고, 그 시대의 상황을 살펴 말하고 행동해야 할 것이다. 그렇게 해서 국가를 위해 희생한 사람들이 적어도 매국한 사람들보다는 더 잘사는 나라가 되길 바란다.

한국인이라면 단 하루도 잊어선 안 될 이름

호머 헐버트의 헌신

헐버트는 우리에겐 생소한 이름이다. 그런데 그를 두고 한국인이라면 단 하루도 잊어선 안 될 이름이라고 말한 사람이 있다. 바로 안중근이다.

안중근은 1909년 10월 26일 이토 히로부미를 저격했다는 이유로 체포되어 뤼순 감옥에서 일본 형사에게 취조당했다. 일본 형사는 안중근이 헐버트란 인물과 연관성이 있을까 해서 그에게 "헐버트를 아는가?"라고 물었고 안중근은 이렇게 대답했다.

나는 한 번도 헐버트를 만난 적이 없습니다. 하지만 한국인이라면 단 하루도 그의 이름을 잊어선 안 됩니다.

도대체 헐버트는 어떤 사람이기에 안중근이 이렇게 말한 걸까? 지금부터 헐버트의 삶을 따라가면서 그 이유를 알아보자.

미국 명문가 출신의 선교사

헐버트는 미국 명문가 출신 선교사로 1863년 미국의 버몬트주에서 태어났다. 그의 아버지 캘빈 버틀러 헐버트는 버몬트주의 미들버리 칼리지 총장이었고, 그의 어머니 메리 헐버트는 다트머스 대학 설립자의 증손녀였다. 그야말로 명문가 집안이다. 그는 뉴햄프셔주의 다트머스 대학 재학 중에 신학 대학으로 편입했고 그 신학 대학 재학 중에 선교사로서 조선으로 왔다. 1886년이었고 그의 나이 23살이었다.

당시 조선의 학교 '육영공원'에서는 영어 교사가 필요했다. 육영공원은 우리나라 최초의 근대식 공립학교다. '근대식'은 지금 우리가 학교에서 배우는 것처럼 영어, 수학, 과학 등의 학문을 가르치는 것이다. 헐버트는 이 학교에 영어 선생으로 왔다.

이 학교 출신으로 우리가 굉장히 잘 알고 있는 인물도 있는데 바로 이완용이다. 이완용은 아주 촉망받는 영재라는 소리를 들었는데 그가 변절한 모습을 보고 나중에 헐버트가 크게 개탄했다고 한다. 반면 이 학교 학생 중에 오성근이라는 학생은 후에 헐버트를 도와 아주 많은 일을 하게 된다.

헐버트는 처음 우리나라에 왔을 때는 조선이라는 나라에 대해 잘 몰랐기 때문에, 여러모로 고생할 각오를 하고 왔다. 그런데 막상 와보니 조선의 사정이 생각했던 것보다 훨씬 더 열악했다. 그래서 헐버트는 '이곳에서 내가 뭘 할 수 있을까? 결국에는 아무것도 하지 못하고 다시 미국으로 돌아가야 하는 것이 아닐까?' 하고 걱정했다.

한글학자 헐버트

헐버트의 걱정은 조선에 온 지 나흘 만에 바뀌었다. 나흘 만에 한글을 깨쳤기 때문이다. '나흘 만에 한글을 깨치다니, 헐버트가 너무 똑똑한 게 아닌가!' 하는 생각이 들 수도 있지만 한글은 그만큼 쉬운 문자다. 세종 때의 정인지는 훈민정음을 두고 이렇게 말했다.

> 훈민정음은 똑똑한 자라면 아침나절이면 익힐 수 있는 글자이고 어리숙한 자라도 열흘이면 능히 익힐 수 있는 글자다.

헐버트는 '나흘 만에 깨우칠 수 있는 이런 훌륭한 문자를 만들 수 있는 민족이라면 충분히 가능성이 있다.'라고 생각을 바꿨다. 이때부터 헐버트는 조선을 위해 열정을 불태웠다.

육영공원에서 학생들을 가르쳤던 헐버트가 조선을 위해 할 수 있고 조선에 가장 필요한 일은 학생들을 잘 가르치는 것이었다. 당시 조선의 학생들은 우물 안 개구리였다. 헐버트는 학생들에게 조선 바깥의 세상이 얼마나 넓고 얼마나 많은 나라가 있는지 알려주고 싶었다. 그래서 그는 세계 역사와 세계 지리를 가르치기로 결심했다.

그런데 그 당시 조선에는 세계 지리책이 없었다. 고심 끝에 헐버트는 자신이 가지고 온 세계 지리책을 우리말로 번역한《사민필지(士民必知)》를 저술했다. 이제 막 한글 공부를 시작한 사람이 3년 만에 한글판 세계지리책을 펴낸 거다.

이 세계지리책에는 지도가 함께 나온다. 세계 각국을 날씨와 자연환경이 조선과 어떻게 다른지 비교해 소개했다. 또 수출을 얼마나 하는지 등을 우리나라 화폐인 원으로 환산해 설명했다. 완전히 조선 학생들의 눈높이에 맞춘 책이었던 거다.

당시 헐버트는 한글 실력이 그리 뛰어나지 않았지만, 한글로 서문에 이런 글을 실었다.

조선 언문이 중국 글자에 비하여 크게 요긴하건마는 사람들이 그 요긴한 줄도 모르고 오히려 업신여기니 어찌 안타깝지 아니하리오. 이러므로 한 외국인이 조선말과 언문법에 익숙지 못한 것에 대한 부끄러움을 잊어버리고 특별히 언문으로서 천하 각국 지도와 목견한 풍기를 대강 기록한다.

세계 최고의 문자 한글을 곁에 두고도 알아보지 못하는 조선인들을 안타까워하는 마음이 고스란히 느껴진다.

헐버트는 한글을 공부하면서 세 가지 점에서 놀랐다고 한다. 첫째 한글이 너무나 과학적인 문자라는 점, 둘째 너무 쉽다는 점, 셋째 이렇게 훌륭한 문자를 조선 사람들이 업신여긴다는 점이다. 헐버트가 책 이름을 '사민필지(士民必知)'라 지은 것은 바로 이 때문이었다. 말 그대로 '선비부터 일반 백성까지 모두가 알아야 하는 내용'이라는 뜻이다. 헐버트는 조선 사람 모두 세계가 얼마나 넓은지, 얼마나 많은 나라가 있는지 깨우쳐 식견을 넓히길 바랐다.

그런데 이 사민필지라는 책을 보면 글자도 조금 다르지만 뭔가 답답하게 느껴진다. 왜냐하면 띄어쓰기가 없기 때문이다. 헐버트는 한글이 굉장히 뛰어나지만 한 가지 아쉬운 점이 있다는 것을 발견했는데 바로 띄어쓰기였다. 이것은 의사 전달이 잘못되는 원인이기도 했다. 그래서 헐버트는 《조선 소식지》 1896년 1월호에 한국말의 띄어쓰기가 잘못되면 이렇게 의사 전달이 잘못될 수 있다면서 띄어쓰기의 필요성을 강조했다. 이런 헐버트의 적극적인 주장이 반영되어 이후 독립신문에는 띄어 쓴 기사가 실렸다.

헐버트는 한글을 계속 연구했고, 한글에 대한 논문을 발표하기 시작했다. 1892년 《조선 소식지》에 발표한 논문에는 이런 내용이 적혀 있다.

> 우리는 한글이 그 어떤 문자보다도 간단하고 과학적인 방법으로 발명되었음을 인정해야 한다. 왜냐하면, 완벽한 문자란 최대한 단순하면서도 광범위한 표음 능력을 지닌 글자이기 때문이다.

1896년 《조선 소식지》에도 '한글은 현존하는 문자 중에서 가장 단순하고, 가장 이해하기 쉬운, 가장 완벽한 문자'라고 극찬했다. 더 나아가 그는 1903년 스미스소니언 협회 보고서에도 이렇게 적었다.

> 누가 보아도 한국어는 영어나 그 밖의 서양 언어들보다 대중 연설에 더 적합하다. 키케로나 데모스테네스의 웅변에서와 같이, 많은 절로 구성된 한국어는 끝에 오는 동사에서 문장의 절정에 이른다. 또한 영어 문장을 대개 용두사미로 만들어버리는 현상, 즉 문장 끝에서 약해지는 현상이 한국어에는 없다. 이러한 관점에서 한국어는 대중 연설 언어로서 영어보다 우수하다.

정말 논리 정연한 설명이다. 헐버트는 어떻게 이런 설명을 할 수 있었을까? 그는 한글학자였다. 그는 늘 "한글과 견줄 문자는 세상 어디에도 없다!"라고 말하며 한글을 자랑스러워했다.

우리에게는 헐버트보다 더 이름난 한글학자 한 분이 있다. 바로 주시경이다. 주시경은 우리에게 '한글'이라는 이름을 만들어주신 분이다. 이 주시경 선생의 스승이 바로 헐버트다. 배재학당에서 주시경을 만난 헐버트는 주시경이 언어에 천재적인 능력이 있었고 누구보다 한글에 열정적인 의지가 있다고 생각해 그와 함께 한글을 연구했다. 헐버트와 함께 한글 연구에 평생을 바친 주시경은 책 보따리를 들고 전국을 돌아다니면서 백성들에게 한글을 익히게 하고, 한글의 대중화, 한글 맞춤법 연구에 매진했다. 한편 헐버트는 이렇게 개탄하기도 했다. "조선이 한글 창제 직후부터 한자를 던지고 한글을 받아들였다면 조선에 무한한 축복이었을 텐데."

독립운동가 헐버트

1895년 경복궁에서 명성황후가 자객들에게 시해당하는 '을미사변'이 일어났다. 같은 경복궁 안에 고종이 있었지만, 왕비의 죽음을 막지 못했다. 그뿐만 아니라 왕비의 죽음 이후 장례식도 제대로 치를 수가 없었다. 고종 역시 언제 암살될지 모르는 위협에 시달리고 있었기 때문이다. 경복궁은 일본군들이 완전히 에워싸고 있었다. 고종은 식사도 제대로 할 수 없고 잠도 제대로 잘 수 없었다. 식사에 독을 탔을지도 모르고, 자다가 암살당할지도 모를 상황이었기 때문이다. 그런 고종의 편에 서서 직접 식사를 만들어주고 고종의 방문 앞에서 돌아가면서 불침번을 섰던 사람들이 서양인 선교사들이었다.

헐버트 역시 자진해 고종의 방문 앞에서 불침번을 섰다. 그러면서 헐버트는 명성황후 시해 사건 후 "조선의 조약 상대국들이 이 사건에 대해서 침묵을 지키는 것은 서양 문명의 한계이자 슬픈 역사다."라고 한탄했다.

이런 헐버트를 신뢰한 고종은 헐버트에게 아주 중요한 부탁을 했다. 1905년 을사늑약이 체결되기 직전, 마지막으로 미국에 기대를 걸었던 고종은 헐버트에게 자신의 친서를 미국 대통령에게 전달해달라고 했다. 헐버트는 그 친서를 들고 미국으로 건너가 미국 대통령에게 면담 요청을 했다. 1882년에 우리는 미국과 '수호통상조약'을 체결했다. 그 조약에는 '거중조정' 조항이라는 게 있었는데, 우리나라가 다른 나라에 의해 침입을 받거나 불이익을 당하면 미국이 우리를 도와서 중재해준다는 조항이다. 고종은 그 조항에 기대를 걸고 헐버트를 미국에 파견했던 거다.

그러나 당시 미국 대통령이었던 루스벨트는 헐버트의 면담 요청에 응해주지 않았다. 루스벨트는 친일본 인사였고 조선에 대해

'대한 제국은 어차피 망할 나라다. 대한 제국의 운명을 일본에 맡겨 러시아를 견제하는 편이 오히려 낫다.'라고 생각했기 때문이다. 그러나 이것은 표면적인 이유이고, 루스벨트가 헐버트를 만나주지 않은 진짜 이유는 미국과 일본이 가쓰라 태프트 밀약을 체결해둔 상태였기 때문이다. 이 밀약은 미국이 필리핀을 식민지로 만드는 걸 일본이 눈감아주는 대신 일본이 조선을 식민지로 만드는 걸 미국이 눈감아주기로 한 약속이었다. 고종은 그런 사실도 모른 채 미국에 큰 기대를 걸고 있었던 거다.

더 기가 막히는 것은 마침 그때 루스벨트 대통령의 딸이 우리나라를 방문했고 그녀를 국빈 대접했다는 것이다. 대한 제국은 그녀를 홍릉으로 데리고 가 연회를 베풀어주었는데 홍릉은 명성황후의 무덤이 있는 곳이다. 명성황후 시해 사건을 알리려는 의도에서 데리고 간 것인데 그녀는 무례하게도 홍릉의 석양 위에 올라타는 망측한 모습을 보였다. 결국 을사늑약은 체결되었고 헐버트는 이런 미국을 이렇게 비판했다.

> 미국은 한국이 어려움에 닥쳤을 때 제일 먼저 한국을 저버렸다. 그것도 가장 모욕적인 방법으로 인사말도 없이. 조선이 일본의 식민지가 된 데에는 미국 대통령의 책임이 크다.

대한 제국은 1905년 체결된 을사늑약으로 외교권을 빼앗기고 말았다. 고종은 부당하게 외교권을 빼앗긴 것을 세계만방에 알리고자 헤이그에 특사를 파견했다. 헤이그에 파견되었던 특사는 이준, 이상설, 이위종 세 사람이었는데 이들은 각각 다른 장소에서 출발했다. 이준 열사는 서울에서 출발해 블라디보스토크로 가서 이상설 선생과 합류했다. 이어 두 사람은 시베리아 횡단 열차를 타고 상트페테르부르크에서 이위종과 합류했다. 이위종은 영어, 불어, 러시아어에 능통한 인물이었다. 그렇게 세 사람은 무사히 헤이그까지 도착했다.

이들이 일본의 눈을 피해 무사히 헤이그까지 도착한 것은 정말 기적 같은 일이었다. 그 기적은 제4의 특사가 있었기에 가능했다. 그 제4의 특사가 바로 헐버트였다. 당시 일본은 "미국인 헐버트는 시종 우리에 대한 정책을 방해하는 행동을 한 자입니다. 그가 헤이그에서 만국평화회의를 이용하여 일한 관계를 방해하고 한국을 위해서 무언가 할 것이라는 소문이 있습니다."라며 헐버트만 예의 주시하고 감시하고 있었기 때문에 세 사람이 헤이그에 무사히 도착할 수 있었던 거다.

그런데 헤이그에 도착했던 세 명의 특사는 '만국평화회의장'에 들어갈 수 없었다. 1906년 우리가 초대받은 만국평화회의가 1907년으로 연기되면서 러시아는 친일 정책으로 노선을 바꿔버렸기 때문이다. 어쩔 수 없이 세 명의 특사는 회의장 바깥에서 일제의 침탈을 고변하는 탄원서를 각국에 전달했다. 더불어 평화회의의

의장에게 면담을 요청했고, 이 평화회의에서 조선의 문제를 거론해 달라고 부탁했다. 그러나 모두 받아들여지지 않았다.

그렇게 고종의 특명을 받은 헤이그 특사들의 활동이 실패로 끝나는가 싶었을 때 제4의 특사 헐버트는 고종의 위임장을 들고, 세 명의 특사와는 다른 길로 돌아와 더 늦게 네덜란드에 도착했다. 그는 오는 길에 러시아, 독일, 스위스, 프랑스 등 조선과 수교 관계에 있던 9개 나라에 고종의 친서를 전달했던 거다.

그뿐만 아니라 헐버트는 영국의 유명한 언론인이었던 윌리엄 스테드를 만나 조선의 사정을 사전에 전달했다. 조선의 사정을 전달받은 윌리엄 스테드는 그 당시 헤이그에 있던 헤이그 특사들로부터 성명문을 받아 그 전문을 만국평화회의보에 실었다. 또한 이위종과 인터뷰를 하고 그 기사 역시 실어주었다. 이위종은 인터뷰에서 이렇게 대한 제국의 억울함을 호소했다.

> 대포가 유일한 법이고, 강대국들은 어떤 이유로도 처벌될 수 없다고요? 왜 대한 제국이 희생되어야 합니까? 우리는 극동의 스위스가 될 수 있었지만, 전쟁을 원치 않았습니다.

또 이위종은 윌리엄 스테드의 주선으로 당시 150여 개국에서 온 기자들 앞에서 연설도 할 수 있었다. 각국 기자들 앞에서 일제의 침략을 알린 이위종의 이 연설을 들은 많은 기자는 대한 제국을 지지하는 언론인들의 성명서를 만장일치로 채택했다. 그렇게 우리는 해외 언론에 우리의 사정을 호소할 수 있었지만, 결과는 달라지지 않았다. 그 당시 국제사회는 힘의 논리로 움직이고 있었기 때문이다.

헤이그 특사 사건은 큰 결실을 보지 못했고. 이 헤이그 특사 사건으로 말미암아 고종은 강제 퇴위를 당했다. 강제 퇴위를 당한 고종은 1909년 헐버트에게 마지막 부탁을 했다. 상해에 있는 독일계 은행에 예치해둔 자신의 비자금을 찾아 의병들에게 전달해 달라는 것이었다.

고종은 헐버트에게 위임장을 써줬고 헐버트는 그 위임장을 들고 상해의 독일계 은행인 '덕화은행'을 찾아갔다. 그러나 일본이 고종의 위임장을 위조해 그 예금을 모두 인출한 후였다. 고종은 만일의 상황을 대비해 예금 당시 독일 영사에게 보증을 서게 했고 자신의 친필 서명이 있는 위임장이 아니고서는 절대 예금을 인출 못 하게 확답을 받았음에도 이렇게 일본에 도둑맞은 것이다.

헐버트는 조선의 운명이 걸린 고종의 세 가지 부탁을 모두 목숨 걸고 수행했지만 좋은 성과를 거두지 못했다. 이러한 사실 때문에 헐버트는 마음에 큰 짐을 지고 있었다.

문화재 지킴이 헐버트

고려 후기에 만들어진 경천사지 10층 석탑을 알 것이다. 경천사 절터에는 절은 사라져버리고 탑만 덩그러니 남겨져 있었다. 이 탑은 우리나라에 있는 대부분의 탑이 화강암으로 만들어진 것과 달리 대리석으로 만들어졌다. 10층 석탑 구석구석에 화려한 조각들이 새겨져 있었고, 무게는 10톤이 넘었고, 높이는 13.5미터였다.

그런데 1907년 우리나라를 방문했던 일본 대신 '다나카'라는 사람이 이 탑을 훔쳐 갔다. 경천사지 10층 석탑을 140조각으로 조각내고 트럭에 싣고, 다시 기차에 싣고, 다시 배에 실어 일본으로 가져가버린 것이다. 뒤늦게 이 소식을 듣고 현장을 찾은 헐버트는 "그 이야기를 믿을 수 없었던 나는 당장 개성의 풍덕으로 내려가 석탑이 원래 서 있던 자리를 살폈다. 주위에는 탑을 끌어간 수레의 바큇자국이 남아 있었다."라고 말했다.

이 사건을 계기로 헐버트는 일본의 야만적인 문화재 약탈 행위를 고발하기 시작했다. 헐버트는 경천사 10층 석탑을 되찾기 위해 영국인 베델과 적극적으로 나섰다. 베델이 만든 신문이었던 《대한매일신보》는 '이 약탈 사건이 미국 등 해외에서도 큰 파문을 일으키고 있다. (중략) 다나카는 우리 국민을 만만하게 봤다. 조선 인민은 그 만행과 모욕에 결연히 항거할 것이다.'라는 기사를 실었다.

그러나 일본은 꿈쩍도 하지 않았다. 헐버트는 일본 고베에서 발행하는 최대 부수의 영어신문《재팬 크로니클》에「누가 석탑을 훔쳐 갔는가!」를 비롯해 여섯 차례에 걸친 석탑 도적질을 신랄하게 비난하는 글을 실었고, 고종의 밀사로 헤이그에 갔을 때도《쿠리에 드 라 콘페란스》에 석탑 약탈 사실을 기고했다. 이를 본 미국의 유력지《뉴욕 포스트》는 이를 받아 대서특필했고, 급기야 일본의 일간지《만조보》,《고베 신문》,《도쿄 저널》 등에서도 이를 보도했다. 그러자 드디어 미국의《워싱턴포스트》지에서도 이러한 내용의 기사를 실었다.

> 임진왜란 때 두 탑(쌍둥이처럼 닮은 경천사 10층 석탑, 원각사지 10층 석탑)에 눈독을 들인 자가 가토 기요마사였다. 400년 뒤 다나카는 서울의 원각사 탑은 차마 가져가지 못하고 경천사 탑만 강탈해 갔다.

결국 일본 내 여론이 나빠져 다나카는 11년 만에 경천사 10층 석탑을 다시 내어주어야 했다. 그때가 1918년 11월 15일이었다. 이렇게 경천사 10층 석탑은 두 번이나 해체되어 동해를 건너야 했다. 당연히 훼손이 심각했다. 그러나 그 당시 우리나라에는 이 탑을 보수할 만한 실력이 없었기에 포장도 뜯지 않은 채 방치할 수밖에 없었다.

1960년대에 들어와서야 경천사 10층 석탑을 보수해서 경복궁

안에 세워둘 수 있었는데 한 가지 문제가 있었다. 이 경천사 10층 석탑은 대리석으로 만들어져 산성에 굉장히 취약했는데 경복궁 안의 새들이 탑에 몹쓸 짓을 해 제대로 보존할 수가 없었던 거다. 그래서 경천사 10층 석탑은 2005년에 국립중앙박물관이 용산에 개관할 때 실내로 옮겨졌고, 그 덕분에 우리는 10층 석탑의 구석구석 화려한 조각들을 1, 2, 3층 모두에서 볼 수 있게 되었다.

경천사 10층 석탑 기단부에 있는 조각들은 우리가 잘 알고 있는 이야기 '서유기'의 등장인물들이다. 서유기는 중국 원나라 말기에 쓰인 책인데 그보다 이 조각이 먼저다. 그래서 우리는 서유기에 대한 세계에서 가장 오래된 기록을 가진 나라가 되었다. 이는 모두 문화유산 지킴이 헐버트의 덕분이다.

역사학자 헐버트

헐버트는 그의 제자 오성근과 함께 1908년에《대한 역사》라는 역사책을 편찬했다. 원래 상권과 하권으로 편찬하려 했는데 먼저 편찬된 상권이 일본의 검열에 걸려 1909년 금서로 지정되는 바람에 하권은 편찬되지 못했다.

일본 경찰이 영장도 없이 들어와 책을 몰수해 불태웠지만 헐버트는 포기하지 않고 이후 영문으로《HISTORY OF KOREA》라는 역사책을 편찬했다. 이 책에서 헐버트는 세종대왕에 대해 이렇게 기록했다.

> 문자의 단순성과 소리를 표현하는 방식의 일관성에서 한국의 소리글자와 견줄 문자는 세상 어디에도 없다. 세종은 어려움을 마다치 않고 한자를 변형하는 방식이 아닌 전혀 새로운 문자인 소리글자를 창제하여 한자로 인한 백성의 고충을 덜어준 첫 번째 인물이다.

세종대왕과 한글에 대해 누구보다 열심히 공부했던 흔적이 잘 드러나는 글이다.

그는 또 안타까운 대한 제국의 멸망 과정을 서술한《대한 제국 멸망사》라는 역사책을 편찬하기도 했다. 이 역사책 속에는 민영환의 자결 소식이 담겨 있다. 민영환은 1910년 우리 국권이 피탈되자 그 울분을 참지 못하고 스스로 배를 갈라 자결함으로써 자신의 충의를 증명해 보인 인물이다.

다음은 그가 남긴 유언이다.

> 나는 죽음으로써 임금의 은혜에 보답하고 2천만 동포에게 사죄하노라.

헐버트는 민영환의 자결 소식을 듣고《대한 제국 멸망사》에 "그의 애국 충정의 정신이 한국인의 가슴속에 영원히 살아 숨 쉴 것이다."라고 적었다.

민영환이 자결한 방에는 피가 잔뜩 묻은 옷과 흥건한 피가 남겨져 있었다. 민영환의 부인은 그가 자결했던 방을 그대로 보존하기 위해 피가 흘렀던 흔적과 그가 입었던 피 묻은 옷을 그대로 둔 채 방문을 바깥에서 걸어 잠갔다.

그런데 약 1년 후 그 방문을 열자 놀라운 일이 일어났다. 민영환의 피가 흥건하던 그 자리에 대나무가 자라고 있었던 거다. 이 대나무는 피가 흘렀던 자리에서 자라난 대나무라는 뜻에서 '혈죽(血竹)'이라 불린다.

더 놀라운 것은 이 대나무의 잎이 마흔다섯 장이라는 거다. 마흔다섯은 민영환이 자결할 때의 나이였다. 그 마흔다섯 장의 대나무 잎은 지금 고려대학교 박물관에 보존되어 있다.

헐버트는 누구보다 한국인을 잘 알았고 한국인의 정서에 공감했다. 그는 또 우리나라 사람이라면 모두가 부르는 노래 〈아리랑〉에 서양식 악보를 붙여 서양에 전파하기도 했다. 헐버트가 한국을 얼마나 사랑했는지 그의 말을 들어보자.

> 나는 1,800만 한국인들의 권리와 자유를 위해 싸워왔으며, 한국인들에 대한 사랑은 내 인생의 가장 소중한 가치이다. 결과가 어

떻게 되든 나의 그러한 행동은 값어치 있는 일이라고 생각한다.

우리는 1945년 8월 15일 드디어 광복을 맞았고, 1948년 8월 15일 새로운 정부를 출범시켰다. 대한민국 정부는 새로운 정부를 출범하기에 앞서 그 당시 우리나라 독립에 이바지한 많은 분을 초청했다. 헐버트 부부에게도 '우리는 한국을 위한 당신의 외로운 투쟁을 기억하고 있습니다. 새로운 정부가 탄생하는 8월 15일에 우리와 함께하길 바랍니다.'라고 쓴 초청장을 보냈다. 헐버트는 우리나라의 국권이 피탈된 후 추방당했지만, 미국 땅에서 조선을 위한 독립운동을 계속 지지했다. 한국 땅에 오고 싶었으나 올 수 없었던 그에게 한국 땅에 오라는 초대장이 간 것이다.

그러나 헐버트는 초대장을 받고도 한국에 갈 수 없었다. 부인이 투병 중이었기 때문이다. 부인은 한평생 헐버트가 조선의 독립을 위해 애쓸 때 조용히 그를 내조해주었던 훌륭한 인물이다. 헐버트는 아픈 부인 때문에 어쩔 수 없이 초대에 응할 수 없다는 답변을 보내왔고 그 당시 이승만 대통령은 그런 헐버트의 답변에 이렇게 답신을 보냈다.

한국 국민은 귀하를 잊지 않고 있습니다.

대한민국 정부에서는 그다음 해 1949년 8월 15일 광복절 기념식이자 정부 출범 1주년 기념식을 맞아 또다시 헐버트에게 초대장을 보냈다. 헐버트는 그의 부인이 세상을 등졌기에 이번에는 그 초대에 응했다. 여든여섯의 연로한 나이였다.

헐버트가 조선으로 간다는 소식에 헐버트가 살고 있는 스프링필드의 지역신문에서 그를 인터뷰했다. 그 인터뷰에서 헐버트는 한국에 대해 이렇게 말했다.

> 한국인은 세계에서 가장 빼어난 민족 중의 하나입니다. 한국인은 가장 완벽한 문자인 한글을 발명했고, 임진왜란 때 거북선으로 일본군을 격파해 세계 해군사를 빛냈으며, 철저한 기록 문화를 지니고 있습니다. 3.1운동이 보여준 한 민족의 충성심과 비폭력 만세 항쟁은 세계사에서 가장 아름다운 애국심에 본보기입니다.

그는 누구보다 뛰어났던 한글학자이자, 우리 역사학자였기에 한국인에 대해 이렇게 간단명료하게 말할 수 있었다.

드디어 헐버트가 한국행 배에 몸을 실었다. 그가 한국행 배에 몸을 싣기 바로 직전, 한 기자가 그에게 "한국으로 돌아가는 소감이 어떤지 말씀해주십시오."라고 요청했다. 그러자 헐버트는 "나는 일찍부터 소원했습니다. 웨스트민스터 사원에 묻히는 것보다 한국 땅에 묻히기를 말이죠."라고 답했다.

86세의 나이로 미국에서 우리나라까지 오는 데 한 달이나 걸리는 아주 위험한 여행길이었지만 그는 죽음을 각오하고 한국행을 선택했고, 1949년 7월 29일, 꿈에 그리던 우리 땅에 도착했다.

배에서 내리자마자 헐버트가 제일 먼저 한 일은 우리 땅에 주저앉아 우리 흙에 입을 맞추는 일이었다. 그런데 그는 8월 15일 기념식에 참석하지는 못했다. 우리 땅에 도착한 지 일주일 만에 숨을 거두었기 때문이다. 1949년 8월 5일이었다. 그의 장례식은 우리나라 최초의 외국인 사회장으로 치러졌다. 당시 헐버트의 죽음에 관해 '3천만의 애끊는 통곡, 헐버트 박사의 영결식이 있었다.'라는 기사가 실렸다. 또 헐버트의 장례식에서 당시 국무총리였던 이범석은 "이 나라 혁명 선배보다 못하지 않은 이국의 혁명 영웅 헐버트 박사"라고 말하며 그의 죽음을 애도했다.

헐버트는 당신이 소원하던 대로 우리 땅 양화진 외국인 묘역에 묻혀있다. 헐버트는 누구보다 한국을 사랑했고 한국인들을 위해 열정을 다했다. 숨을 거두기 전 그는 이렇게 말했다.

> 조선은 반드시 피어날 것이다.

지금까지 '한국인이라면 단 하루도 잊어선 안 될 이름 호머 헐버트'를 주제로 이야기했다. 헐버트란 이름은 헌신 그 자체라는 생각이 든다. 헌신이란 몸과 마음을 다해 있는 힘을 다하는 것이다. 헐버트는 조선을 위해 바로 그런 삶을 살았다.

그런 헐버트를 떠올리면서 우리는 늘 이렇게 자문해야 하지 않을까? '나는 나와 내 가족, 그리고 우리가 아닌 또 다른 이를 위해 어떤 헌신을 할 수 있는가?'

대한의 독립과 결혼한 여인

여성 독립운동가 김마리아

여성 독립운동가 김마리아의 이름을 처음 들어보는 이가 많을 것이다. 그녀를 칭송한 낯익은 사람들의 말을 들어보면 그녀의 위대한 삶을 알 수 있다.

김구는 "김마리아는 끝끝내 굽히지 않고 애국 운동을 한 신여성 애국자다."라고 말했다. 도산 안창호는 "김마리아 같은 여성 동지가 10명만 있었던들 한국은 독립되었을 것이다."라고 말했다. 삼일 만세운동을 세계에 알리고 일본의 보복 사건이었던 제암리 학살 사건을 세계에 알린 석호필(본명 스코필드)은 "그분 제가 잘 압니다. 한국 여성 애국자로 제일 가는 사람입니다. 제가 그녀를 '내 누이동생이니 가석방해 주어야 하겠소.'라고 일본 총독에게 직접 말한 기억이 나고말고요!"라고 말했다. 김마리아가 어떤 삶을 살았기에 이토록 극찬하는 것일까? 지금부터 차근차근 알아보자.

여성 독립운동가 김마리아

김마리아는 1892년 황해도의 소래마을 김 참판 댁 셋째 딸로 태어났다. 소래마을은 한국인이 처음으로 세운 교회가 있는 곳으로 김마리아 지사의 부모님은 그 교회를 다녔다. 김 참판 가문은 주위 사람들로부터 존경받는 만석꾼 집안이었다. 김마리아는 이 집안의 3녀 중 셋째로 태어났다. 만석꾼 집안이니 돈이 많았고, 딸밖에 없으니, 첩을 들여서라도 아들을 낳으려 했을 법도 한데 김마리아의 부모는 그렇게 하는 대신 딸 셋을 열심히 교육했다.

김마리아 집안은 많은 독립운동가를 배출한 것으로 아주 유명하다. 김마리아의 셋째 삼촌 김필순은 안창호와 결의형제를 맺은 신민 회원으로 세브란스의학교 1회 졸업생이며 의사로 일하다 만주 통화와 치치하얼에서 한인촌을 운영하며 독립운동을 전개했다. 셋째 고모 김순애는 독립운동가 김규식의 부인으로 상해임시정부에서 부부 독립운동가로 활동했다. 둘째 고모부 서병호는 신한청년당과 상해임시정부에서 활동한 독립운동가였고, 넷째 고모 김필례는 한국 YWCA의 창설자이자 민족교육자였다. 김마리아는 유복한 가정환경에서 태어나 개화 지식인이자 애국지사였던 가족과 친척 사이에서 자라면서 자연스럽게 조국과 민족을 사랑하는 애국자가 되어 갔다.

그런데 안타깝게 김마리아의 부모는 일찍 죽고 말았다. 그녀는 셋째 삼촌 김필순이 있는 서울에서 정신여학교에 다녔는데, 그곳은 미국의 여의사이자 선교사인 엘레스가 정동 제중원 사택에 설립한 유명한 민족 학교였다. 1910년 김마리아는 이 정신여학교를 아주 우수한 성적으로 졸업을 했다. 그런데 그 해는 우리나라의 국권이 피탈된 경술국치가 일어난 해였다. 이러한 상황을 보며 애국심이 불타오른 김마리아는 첫째 언니가 있던 광주의 수피아여학교 교사로 부임하여 교육 계몽 운동에 동참했다. 그리고 1913년 은사들의 추천으로 다시 모교인 정신여학교 교사로 돌아와 수학을 가르쳤는데 이듬해 김마리아의 재능과 조국에 대한 열정에 감동한 루이스 교장은 김마리아가 일본의 동경여자학원으로 유학갈 수 있도록 지원해주었다.

동경 유학 시절 김마리아는 굉장히 눈에 띄는 학생이었다. 다른 유학생들과 달리 기모노를 입지 않고 홀로 한복을 고수했기 때문이다. 그리고 재경 조선 여자 유학생 친목회인 '동경여자유학생친목회'에 가입했는데 그녀의 막내 고모였던 김필례가 이 단체의 회장이었다. 이후 1917년 김마리아는 고모에 이어 동경여자유학생친목회의 회장으로 추대되며 일본 전체 여자유학생회의 대표가 되었다.

김마리아는 여성 단체 최초의 잡지인《여자계(女子界)》를 발행하며 여성 의식 자각과 민족의식 고취에 앞장섰다. 동경여자유학생친목회의 총무는 신여성 나혜석이 담당했는데 그녀는 대단히 유명한 화가이자 작가였다. 나혜석은 "조선 여자도 사람이 될 욕심을 가져야겠소."라는 글을 남겼는데, 동경여자유학생친목회에서 얼마나 여성운동에 앞장섰는지 짐작이 간다.

한복만 고집하던 김마리아가 일본의 눈을 피해 기모노를 입은 적이 있다. 2.8 독립선언문을 국내에 전달하기 위함이었다. 2.8 독립선언은 1918년 미 대통령 윌슨의 민족자결주의 원칙 발표 후 개최된 파리강화회의에서 재일 동경 유학생들이 조선 독립의 기회로 삼고자 준비한 거사였다. 이 거사에 참여한 김마리아는 독립 자금을 제공했다는 이유로 체포되었지만, 여자들은 조력자에 불과하다고 생각한 일본은 그녀를 쉽게 풀어주었다. 그래서 그녀는 기모노를 입고 대한해협을 건널 수 있었다.

김마리아는 2.8 독립선언문 10여 장을 미농지에 복사해 기모노의 오비 속에 감추고 조선으로 향했다. 오비는 기모노의 허리띠 이름으로 그 길이가 3~4m에 이른다. 이 오비를 풀면 기모노가 그냥 해체

되어버리니 일본군이 여자들의 오비를 풀고 검색하기가 쉽지 않았음을 활용한 거다. 2.8 독립선언문에는 이런 내용이 담겨 있었다.

> 전 조선청년독립단은 우리 이천만 민족을 대표하여 정의와 자유의 승리를 얻은 세계 만국 앞에 독립을 이루기를 선언하노라.

김마리아는 이 독립선언문을 가지고 시모노세키항을 출발해 배를 타고 부산에 도착했다. 그리고 안희제가 경영하던 백산상회(白山商會)에서 2.8 독립선언문을 인쇄해 대구로 가 기독교계 동지들을 찾아 전달한 후 만세운동을 독려했다. 이후 광주로 간 그녀는 수피아여학교의 교사로 있던 큰 언니와 고모의 주선으로 만난 교직자와 간호사들에게 역시 만세운동의 필요성을 역설하며 동참을 권유했다. 그리고 서울로 올라간 김마리아는 이화학당 교사인 박인덕, 신준려 등을 만나 2.8 독립선언문을 전달했고 3.1운동이 일어난 날에는 황해도 봉산과 신천 등지를 돌며 만세운동을 촉구하였다.

김마리아의 임무는 크게 두 가지였다. 독립선언문을 국내에 전달하는 것과 만세운동에 여자들이 적극적으로 참여하게 하는 것. 이 두 가지 임무 수행을 위해 그녀는 전국을 돌아다니며 3.1 만세운동의 불씨를 지핀 것이다. 김마리아 덕분에 3월부터 5월까지 전국에서 약 1,500회의 만세운동이 일어났고 200만 명이 만세운동에 참가했다. 이는 대단한 파장을 불러일으켰고 엄청난 성과로 이어졌다. 하지만 그 결과 김마리아는 주동자로 몰려 체포되고 말았다. 체포된 김마리아는 혹독한 고문을 받았고 그 상황을 이렇게 말했다.

> 일본인들이 나를 얼마나 고문했는지, 물과 고춧가루를 코에 넣고 가마에 말아서 때리고, 머리를 못 쓰게 해야 이런 운동을 안 한다고 시멘트 바닥에 구둣발로 머리를 차고 (중략) 그러나 내 정신은 똑똑해서 '너희가 하고 싶은 대로 다 해라. 그러나 내 속에 품은 내 민족 내 나라를 사랑하는 이 생명만은 너희가 못 빼내리라.' 하고 생각했어.

김마리아는 최고의 엘리트였다. 그래서 일본 경찰들은 똑똑한 여자는 필요 없다고 그녀의 머리를 구둣발로 차고 대나무로 끈질기게 때린 것이다. 그 여파로 김마리아는 한쪽 고막을 잃었고 귓속과 콧속 그리고 미간에 고름이 차는 지병이 생겨 죽을 때까지 고생했다. 그나마 다행인 것은 5개월 만에 증거 불충분으로 풀려났다는 것이다.

대한민국 애국부인회의 수령

김마리아는 모진 고문을 겪었음에도 굴하지 않았고, 오히려 독립운동의 주체로 앞장섰다. 3.1만세운동으로 끌려간 독립운동가들과 그 남은 가족들을 돌봐주는 역할을 하며 많은 사람을 독립운동으로 이끌기 위해 '대한민국 애국부인회'에 동참했다. 그리고 회장으로 선임되었다. 다음은 이때 김마리아와 임원들이 채택한 대한민국 애국부인회의 설립 취지문이다.

> 우리 부인도 국민 중의 한 분자이다. 국권과 인권을 회복할 최대의 목적을 향해 우리 부인들에게는 오직 전진만이 있을 뿐이다.

그리고 대한민국 애국부인회가 국권 회복을 목적으로 하는 독립운동 단체임을 명백히 밝히기 위해 '본회의 목적은 대한민국의 국권을 확장하는 데 있다.'라고 목적을 발표했다. 열정과 신념이 느껴지지 않는가.

대한민국 애국부인회는 전국에 15개 지부를 두었고 회원 수만 2천여 명이 넘었다. 그리고 이들은 불과 한 달 만에 6천여 원을 모금해 상해 임시정부에 전달하며 전국적인 비밀결사 조직으로 성장해 갔다. 그러나 대한민국 애국부인회는 그리 오래가지 못했다. 조직 내부의 배신자 때문이었다.

회장 김마리아, 총무 황에스더, 부회장 이혜경은 대구경찰서 유치장에 갇히게 되었는데 여기서 대한민국 애국부인회의 중앙과 지방 간부 52명이 처음으로 만났다. 대한민국 애국부인회는 단단한 비밀결사 조직이었던 거다. 하지만 그들은 이렇게 순식간에 체포되었고 김마리아는 "책임은 저와 간부들이 질 겁니다. 더 이상 희생자가 나와선 안 됩니다. 애국부인회 활동은 독립운동이 아니라 여성 교육 운동이라고 말하세요."라고 말했다. 그렇게 소수의 사람이 책임을 떠안고 일본의 신문과 고문을 감당했다.

일본의 재판관은 김마리아에게 "너는 언제부터 조선의 독립을 생각해 왔는가?"라고 물었다. 그녀는 "한시도 독립을 생각하지 않는 일이 없다."라고 대답했다. 그러자 재판관이 "여자가 어째서 남자들과 함께 독립운동을 했나?"라고 물었다. 그러자 김마리아는 이렇게 말했다.

> 세상이란 남녀가 협력해야만 성공하는 것이다. 좋은 가정은 부부가 협력해서 만들어지고, 좋은 나라는 남녀가 협력해야 이루어지는 것이다.

김마리아는 많은 고문에도 당당하게 자신의 소신을 굽히지 않았다. 다음은 그런 그녀의 모습을 보고 그 당시 검사가 말한 공판 기록이다.

김마리아가 더욱 가증한 것은 검사에게 신문을 당할 때 거만하게 "나는 일본의 연호를 모르는 사람이다." 하면서 서력의 1900 몇 년, 1920년 1921년 이렇게 하는 것을 보면 그의 눈에 일본 제국은 없고 일본의 신민이 아닌 비국민적 태도를 가진 것이다.

그 당시에는 서기 1920년 1921년 이렇게 말하지 않고 소와 몇 년 하는 식으로 일본의 연호를 말해야 했는데 김마리아는 그렇게 하지 않고 "나는 일본의 연호는 모른다."라며 일본을 인정하지 않은 것이다. 김마리아의 이러한 태도 때문에 일본의 고문은 더욱 심해졌고 그녀는 목숨마저 위태로워졌다.

당시 독립신문에는 '애국부인회의 수령 김마리아 여사, 적의 악형으로 두부의 고름이 뇌에 이르러 살길이 없다.'라는 기사가 실리기도 했다. 하지만 다행히 스코필드를 비롯해 많은 선교사가 일본에 그녀의 석방을 압박했고 이에 부담을 느낀 일본은 결국 그녀를 풀어주었다. 그리고 '애국부인회의 수령 김마리아의 병세가 위중하여 세브란스 병원에서 치료하고자 경성에 오다.'라는 기사가 실렸다.

김마리아는 수시로 귀와 코에 고름이 차 수술을 받아야 했다. 세브란스 병원에서 두 차례나 수술 받으며 고름을 다 긁어냈지만 얼마 후 다시 고름이 찼다. 그녀는 몇 번이나 죽을 고비를 넘기며 계속 고열에 시달렸고, 신경쇠약도 심해졌다. 이후 1921년 7월 10일 김마리아는 많은 동지의 도움을 받아 중국으로 망명했다. 그렇게 기모노를 입고 귀국했던 김마리아는 치파오를 입고 망명했다. 배편으로 약 1개월간의 여행 끝에 상해에 도착한 김마리아는 상해에서 첫째 고모 김구례와 셋째 고모 김순애의 극진한 간호로 겨우 건강을 회복했다.

어느 정도 건강을 회복한 김마리아는 대한민국 임시정부의 임시의정원 최초의 여성의원으로 당선되었다. 김구 선생과 함께 황해도 지역의 대표로 당선이 된 거다. 쉽게 말해 최초의 여성 국회의원이 된 것이다.

그런데 이 시기 임시정부의 사정은 좋지 않았다. 임시정부의 방향을 놓고 많은 사람이 서로 다른 생각을 하고 있었다. 그래서 1923년 국민대표회의가 열렸다. 국내는 물론이고 해외의 많은 독립운동 단체에서 120여 명의 대표들이 모여 임시정부의 방향에 대해 논의했다. 이 논의는 무려 5개월간 이어졌지만 쉽게 결론 나지 않았다.

신채호를 중심으로 한 일부 세력들은 창조론을 주장하며 임시정부를 새로 만들자고 했고, 안창호를 비롯한 몇몇 이들은 개조론을 주장하며 임시정부의 방향을 바꾸자고 했다. 김마리아는 안창호와 뜻을 같이하며 이렇게 말했다.

국내의 국민이 상해에서 정부가 수립되었다는 말을 듣고 모두 기뻐하며 금전도 아끼지 않고 적의 악형에도 무서워하지 않았습니다. 간혹 외지에서 정부를 반대하던 자들도 국내에 들어와 모금할 때는 모두 임시정부의 이름을 팔아야 할 정돕니다. 또한 적이 상해 정부가 몰락했다고 선전해도 국민은 믿지 않습니다. 이처럼 대한민국 임시정부는 다수의 국민이 믿고 따르는 정부이므로 잘못된 것은 고쳐서라도 우리는 이 정부를 중심으로 우리가 뭉쳐야 합니다.

그러나 임시정부는 의견 일치를 보지 못했고 결국 국민대표회의는 해산되고 말았다. 김마리아는 더 이상 상해에 남을 이유를 찾지 못했다,

이런 와중에 안창호는 김마리아에게 결혼하는 것이 어떠냐고 권했다. 김마리아의 건강에 좋지 않으니, 누군가 곁에서 보살펴주길 바랐던 거다. 김마리아는 고문으로 피폐해진 몸으로 결혼하는 것이 내키지 않았지만, 호감이 가는 남자가 있었다. 그 당시 국민대표회의에서 사회주의 계열의 활동가였던 김철수였다. 김철수 역시 김마리아에게 호감이 있었지만, 그는 국내에 부인이 있었기에 결혼 제안을 받아들이지 않았다. 이유는 이러했다. "김마리아, 그 사람은 애국 부인의 회장이다. 그런데 나한테 시집오면 첩이 된다!" 김철수는 조선이 낳은 혁명 여걸을 한낱 첩으로 만들 수 없었던

거다.

1923년 6월, 이제 진짜 상해에 남아 있을 이유가 없어진 김마리아는 못다 한 공부를 하기 위해 미국으로 떠났다. 3.1만세운동의 불씨를 전달하며 모두가 인정하는 조선의 혁명 여걸이 된 김마리아가 더 큰 세상으로 진출한 것이다. 그리고 그녀는 이렇게 사람들을 독려했다.

> 조국 독립을 위해서 실력을 쌓아야 한다고 생각하고, 독립이 성취될 때까지 우리 자신의 다리로 서야 하고, 우리 자신의 투지로 싸워야 한다.

김마리아는 미국의 파크대학 문학부를 졸업하고 시카고대학 사학과에서 석사 학위를 받았다. 그리고 미국에서 많은 여성을 독립운동으로 이끌고 여성운동에도 앞장서기 위해 여성 독립운동 단체인 근화회(槿花會)를 만들었다.

> 나는 평범한 삶을 포기한 지 오랩니다. 비록 족두리는 쓰지 않았지만, 결혼한 것과 다름없죠. 무슨 말이냐고요? 일본인 재판관이 현모양처가 되라고 했을 때 나는 대한의 독립과 결혼하기로 했으니까요.

그녀가 남긴 말이다. 김마리아는 대한의 독립과 결혼해 한평생 대한의 독립을 위해 불꽃같은 삶을 살았다. 그 삶은 더 큰 세상 미국에서까지 이어지고 있었던 거다. 그러던 중 대한민국 애국부인회 사건의 공소시효가 만료되었다. 드디어 귀국할 수 있게 된 것이다.

귀국한 김마리아는 국내에서 독립운동을 이어 나가려 했지만, 대한민국 애국부인회에서 활동했던 그녀의 이력 때문에 일본의 감시가 계속되어 그럴 수 없었다.

김마리아는 마르타 윌슨 여자 신학원에서 학생들을 가르치는 것으로 일본의 눈을 피해 독립운동을 계속했다. 종교 모임과 강론을 통해 민족의식을 고취하고, 신사 참배를 거부하는 등 계몽 운동과 항일운동에 앞장섰고, 2만 7천여 명의 여성을 이끄는 여성 전도회의 리더로 활동했다.

김마리아는 고문 후유증이 재발해 평양기독병원에 입원해야 했고 1944는 3월 13일 한 많은 생을 마감하고 눈을 감았다. 1년만 더 기다렸더라면 광복을 볼 수 있었을 텐데, 그녀는 결국 보지 못했다. 그리고 그녀의 마지막 유언은 화장해서 대동강 물에 뿌려달라는 것이었다.

김마리아의 불꽃같은 삶은 그녀의 모교이자 교사로도 근무했던 정신여학교의 '김마리아 기념관'에 가면 만날 수 있다. 김마리아 기념관에는 그녀의 소중한 유품이 전시되어 있는데 그녀가 입던

저고리다. 이 저고리의 앞섶은 좌우의 길이가 다르다. 일본의 고문 때문이다. 김마리아는 일본의 인두 고문으로 오른쪽 가슴이 찢어져 절개했다. 입었을 때 저고리 앞섶의 길이가 똑같게 보이게 하려면 앞섶의 좌우 길이를 다르게 해야 했다. 이 저고리는 김마리아가 어떤 삶을 살았는지를 잘 보여준다.

김마리아는 평소 자기 소원을 이렇게 말했다. "생이 다하는 날까지 나에게 맡겨진 의무를 다하는 것이 내 소원입니다." 김마리아는 당신이 소원하는 삶을 살았다. 1962년 그녀에게 건국훈장 독립장이 추서되었다.

김마리아는 왜 이런 삶을 살았을까? 그녀는 시대의 요구를 외면하지 않았던 거다. 그렇다면 이 시대가 우리에게 요구하는 것이 무엇일까? 지금, 이 순간만이라도 한번 생각해보길 바란다.

V

나이 듦에 대해 생각할 때 읽는

인생 2막을 위한 인문학

나아갈 때와 물러날 때를 아는 것

현인 범려의 선택

춘추시대는 중국 역사상 가장 혼란했던 시기다. 각각의 나라들은 부국강병을 위해 인재 끌어모으기에 여념이 없었다. 이 시기에 등장했던 특출난 인재 중 한 명이 범려다. 그는 중국인들이 가장 성공한 사람으로 손꼽는 인물이다. 범려는 초나라 사람이지만 월나라에서 활약했다. 그가 보여준 인생 3막 때문이다.

제1막_패왕을 만든 책사

범려의 인생 1막을 시작하기 전에 이 시기 경쟁 관계였던 오나라와 월나라의 인물들부터 살펴보자. 월나라에 책사 범려가 있다면 오나라에는 책사 오자서가 있었다. 오자서는 오나라 왕 합려를 섬겼고, 합려가 죽은 후에는 그의 아들 부차를 섬겼다. 오나라에는 오자서 같은 뛰어난 책사도 있었지만, 재상 백비 같은 간신도 있었다. 반면 월나라의 재상 문종은 일찍부터 범려의 비범함을 알아본 그의 오랜 벗이자 충신이다. 범려와 문종은 함께 월나라 왕 구천을 섬기고 있었다. 서시는 중국의 4대 미인 중의 한 명으로 손꼽히는데 오나라를 무너뜨리기 위해 월나라에서 오나라 왕 부차에게 보낸 미녀 스파이였다. 본론으로 들어가기 전에 이 인물들을 잘 기억해두기를 바란다.

이제 범려의 인생 1막을 시작해보겠다. 오나라의 왕 합려는 당시 최고의 패왕이었다. 합려는 초나라를 공격해 거의 무너뜨리기 직전까지 갔지만 초나라가 진나라에 도움을 요청하게 되면서 되레 궁지에 몰렸다. 이 틈을 타 월나라는 오나라의 후방을 공격했고 이 때문에, 합려는 초나라에서 철수할 수밖에 없었다. 화가 잔뜩 난 합려는 월나라를 공격했다. 마침 월나라의 왕이었던 윤상이 죽었다는 소식이 들렸기 때문이다. 그러나 결과는 비참했다. 합려는 전쟁에서 패했을 뿐만 아니라, 자신도 상처를 입고 죽어버렸다.

월나라는 당시 패권 국가였던 오나라를 상대로 어떻게 이길 수 있었을까? 범려의 전략 덕분이었다. 범려는 월나라의 사형수를 모두 불러 모아 "그대들은 어차피 죽을 몸, 나라를 위해서 죽어준다면 신원을 회복시켜주고, 남아 있는 가족들도 잘 살아갈 수 있게 도와주겠다."라고 말했다. 그리고 범려는 사형수들에게 전장에 나가 스스로 목을 그어 자결하라고 시켰다. 사형수들은 범려의 말대로 오나라 병사들이 보는 앞에서 자결했고, 이들이 사형수인 줄 몰랐던 오나라 병사들은 그들이 장렬하게 자결하는 모습을 보고 사기를 잃고 도망쳐 버렸다. 이것은 '공격의 상식 깨기'라는 범려의 전략이었다.

이렇게 오나라는 월나라에 무릎을 꿇었고 합려도 죽었다. 합려는 죽기 전 아들 부차에게 "월 왕 구천이 아비를 죽였다는 사실을 잊지 말거라!"라고 말했다. 새로 왕이 된 오나라 왕 부차는 부왕의 유명을 잊지 않으려고 매일 거친 나무와 지푸라기가 쌓여 있는 섶 위에서 잠을 잤다. 여기에서 '와신(臥薪)'이라는 말이 나왔다.

부차가 칼을 갈고 있다는 걸 월나라 왕 구천도 알고 있었다. 그러나 승리에 취한 월나라 왕 구천은 자신만만했기에 먼저 오나라를 공격하려 했다. 범려가 나서서 구천을 말렸지만 그는 그 말을 듣지 않고 오나라를 공격했다. 결국 구천은 궁지에 몰려 회계산에서 오나라군사에게 포위당했다.

구천은 신하들에게 끝까지 싸우다가 죽겠다고 했다. 그러자 범려와 문종이 구천을 "이렇게 죽을 것이 아니라 월나라를 지키고 굴욕을 당하더라도 끝까지 살아남아서 복수할 날을 기다려야 되지 않겠습니까?"라고 설득했다. 설득에 넘어간 구천은 오나라에 항복을 구걸했다. 그런데 오나라의 책사였던 오자서는 후한을 남기지 않으려면 지금 월나라 왕 구천을 죽여야 한다고 했다. 그러자 월나라의 범려와 문종은 오나라의 재상 백비에게 많은 뇌물을 보냈다. 뇌물을 받은 간신 백비는 월나라의 항복을 받아주고 구천을 데려다 노예처럼 부리면 되지 않겠냐고 부차를 설득했다. 결국 백비의 설득에 넘어간 부차는 구천의 항복을 받아주고 오나라로 끌고 왔다.

구천과 함께 오나라로 끌려온 범려는 노예의 삶을 살아야 했다. 오나라 사람들로부터 손가락질과 능욕을 당하며 죽은 오나라 왕 합려의 무덤 옆 석실에 갇힌 채 무덤을 관리했고, 부차가 타는 수레의 말을 끄는 역할도 했다.

그렇게 굴욕의 세월을 견디던 중 부차는 범려에게 "현명한 여인은 몰락한 집에 시집가지 않고, 뛰어난 선비는 멸망한 나라에서 벼슬하지 않는다. 구천은 이미 노예가 되었는데 그대는 치욕스럽지도 않은가? 오나라를 섬긴다면 그대에게 내가 중임을 맡기겠노라."라고 제안했다. 범려는 이렇게 대답했다.

망국의 임금은 정사를 말하지 않고, 패전의 장수는 용맹을 말하지 않습니다. 신이 구천을 잘못 보좌해서 대왕께 죄를 지었습니다. 어찌 감히 부귀를 넘보겠습니까?

범려는 그렇게 정중하게 부차의 제안을 거절하고, 끝까지 구천 옆에서 인고의 세월을 함께 견뎠다. 그러던 중에 부차가 병에 걸렸다는 소식이 들렸다. 위중한 병은 아니었지만 쉽게 낫지 않는 병이었다. 범려는 그 병에 대해 잘 알고 있었다. 그 병은 시간만 지나면 낫는 병이었다.

그래서 범려는 구천에게 이런 제안을 했다. 부차가 변을 누면 찍어서 맛을 보고 "제가 의원을 통해서 변으로 병을 진단하는 지식을 좀 들은 게 있습니다. 제가 이 변의 맛을 보니 부차 대왕의 병이 곧 나을 걸로 보입니다."라고 말하라고 말이다. 구천은 범려가 시키는 대로 했고 부차는 구천의 이런 행동에 깜짝 놀랐다. 그리고 며칠 후 구천의 말대로 부차의 병은 씻은 듯이 나았다. 크게 감동한 부차는 두 사람을 용서하고 다시 월나라로 보내주었고 이들은 3년 만에 월나라로 돌아갈 수 있었다.

구천이 회계산에서 자결하지 않고 굴욕의 세월을 견딘 후 다시 월나라로 돌아갈 수 있었던 것은 '치욕을 견디는 것도 용기'라며 설득한 범려의 지혜 덕분이었다.

월나라로 다시 돌아온 구천은 매일 자신에게 '부차에게 당한 굴욕을 잊었는가?'라고 자문했다. 짐승의 쓸개를 매달아놓고 매일 그

쓴맛을 보아 자신이 견딘 그 인고의 세월을 잊지 않으며 이를 갈았다. 여기서 나온 말이 '상담'이다. 부차의 '와신'과 구천의 '상담'을 합쳐 '와신상담'이라 한다. 복수를 위해 고난을 견디며 때를 기다린다는 뜻이다.

구천은 범려의 함께 월나라에서 가장 아름다운 여인을 모았다. 2,500년 전 중국에서 미스 차이나 대회를 연 셈이다. 최고의 미녀로 뽑힌 이는 서시였다. 서시는 많은 훈련을 거친 후 부차에게 보내졌다. 부차는 서시를 보고 한눈에 반했다. 부차의 이런 모습을 보고 오자서는 이렇게 말했다.

> 하나라는 말희라는 여인 때문에 망했고, 은나라는 달기라는 여인 때문에 망했으며, 주나라는 포사라는 여인 때문에 망했습니다. 미인은 망국의 열쇠입니다.

그러나 부차는 오자서의 말을 듣지 않았다. 아니, 오히려 멀리하기 시작했다. 월나라는 또 오나라 재상 백비에게 많은 뇌물도 쏟아부었다. 그러자 백비는 구차의 옆에서 온갖 아첨을 떨면서 오자서와 부차 사이를 이간질했다. 결국 부차는 오자서에게 자결을 명하기에 이르렀다. 자결하기 전 오자서는 마지막으로 이런 말을 남겼다. "나의 눈알을 파내어서 동문에 걸어 월나라가 오나라를 멸망시키는 모습을 지켜보게 하라!"

오자서를 제거하는 데 성공한 월나라는 오나라에서 큰 궁궐을 다시 짓는다고 하자 월나라의 좋은 목재들을 보내주었다. 또 월나라가 흉년이라며 오나라에 가서 곡식을 빌려 달라고도 했다. 부차는 기꺼이 월나라에 곡식을 빌려줬고 월나라는 그 곡식을 백성들에게 나누어주며 민심을 얻었다. 그리고 그다음 해에는 풍년이 들었다며 오나라에서 빌려온 곡식을 갚았는데 월나라의 좋은 곡식의 종자들도 함께 선물로 주었다. 부차는 그 곡식 종자를 오나라에 심었지만, 농사가 잘 안되었다. 범려가 곡식 종자를 살짝 쪄서 보냈기 때문이다. 그러나 이런 사실을 몰랐던 부차는 월나라와 오나라의 토양 차이라 생각했다. 범려는 이런 식으로 상대국이었던 오나라의 곡간을 점점 비게 만들어 부차가 민심을 잃게 했다.

또 한편으로 범려는 재상 문종과 함께 월나라의 부국강병을 위해서 힘썼다. 많은 인재를 등용하는 데 남녀를 가리지 않았다. '월녀'라는 아주 이름난 여성 무사도 등용했는데 월나라의 많은 장군과 병사가 월녀에게 훈련받았다.

구천은 몸소 농사를 지었고, 왕후는 몸소 길쌈을 하면서 월나라에 농업을 장려하기도 했다. 그렇게 월나라는 부국강병을 위해 노력하는 한편 인구를 늘리기 위해 출산도 장려했다. 백성이 출산하면 나라에서 의원을 보내주며 아들을 낳으면 술 두 병과 개 한 마리를, 딸을 낳으면 술 2병과 돼지 한 마리를 상으로 내렸다. 딸을 많이 낳아야 인구가 더 많이 늘어난다 생각해 딸을 낳으면 더 큰 선물을 준 것이다. 쌍둥이를 낳으면 더 큰 상을 주었고 다자녀를 낳은 가구에는 그 자식을 함께 키워주는 복지정책도 시행했다. 벌써 2,500년 전에 말이다.

한편 밖으로는 제나라와 초나라와 동맹관계를 맺고, 진나라를 상국으로 섬기면서 오나라를 에워싸는 외교 정책을 펼쳤다. 이렇게 나라 안팎으로 전쟁 준비가 차곡차곡 이루어졌다.

몇 년이 지난 후 드디어 기회가 찾아왔다. 오나라가 제나라를 상대로 전쟁을 벌인 것이다. 범려가 구천에게 "드디어 때가 되었습니다."라고 말했다. 군사를 일으킨 구천은 월나라 군사들에게 이렇게 말했다.

> 이 중에 부자가 다 군인으로 나가는 사람이 있거든 그 아버지 되는 사람은 고향으로 돌아가거라. 형제가 모두 다 군인으로 나가는 사람이 있거든 그 형 되는 사람은 고향으로 돌아가거라. 부모가 살아 있는데 그 부모를 모실 형제가 없는 자도 고향으로 돌아가거라.

구천이 이렇게 백성을 아끼는 마음을 보여주자, 병사들의 사기는 충천했고, 그 함성이 땅을 울렸다. 다시 붙은 오월 전쟁은 월나라의 승리로 돌아갔고 오나라 왕 부차는 남양산에서 포위되었다. 부차는 과거 회계산에서 구천을 용서해주고 항복을 받아주었기에 자신도 항복을 구걸하며 은혜를 베풀어 달라고 했다. 구천은 자신이 당한 자신이 당한 굴욕을 그대로 되갚아주고 싶었지만, 범려는 이렇게 말하며 반대했다.

> 대왕은 회계산의 일을 잊지 말아야 합니다. 회계산에서 하늘은 부차에게 월나라를 주려 했으나 그는 받아들이지 않았습니다. 지금은 하늘이 월나라에게 오나라를 주려고 하고 있습니다. 이는 하늘의 뜻입니다. 20여 년간의 고생을 헛되이 하지 마시옵소서.

범려의 말을 듣고 구천은 부차를 죽이기로 했다. 부차는 "내가 저승에 가서 무슨 명목으로 오자서를 만나겠는가. 내가 죽은 후에 비단으로 나의 얼굴을 세 겹만 싸다오."라고 마지막 유언을 남기고 자결했다.

춘추 전국시대의 패자가 된 구천은 범려에게 "월나라의 재상이 되어주시오. 그리고 나와 함께 땅을 나누어 이 월나라를 다스립시다."라고 제안했다. 범려는 "소원을 이루었으니 저는 더 이상 폐하께 필요치 않습니다. 신하 된 도리로 주군이 그 옛날 오나라에서 당한 수모를 지켜보았으니 이 또한 불충입니다. 이제 늦었지만, 죄를 청하고 떠나기를 원합니다."라고 답했다.

그렇게 범려는 사직했고 자기 벗이자 능력을 알아봐주었던 문종에게 편지를 남기고 월나라를 떠났다.

교활한 토끼가 죽고 나면 사냥개를 삶아 먹는 것처럼 적국이 망하면 공신들은 죽임을 면치 못하는 법일세. 월 왕은 원수의 굴욕을 견뎌낼 수는 있어도 공을 세운 대신들을 인정할 수 있는 위인은 못 되네. 우리는 그와 고통을 함께 할 수는 있지만 즐거움을 함께 할 수는 없을 걸세. 그러니 자네도 관직을 내어놓고 월나라를 떠나시게.

문종을 아끼는 범려의 진심 어린 조언이었다. 이것이 토사구팽의 어원이다. 그러나 재상을 맡고 있던 문종은 그 자리를 내려놓고 싶지 않았고 결국 칼을 하사받고 자결해야만 했다.

오나라의 오자서와 월나라의 범려는 둘 다 뛰어난 책사였지만 너무나 다른 인생을 살았다. 두 사람의 처세가 달랐기 때문이다. 오자서는 합려부터 부차까지 섬겼다. 그런데 스승이 제자를 가르치듯이 왕을 가르쳤다. 그러니 부차는 오자서를 점점 멀리했고 자신에게 온갖 아첨과 좋은 말을 해대는 백비를 곁에 두고 백비와 함께 자신의 세상을 열고자 했다. 부차는 오자서의 말을 듣지 않아서 몰락했고 오자서도 역시 비참한 죽음을 맞았다.

하지만 범려는 달랐다. 범려는 책사의 역할에 충실했고, 필요할 때는 적극적으로 어필했지만 절대 선을 넘지는 않았다. 나아갈 때와 물러날 때를 알았던 거다. 그래서 범려는 오자서, 문종과 달리 월나라를 떠나서 제2의 삶을 살 수 있었다.

제2막_대부호

범려의 인생 2막은 '대부호'다. 범려는 월나라를 떠나 바닷가가 인접한 제나라로 갔다. 그는 자신의 신분을 숨기고 '치이자피'라는 가명을 썼다. 치이자피는 '말가죽으로 만든 자루'라는 뜻인데 오나라 왕이 오자서를 짐승의 가죽 자루에 넣어서 강물에 그 시신을 버리라고 한 데서 유래된 말이다. 그러니 범려가 치이자피를 자신의 이름으로 쓴 것은 오자서에 대한 존경, 미안함, 그리움 때문이라 보는 사람도 있다.

제나라에서 범려는 바닷가를 개간해 농토로 만들어 소금을 생산해 대부호가 되었다. 그리고 그 부를 주변 사람들과 나누어 많은 칭송을 얻었다. 이런 칭송을 제나라 왕이 듣고 범려를 찾아와 제나라의 재상 자리를 제안했다. 월나라의 재상 자리도 마다했던 범려는 "사사롭게는 부자가 되기도 하고 벼슬로는 재상의 지위에도 올라봤습니다. 하지만 존귀한 명성을 오래 갖고 있는 것은 상서롭지 못합니다." 하고 정중히 거절하고 '여기도 더 이상 있을 곳이 아니구나.' 싶어 제나라를 떠났다.

제3막_장사의 신

범려의 인생 3막은 '장사의 신'이다. 제나라를 떠난 범려는 노나라로 가서 '도'라는 곳에 정착해 '도주공'으로 이름을 바꾸었다. 노나라는 주변의 많은 나라와 물길과 바닷길로 이어져 있어 장사하기에 아주 좋은 입지 조건을 갖춘 곳이었다. 범려는 이곳을 어떻게 알았을까?

범려는 과거 월나라에 있을 때 주변 나라들과 외교관계를 맺으면서 많은 지역의 자연환경, 입지 조건 등을 눈으로 확인해두었다. 그 지식과 경험을 바탕으로 장사를 하면서 물자의 가격이 올라 일정 수준이 넘으면 썩은 흙 버리듯 주저 없이 내다 팔고, 가격이 내려가 일정한 수준에 이르면 마치 진주 보듯 주저 없이 사들였다. 보통의 사람들은 가격이 올라가면 더 올라가기를 기다리고, 가격이 내려가면 더 내려가길 기다리다 타이밍을 놓쳐버리기 일쑤인데 범려는 그 타이밍을 기막히게 알고 행동했다. 범려의 이 능력은 스승 '개연' 덕분이었다. 개연의 가르침은 이러했다.

> 큰 가뭄이 있고 난 뒤에는 반드시 홍수가 있으니 미리 배를 잘 준비해두고, 큰 홍수가 있고 난 뒤에는 반드시 가뭄이 있을 것이니 미리 수레를 준비해야 한다, 흉년이 들 때는 다음에 풍년이 들 때를 예상하고 풍년이 들 때는 흉년이 들 때를 대비해서 준비

해야 한다. 쉽게 저장할 수 있는 물건을 견실하게 비축하되 지나치게 오래 보관하지 않아 자금 회전을 해야 하고, 쉽게 부패하거나 부식되는 물자는 오래 비축하지 말 것이며, 특히 희귀한 물건을 쌓아 놓고 이익을 노려서는 안 된다. 사치스러운 물건으로 큰 부를 만들면 안 된다. 자연의 이치와 인간의 순리에 맞춰 장사하는 것이 큰 부를 쌓을 수 있는 가장 이상적인 방법이다.

범려는 세 번 큰 재산을 모아 세 번 모두 사람들에게 나눠줬다. 이런 범려의 행동을 사람들은 '삼취삼산'이라며 범려를 '장사의 신'이라 했다. 중국 사람들은 재물의 신과 장사의 신을 굉장히 떠받든다. 대표적인 재물의 신으로 '관우'가 있는데 관우는 재물을 지키는 신이고, 범려는 재물을 모으게 도와주는 신이다.

지금까지 범려의 인생 3막을 같이 살펴보았다. 최고의 역사서 사기를 저술한 사마천은 범려를 이렇게 평가했다. "범려는 세 번이나 다른 선택을 하고도 천하에 이름을 떨쳤다. 그는 떠나기만 한 것이 아니라 머문 곳에서도 예외 없이 이름을 떨쳤다." 범려는 정치, 군사, 농업, 상업에 이르기까지 그가 관여한 것은 모두 성공시켰다.

이런 범려의 성공 비결이 뭘까? 그는 때를 알았다. 올라갈 때와 내려갈 때를 알았고, 나아갈 때와 물러날 때를 잘 알았으며 팔아야 할 때와 사야 할 때를 알았다. 그래서 범려는 성공적인 인생 2막, 3막을 살 수 있었다.

범려가 몇 살에 죽었는지는 알 수 없으나 우리는 100세 시대를 살고 있으니 최소한 범려보다는 오래 살 것이다. 그러니 우리는 인생 3막 이상을 살게 될지도 모른다. 어떻게 준비해야 할까? 변화만으로는 부족하다. 혁신이 필요하다.

변화와 혁신의 가장 큰 차이점은 단절에 있다. 범려는 재상 자리를 단절하고 상인이 되었다. 나도 마찬가지다. 나는 사범대를 나왔지만, 교직과 단절하고 IT 회사에 취직했고, IT 회사와 단절하고, 강사를 양성하는 유튜버가 되었다. 덕분에 정년과 상관없이 평생 하고 싶은 일을 하며 살 수 있게 되었다. 그래서 여러분에게 자신 있게 권해본다. 인생 2막, 3막 어쩌면 그 이상의 삶을 풍요롭게 살고 싶다면 혁신하라.

바른 소리 하기를 두려워 않는 사람

장준하의 6천 리 대장정

장준하라는 이름을 들어보았는가? 어떤 이는 장준하에 대해 이렇게 말했다. "장준하는 현대사에서 가장 순수한 사람이다." 장준하가 어떤 인물이기에 이런 표현을 했을까? 아마 평생 불의와 타협하지 않고 신념에 따라 살았던 장준하의 삶을 두고 한 말일 것이다.

장준하가 쓴 자서전적 성격의 수기 《돌베개》에는 "우리는 무기를 가졌습니다. 조국을 찾아야 한다는 목표물을 똑바로 겨냥한 젊음이란 이름의 무기입니다."라는 글이 있다. 이는 장준하의 20대를 상징하는 말이다. 그런 장준하에 대해 이야기해보려 한다.

광복군이 되기 위한 6천 리 대장정

일본은 중국 침략에 이어 태평양으로 전쟁을 확대하면서 일본에 유학하고 있던 조선인들까지 강제 징집령을 내렸다. 장준하는 아버지 장석인 목사가 신사 참배를 거부해 일본의 감시 대상이 된 탓에 징집을 피하기 힘든 상황이었다. 그래서 장준하는 강제로 징집되느니 차라리 선택하기로 한다.

그는 일본군에 자원입대했고 최전방으로 보내달라고 자처한다. 중국 땅에 파견되어 거기서 탈출해 임시정부로 들어가 광복군이 될 계획이었던 거다. 장준하는 입대 전 부인에게 "만약 편지의 끝이 성경 구절로 되어 있으면 그것을 마지막 편지로 알아도 좋을 것이다."라는 말을 남겼다. 자신이 일본군에서 탈출하겠다는 신호로 알라는 뜻이었다. 이후 장준하는 탈출 직전 아내에게 이런 편지를 보냈다.

> 나의 형제, 곧 골육의 친척을 위하여 나 자신이 저주받아 그리스도에게서 끊어질지라도 원하는 바로다(로마서 9장 3절). 앞으로

베어야 할 야곱의 돌베개는 나를 더욱 유쾌하게 해줄 것이다.

이 편지는 장준하가 스스로 독립군이 되어 그 고난의 시간을 기꺼이 견뎌내겠다는 생각을 잘 보여준다.

1944년 1월 장준하는 중국 서주에 주둔한 츠카다 부대에 배속되었다. 그런데 그해 3월, 김준엽이 먼저 츠카다 부대를 탈출했기에 감시가 삼엄해져 장준하는 7월에서야 동료 세 명과 함께 탈출하게 된다. 탈출 3일 후 도착한 중국군에서 장준하는 김준엽 외 3명을 만났고 그렇게 함께 만난 다섯 명은 임시정부를 향한 험난한 여정을 시작했다. 6천 리를 걸어 충칭 임시정부에 도착한 그들은 드디어 광복군이 되었다.

당시 광복군에서는 미국의 전략사무국과 합작해 국내진공작전인 독수리 작전을 계획하고 있었다. 장준하 역시 김준엽과 함께 국내진공작전에 참여했다. 그런데 국내진공작전을 위한 훈련 중 장준하를 눈여겨본 사람이 있었는데 이범석이었다. 이범석은 한국광복군을 이끌고 있었고 해방 이후에는 국무총리와 국방부 장관을 역임한 인물이다. 이범석은 독수리 작전이 목숨을 걸어야 하는 위험한 작전이었기에 장준하를 아끼는 마음에 장준하를 작전에서 제외했다.

그러자 장준하는 삭발하고 이범석 앞에 나타났다. 자신은 이미 국내진공작전에 목숨을 걸었다는 의지를 보이기 위한 것이었다.

다시 독수리 작전에 참여하게 된 장준하는 국내진공작전이 있기 전, 혹시 자신이 죽으면 가족에게 전해 달라며 그동안 쓴 일기 7권을 남겼다. 그런데 국내진공작전을 며칠 눈앞에 두고 이 작전은 취소되고 말았다. 원자폭탄을 맞은 일본이 항복했기 때문이다.

1945년 8월 15일 조선은 해방을 맞았고 1945년 11월 23일에서야 임시정부 요인들이 개인 자격으로 김포공항에 귀국할 수 있었다. 장준하는 김구 선생의 개인 비서 자격으로 함께 입국했다. 그리고 1971년 장준하는 20대 때 자신이 일본군 탈출해 임시정부 광북군에 투신한 그 6천 리 항일 대장정을 담아 《돌베개》라는 책을 출간했다.

권력에 맞선 강력한 펜, 장준하의 사상계

해방 후 장준하는 김구가 있던 경교장에서 김구의 비서로 활동했다. 그 무렵 이범석은 장준하에게 조선민족청년단에 들어와 함께 활동하자고 제안했다. 이를 계기로 장준하는 이범석과 함께 조선민족청년단을 이끄는 리더로 활동했다. 그러던 중 장준하는 임시정부 활동 시절이 생각났다. "셋집을 얻어 정부 청사를 쓰고 있는 형편에 그 정파는 의자보다 많았다." 충칭 임시정부 시절 각계, 각파를 형성한 사람들 때문에 의견 일치를 보지 못하고 어수선하고 혼란스러웠던 상황이 떠올랐던 거다. 그래도 그때는 조국의 독립이라는 꿈 아래 모두 하나가 될 수 있었다. 그런데 해방 이후는 그렇지 못했다.

신탁통치를 둘러싸고 남북한의 갈등, 이념의 갈등, 각계각층이 다른 당파와 단체를 만들면서 그 혼란은 훨씬 더 했다. 그래서 장준하는 모든 걸 내려놓고 원래 하려던 공부를 위해 다시 신학 대학에 입학했고 목사가 되기 위해 해외에서 유학할 계획이었다.

그러나 한국전쟁으로 포기할 수밖에 없었고, 당시 문교부 장관 백낙준과의 인연으로 부산에서 문교부 산하 기관지 《사상》을 펴내는 일을 하게 되었다. 장준하는 이미 《등불(한국광복군 간부훈련반 잡지)》과 《재단(한국광복군으로 국내진공작전을 위한 훈련을 받던 중 역시 동료들과 함께 만들었던 잡지)》이라는 잡지를 발간한 경험이 있었기 때문이다. 1953년 《사상》의 발간이 중단되자 장준하는 그 잡지를 인수해 직접 《사상계》라는 잡지를 발간하게 된다. 1953년 4월이었다. 장준하와 부인은 이 《사상계》를 리어카에 싣고 직접 서점들을 찾아다니면서 배달했다. 《사상계》에는 국민을 계몽하고 당시 부조리를 비판하기 위해 민족 통일의 문제, 민주 사상의 함량, 경제 발전과 문화 창조, 민족적 자존감을 회복하는 다양한 수준 높은 글이 실렸다. 그중 1957년 《사상계》 7월호 권두언에 실린 글을 소개한다.

민심은 천심이라 하였다. 백성은 언제까지 특권 계급의 밥이 될 순 없다. 묻노니 그대들은 언제 고급 차에 내려 초막에 신음하는 백성들과 그 괴로움을 같이한 일이 있던가.

《사상계》에 실린 글들은 당시 부조리함에 억눌려도 속 시원히 표현할 수 없었던 국민의 울분과 답답함을 대신해주는 사이다 같았기에 많은 국민에게 호응을 얻기 시작했다. 덕분에 창간 때 1천 부에 불과했던 발행 부수는 1955년 1만 부로 늘어났다. 그러던 중《사상계》는 함석헌과 만나면서 폭발적인 반응을 일으켜 그 영향력이 더욱 강해졌다. 다음은 1958년 8월《사상계》에 실린 〈생각하는 백성이라야 산다(부제: 6.25가 주는 역사적 교훈)〉는 함석헌의 글이다.

6.25는 고래 싸움에 새우등 터지는 일이고 꼭두각시놀음이었다. 부모처자가 남북으로 헤어져 헤매는 나라가 자유는 무슨 자유, 해방은 무슨 해방인가? 우리는 나라 없는 백성이다. 아들이 아버지에게 칼을 겨누고 형이 동생에게 총을 내미는 이 싸움인 줄은 천이나 알고 만이나 알면서도 쳐들어온다니 (중략) 전쟁이 지나간 후 서로 이겼노라 했다. 형제 싸움에 서로 이겼노라니 정말은 진 것이 아닌가? 어찌 승전 축하를 할까, 슬피 울어도 부족할 일인데.

한국전쟁 때 서울 시민은 남겨두고 먼저 남쪽으로 피난 간 이승만 대통령과 권력자들을 비판하고, 한국전쟁은 북한과 남한이 모두 소련과 미국에 의한 꼭두각시놀음으로 치러진 전쟁이었다고 비판한 글이다. '우리는 나라 없는 백성이고, 한국전쟁은 꼭두각시놀음이었다.'라는 표현 때문에 장준하와 함석헌은 국가보안법 위반으로 속칭 남산으로 연행되어 고초를 겪어야 했다.

1958년에는 국회에 무술 경관들이 난입해 야당 국회의원들을 국회 밖으로 쫓아내고, 국회 안에서 국가보안법 개정안이 통과되었다. 국가보안법 개정안은 사찰을 더욱더 강화하고, 언론을 억압하는 내용이었다. 이 개정안이 통과되자 장준하는 그달의 《사상계》 권두언에 백지를 실었다. 제목은 〈무엇을 말하랴〉였다. 백지로 발간된 권두언은 사람들에게 백 마디 말보다 더 큰 힘을 발휘했다. 그해 《사상계》는 무려 10만 부나 발간되었으니 말이다.

《사상계》의 영향력이 커지자 이승만 정부는 정부를 옹호하는 글을 실어 달라고 부탁했다. 당시 정부 요구를 거절하기는 쉬운 일이 아니었다. 야당 편에 섰던 《경향신문》이 여당을 비판하는 칼럼을 실었다가 폐간 조치를 당했으니 말이다. 그러나 장준하는 단호히 거절했다.

1960년 3월 15일에는 부정 선거가 있었다. 공포 분위기 속에 3인조로 투표가 감행됐고, 경찰에 의해 공개 투표 지휘가 일어났다. 이 3.15 부정 선거에 항의하기 위해 마산에서 시위가 일어났고, 시위 중

마산 상고에 입학할 예정이었던 고등학교 1학년 김주열 학생이 실종되었다. 김주열은 실종된 지 27일 만인 4월 11일 마산 앞바다에서 발견되었는데 20cm 크기의 최루탄이 눈에 박힌 시신의 모습이었다. 경찰의 짓이었다. 이 사건으로 시위는 전국적으로 확산하였고, 이것이 4·19 혁명이다. 이승만 정부는 그렇게 막을 내렸다.

4·19 혁명의 중심은 학생들이었다. 해방 이후 1950년부터 의무교육이 실시되었는데 그 교육을 받고 의식 수준이 높아진 대학생들이 《사상계》를 통해 세상을 바라보는 눈을 크게 키우고 비판적인 의식을 가졌기에 4·19 혁명은 성공을 거둘 수 있었다. 장준하의 《사상계》는 4·19 혁명을 불러온 종이 혁명의 선봉이었다. 사람들은 사상계를 이끈 장준하를 이렇게 평가했다.

> 독재 정권에 맞서 바른 소리 하기를 두려워 않는 언론인이었고, 자신의 출세와 권익을 셈하는 현실 정치인 대신 재야의 자리를 택했고, 그 어떤 자리에서든 국가의 운명을 걱정하고 부당한 권력과 탄압에 맞서는 투사였다.

4·19 혁명 후 장준하는 다음과 같이 안타까움을 토로했다.

> 4·19 혁명 때 희생된 185위의 묘 중에 어찌 단 하나 어른의 묘도 없이 한결같이 젊은 학생의 묘뿐인가. 학생들은 그렇게 많이

죽었는데 그들을 가르친 교수나 교사는 왜 단 한 명도 죽은 자가 없는가. 소위 나라를 사랑한다는 정치인들이나 지도자를 자처하는 사람들은 왜 단 한 명의 희생자도 없었는가.

-《기독교 사상》 1972년 4월호 〈죽음에서 본 4.19〉 中

재야의 대통령이라 불린 민주 투사

4·19 혁명 후 국민은 제대로 된 변화와 개혁을 기대했다. 그러나 새로 들어선 제2공화국의 변화와 개혁은 지지부진했고 또 다른 혼란만 계속 이어졌다. 그 틈을 타 군인들이 정변을 일으켰는데 이것이 박정희의 5.16 군사정변(당시에는 5·16 군사혁명)이다. 권력을 잡은 박정희는 다음과 같은 혁명 공약을 발표했다.

방공을 국시의 제일로 삼고, 유엔 헌장을 준수하고, 미국을 비롯한 자유 우방과 유대를 더욱 공고히 하며, 이 나라 사회의 모든 부패와 구악을 일소하고, 절망과 기아선상에서 허덕이는 민생고를 시급히 해결하고, 민족적 숙원인 국토 통일을 위하여 공산주의와 대결할 수 있는 실력을 배양하며, 과업이 모두 성취되면 참신하고도 양심적인 정치인들에게 정권을 이양하고 본연의 임무로 복귀할 준비를 갖추겠다.

다음은 5.16 군사정변에 대해 장준하가 《사상계》에 실은 글이다.

> 5.16 혁명은 우리들이 육성해야 할 민주주의 이념에 비추어볼 때는 불행한 일이고 안타까운 일이 아닐 수 없으나 위급한 민족적 현실에서 볼 때는 불가피한 일이다. (중략) 오늘의 청신한 자세를 끝까지 유지하기 위해서는 국가재건최고회의가 시급히 혁명 과업을 완수하고 최단 시일 내에 참신하고 양심적인 정치인들에게 정권을 이양한 후 그 본연의 임무로 돌아간다는 엄숙한 혁명 공약을 깨끗이 군인답게 실천하는 이외에는 다른 방법이 없을 것이다.

처음에는 장준하도 이렇게 5.16 군사정변은 어쩔 수 없는 부분이 있다고 옹호했다. 그런데 국가재건최고회의는 이후 세력을 더욱 확대하더니 헌법의 효력을 중지시키고 입법, 사법, 행정을 모두 장악했다. 그러자 장준하는 이 군사정변을 비판하기 시작했고 함석헌은 1960년 《사상계》 7월호에 〈5.16을 어떻게 볼까?〉라는 글을 실었다. 정말 사이다 같은 글이 아닐 수 없다.

> 아기 어미의 앓는 소리가 듣기 싫거든 애당초 아기를 만들지 말았어야지, 소리도 내지 말라면 너무도 잔인하지 않는가? 나오는 아기부터가 '으앙' 하고 소리를 지르고 나온다. 그런데 나 보

기에 걱정은 이 혁명에 아무 말이 없는 것이다. (중략) 언론인 다 죽었나? 죽였나? (중략) 아무래도 이 사람들이 총칼 보고 겁을 집어먹었지. 국민을 겁나게 해가지고는 다스리기는 쉬울지 몰라도 혁명은 못한다. 다스리기 쉽기야 죽은 시체가 제일이지, 시체를 업어다 산 위에 놓고 스스로 무슨 공이 있다 할 어리석은 사내는 없을 것이다. 그것은 공동묘지의 매장 인부 아닌가? (중략) 선의의 독재란 말들을 하지만 그것은 내용 없는 빈말이다. 선의인데 어떻게 독재가 있으며, 독재거든 어떻게 선일 수 있을까? 혁명은 민중의 것이다. 민중만이 혁명을 할 수 있다. 아무 혁명도 민중의 전적 찬성, 전적 지지, 전적 참가를 받지 않고는 혁명이 아니다. 민중의 의사를 듣지 않고 꾸미는 혁명은 아무리 선의로 했다 해도 참이 아니다. (중략) 학생이 잎이라면 군인은 꽃이다. 5.16은 꽃 한번 핀 것이다. 잎은 영원히 남아야 하는 것이지만 꽃은 활짝 피었다가는 깨끗이 뚝 떨어져야 한다.

《사상계》는 5.16 군사정변을 일으킨 국가재건최고회의에 자신들이 말한 혁명 공약을 지키라고 강하게 압박했다. 결국 이 글로 함석헌 선생과 장준하 선생은 또 한 번 고초를 겪어야 했고 국가재건최고회의는 반품 유발, 세무조사 등 온갖 방해 공작과 유언비어를 동원해 《사상계》를 폐간시켜버렸다. 장준하는 이때 부과된 추징금 때문에 하나뿐인 집을 처분해야 했고, 이후로 다시는 집을 소유하지 못했다. 그리고 급성 간염으로 입원까지 해야 했다. 그러나 장준하는 멈추지 않았다.

장준하는 1964년 한일 협정에 반대하는 6.3 한일회담 반대 운동을 확산시켰다. 당시 일본은 경제적으로는 급성장해 있었지만, 정경유착으로 인한 부정부패가 아주 심각했다. 일본에서 자본만 도입하면 다 된다는 식으로 한일 문제를 해결한다면 오래지 않아 우리나라도 같은 절차를 밟게 될 것을 우려했기 때문이다. 그 우려는 곧 현실로 드러났다.

1965년에 한일협정이 체결되고, 1966년에 삼성의 계열사였던 한국비료에서 사카린을 밀수하는 사카린 밀수 사건이 터졌다. 화가 난 당시 국회의원 김두한은 국회에서 국회의원들을 향해 분뇨를 투척하기도 했다. 장준하는 특정 재벌 밀수 진상 폭로 및 규탄대회 연설을 통해 박정희를 밀수 왕초라 비판했고, 과거 만주군관학교와 일본 육군사관학교 출신 장교였다는 사실도 폭로했다. 이 일로 인해 그는 국가원수 모독죄로 체포되었다.

1967년 장준하는 야당인 신민당의 공천으로 국회의원 선거에 옥중 출마했다. 선거 운동을 할 수 없었던 그를 위해 장준하의 부인은 바구니에 사탕을 잔뜩 담아 들고 다니며 장준하에게 한 표를 호소했다. 사탕을 받은 사람들은 "가시오. 가시오."라고 말했다. 부인은 '이 선거는 틀렸구나!'라고 생각했다. 그런데 막상 뚜껑을 열어보니 장준하가 당선되었다. 당시 국민의 장준하에 대한 믿음과 신뢰가 어느 정도였는지 잘 보여준다. '가시오'라는 말은 걱정하지 말고 가라는 뜻이었던 거다.

국회의원이 된 장준하는 국방위원회 상임위원이 되었다. 그는 독립군 출신이었기에 국방위원회에서 열리는 여러 가지 논의에 대해 누구보다 잘 알아들었고 관심도 많았다. 당시 국방부에서 가장 활발하게 논의된 것이 월남 파병 문제다. 장준하는 누구보다 월남 파병을 반대했지만, 파병은 결정되었고, 재파병까지 이루어졌다. 그러나 장준하는 월남 파병이 결정되자 자기 아들을 가장 먼저 월남으로 보냈다. 찬성을 주장하던 권력자들은 자기 자식들을 뒤로 빼돌리기 바빴지만 말이다.

그뿐만 아니라 장준하는 직접 월남으로 건너가 군대의 급식 비리 문제를 해결했고, 전방 사병들의 겨울 군복이 너무 얇은 문제들 역시 해결했다. 또 야당 국회의원임에도 국방부 예산을 증액하라고 주장했다. 그렇게 그는 국가를 위한 문제에서는 초당적인 활동을 했다. 그런 그의 모습에 그 당시 월남 파병 사령관이었던 채명신 사령관은 장준하에 대해 이렇게 말했다.

> 내가 알기에도 장준하 선생에 대한 평가는 우리 군의 대령급에서 사병에게 이르기까지 마음에서 우러나오는 지지와 존경을 받고 있다고 봅니다. 나는 정치는 완전히 담쌓고 있었지만 그런 분이 대통령으로 출마했다면 정말 맨발로 뛰어다녀도 운동하고 싶

은 그런 입장이었을 거예요.

채명신 장군은 월남 파병 사령관으로서 당신은 죽어서도 월남에 파병되었던 사병들과 함께 묻히겠다고 했던 인물이다. 실제로 장성급이 묻히는 8평의 무덤이 아니라, 사병들과 함께 1평 무덤에 묻힌 최초의 장성이었다. 그런 분이 장준하가 대통령으로 출마했다면 발 벗고 나서서 선거 운동을 하겠다고 했으니, 장준하의 인품이 어땠는지 짐작이 된다.

장준하는 국회의원으로 활동하면서 겸직할 수 없었기 때문에《사상계》의 발간은 다른 이에게 맡겨두고 있었다. 그러던 중 1970년 김지아 시인이 담시(긴 서사시)를 발표했는데 제목은 '오적'이었다. 여기서 〈오적〉은 재벌들, 국회의원들, 고위 공무원들, 군 장성급들 그리고 장관·차관급들을 말한다. 이들 다섯 권력자들이 국가를 말아먹고 있다고 비판한 시다. 이것을 '오적 필화 사건'이라 한다. 이 사건으로 1970년《사상계》는 폐간되었다. 지금의 종각역에는 옛《사상계》의 건물이 있던 자리라는 표지석만 남겨져 있다.

1971년 세 번째 대통령에 당선되었던 박정희는 1972년 유신헌법을 공포했다. 유신헌법은 대통령 간선제, 대통령 중임, 연임 제한 규정 철폐, 국회 권한 축소를 골자로 한다. 또 대통령은 초헌법적인 긴급조치권을 발동시킬 수 있게 했다. 쉽게 말해 영구 집권을 위한 개헌이었다.

이 유신헌법이 공포되자 장준하는 1973년 12월 24일 이에 반대하는 '개헌 청원 100만인 서명 운동'을 주도했다. 이 100만인 서명 운동은 불과 10일 만에 30만여 명이 서명했다. 박정희는 긴급조치권을 발동시켰고, 장준하는 긴급조치 위반으로 15년 형을 선고받았다. 그런데 다행인지 불행인지 장준하는 심각한 건강 악화로 11개월 만에 형 집행 정지로 풀려났다.

다시 일어선 장준하는 그 당시 성격이 전혀 다른 야권 지도자들을 한자리에 모아 야권 통합을 위한 4자 회담을 열었다. 야권을 통합시키는 장준하의 활동에 또다시 위협을 느낀 정부는 중앙정보부에 장준하를 철저히 감시하라는 비밀 지령을 내렸다. 1975년 3월 말이었다. 중앙정보부는 유신 체제를 반대하고 개헌을 주장하면서 반체제 활동을 주동하고 있는 자이니, 동인의 불순 기도를 탐지하고 사전에 저지, 와해, 봉쇄한다는 목적으로 장준하를 철저히 감시했고, 하루에도 몇 번이고 그의 동향이 보고했다.

이즈음 장준하는 예전과 다른 행동을 시작했다. 부인이 바라던 대로 천주교식으로 결혼식을 다시 올렸고, 김구에게 받은 윤봉길 의사의 태극기를 한 대학에 기증한 후 전국을 다니면서 유신헌법에 맞설 사람들을 모았다. 이때 장준하가 만났던 홍남순 변호사는 장준하가 이렇게 말했다고 했다.

장준하 선생은 8.15 경축일을 기해서 10여 명의 인원으로 유신 체제를 정면으로 부정하는 성명서를 준비하고 있었던 중입니다. 18일 내지 20일경에 발표하시면 좋겠다고 말씀하셨습니다.

그러나 장준하는 성명을 발표하지 못하고 하루 전 8월 17일, 의문의 죽음을 맞았다. 장준하 선생은 가족에게 늘 "세상에는 부끄러운 것이 없지만 가족에게는 늘 미안하다."라고 말했다. 장준하의 죽음으로 남겨진 가족들은 더욱 철저한 감시에 시달렸고, 남겨진 부인은 다섯 아이들을 홀로 키워야 했다. 집에 끼니가 떨어지면 사람들이 감시를 피해 담장 너머로 넘겨준 쌀과 김치로 굶주림을 해결해야 했다.

장준하는 1975년 8월 17일 포천시 이동면 약사봉 계곡에서 실족사했다. 14.7m의 경사 70도의 암벽이었다. 그런데 이 죽음에 너무나 의문점이 많았다. 경사 70도의 암벽에서 떨어지면 날카로운 바위와 돌에 온몸이 만신창이가 되어야 하는데 그의 몸에는 타박상의 흔적이 거의 없었고, 안경과 시계도 멀쩡했기 때문이다. 이 죽음에 의문을 제기했던 동아일보 기자는 체포되었다.

이 의문의 죽음은 2012년 수해로 그의 무덤이 훼손되면서 밝혀졌다. 그의 머리 유골에 6~7cm의 함몰된 흔적이 발견되었는데 진상 조사에서 당시 이정빈 서울대 의대 명예교수는 "장준하의 머리뼈 함몰은 외부 가격에 의한 것이며, 가격으로 즉사한 이후 추락해 엉덩이뼈가 손상된 것으로 보인다."라고 말했다.

1991년 장준하에게 건국훈장 애국장이 수여되었고, 1999년에는 언론인으로서 그의 공로가 인정되어 금관 문화 훈장이 수여되었다. 그리고 2013년 1월 24일 그의 억울한 죽음에 대해서 긴급조치 위반 39년 만에 무죄가 선고되었다. 재판부는 고인과 유족에 공식적으로 사과했고, 2020년 5얼 13일 장준하 유족에게 7억 8천만 원의 국가 배상이 판결되었다. 긴급조치 위반에 대해서 국가가 배상할 수는 없다는 판례를 뒤엎은 최초의 판결이었다.

지금까지 장준하의 삶에 관해 이야기했다. 그가 어떻게 이런 삶을 살 수 있었는지, 왜 그렇게 살았는지는 그가 20대 때 목숨을 건 국내진공작전을 앞두고 자신의 일기에 쓴 그의 유언과 같은 글에서 엿볼 수 있다.

> 내 영혼 노을처럼 번지리 겨레의 가슴마다 핏빛으로 내 영혼 영원히 헤엄치리. 조국의 역사 속에 핏빛으로.

언제나 조국을 위해 목숨을 바칠 각오가 되어 있었던 모습이다. 그리고 그가 한평생 어떻게 이렇게 부당함에 맞서 타협하지 않고 한결같은 삶을 살 수 있었는가는 그가 6천 리 대장정을 겪으면서 가졌던 다음 생각에서 알 수 있다.

"나는 또다시 못난 조상이 되지 않기 위해 이 가슴에 피눈물을 삼키며 투쟁하련다!"

노블레스 오블리주를 실천하다

조선의 두 거상 김만덕과 임상옥

김만덕과 임상옥은 조선 후기의 대표적인 거상이다. 이 두 사람은 공통점이 있다. 상업으로 큰 부를 이루고 그 부를 통해 노블레스 오블리주를 실천한 인물이다. 김만덕은 제주 여인으로 우리나라 서남쪽 끝 출신 부자이고, 임상옥은 의주 출신의 의주 만상으로 서북쪽 끝 출신 부자이다.

부자에 대해 서양에는 이런 말이 있다. "부자가 천국에 가는 것은, 낙타가 바늘구멍을 통과하는 것보다 어렵다." 부자에 대해 부정적으로 보는 시각을 잘 나타내는 말이다. 동양도 마찬가지다. 특히 우리나라는 사농공상이라 해서 상인을 가장 천대했다. 그러다 보니 조선시대 양반들에게는 '양반은 돈을 만지지 말아야 한다.'라는 웃지 못할 규칙이 있었다. 그래서 물건을 살 때 하인을 시켜 물건값을 냈다. 하인이 없으면 젓가락으로 돈을 집었다. 그 정도로 손에 돈을 쥐는 것을 수치로 여겼던 거다. 그 때문에 상인도 천대받아야 했다. 이런 시대에 거상으로 성장해 수많은 백성을 살리며 노블레스 오블리주를 실천한 두 인물이 바로 김만덕과 임상옥이다.

제주 여인 김만덕

김만덕은 원래 제주의 양갓집 출신이었는데 12살에 부모님을 잃고 갑자기 고아가 되었다. 김만덕의 남자 형제들은 친척 집에서 다 거둬주었는데 김만덕은 여자라는 이유로 친척 집에서 거두지 않아 제주 관아의 기생이 수양딸로 삼았다. 그래서 기생의 삶을 살아야 했다. 그러나 20살이 넘은 김만덕은 자신의 삶을 살기로 결심하고 "나는 원래 관기 출신이 아니라, 양인 출신이니 내 원래의 신분을 회복시켜 달라."라고 제주 관청에 요청해 신분을 회복했다. 그리고 그때부터는 주도적인 삶을 찾아 장사에 뛰어들었다.

제주 여인 김만덕은 어떻게 거상으로 성장했을까? 그녀의 틈새 전략 덕분이다. 김만덕은 제주의 중심 '건업포구'에 물산객주를 차리고 상인들에게 돈을 빌려주기도 하고, 물건을 맡아주기도 하고, 장사를 대행해주기도 했다. 그러면서 김만덕은 상인들이 어떻게 물건을 파는지 눈여겨보았고 틈새를 찾아냈다.

김만덕의 틈새 전략은 '제주에 많은 것은 팔고, 제주에 부족한 것은 사들인다.'였다. 김만덕은 제주에 많은 말, 사슴, 미역, 전복 등은 팔고, 제주에 없는 여자들의 사치품은 사들였다. 관기 출신이었던 그녀는 여자들의 욕망을 잘 알아서 사들인 사치품들을 비싼 값에 팔 수 있었다. 하지만 김만덕은 그렇게 하지 않고 박리다매와 정가 전략을 썼다. 덕분에 신용이 두터워졌고 할부 거래를 할 정도로 신용거래가 가능해졌다. 김만덕의 신용을 지키기 위해 육지로 보낸 배가 난파되면 물건을 다시 실어 보낼 정도였다고 한다. 그렇게 김만덕은 불과 10여 년 만에 큰 거상으로 성장했다.

거상이 된 김만덕은 백성들 구제에 힘썼다. 갑인년(1794)에 제주에 엄청난 흉년이 들었다. 사실 이미 몇 년 전부터 흉년이 들기 시작했는데 갑인년에 가장 심각했다. 이때를 '갑인년 숭년(흉년의 제주 방언)'이라 한다. 제주 사람들에게는 최악의 시련기였다. 오죽했으면 "먹다 남는 것도 다 물이다."라는 말이 일상일 정도였다.

이때 제주 백성 3분의 1이 굶어 죽자, 제주 관청에서는 임금(정조)에게 제발 쌀을 보내 달라고 상소를 올렸다. 당시에는 제주뿐만 아니라 전국의 형편이 좋지 않았기에 신하들은 반대했다. 그러나 정조는 약 1만 섬의 쌀을 제주로 보내라 했다. 우선 5천 섬의 쌀을 12척의 배에 실어 먼저 보냈는데 이 중 5척이 침몰해버렸다. 그러자 김만덕은 가지고 있던 전 재산을 내놓고 '이걸 가지고 육지로 가서 쌀을 사 오라.'라고 했다. 그렇게 사들여 온 쌀이 500섬이었다. 김만덕은 이 500섬의 쌀 중 10%를 자신의 주위 사람들과 거래처에 풀고 나머지 90%를 제주 관아에 기부했다.

김만덕이 자기 재산을 제주 백성을 구하는 데 쓰라며 기꺼이 기부하자 당시 제주 목사가 정조에게 "제주의 기생 만덕이 재물을 풀어 굶주리는 백성의 목숨을 구했습니다."라고 장계를 올렸다. 이 소식을 들은 정조가 크게 기뻐하며 큰 상을 내리겠다고 하니 김만덕은 재물은 필요 없다고 했다. 그래서 정조는 제주 목사에게 김만덕에게 소원을 물어보라 했다. 이에 김만덕은 이런 소원을 말했다.

> 바다 건너 육지에 가서 한양 구경을 하고 금강산을 유람하는 것이 소원입니다.

이것은 엄청난 소원이었다. 당시에는 '월해금법(越海禁法)'이라 해서 제주 여자들은 바다를 건너 육지로 나가는 것은 법으로 금지되어 있었기 때문이다. 그러나 정조는 특별히 김만덕을 육지로 올 수 있게 허락해 주었을 뿐만 아니라, 육지에 상륙한 김만덕이 편안하게 한양까지 올 수 있도록 호위까지 하게 했다. 그리고 서울에

온 김만덕을 '행수의녀'라는 관직을 내리고 궁궐로 초대했다. 당시 양민들은 궁궐에 들어갈 수 없었기에 특별히 관직을 내린 것이다. 그렇게 김만덕은 정조도 만나고 한양 구경도 실컷 하고, 다음 해에는 금강산 유람까지 다녀오며 소원을 성취했다.

금강산 유람을 마친 김만덕은 다시 제주로 돌아가야 했는데 제주로 돌아가는 김만덕을 마지막으로 배웅한 사람이 재상 채제공이다. 정조는 채제공에게 김만덕이라는 인물에 대해 글을 한번 써보라 했다. 그래서 채제공이 쓴 책이 《만덕전》인데 그는 이 책을 김만덕에게 선물로 주며 "너는 탐라에 태어나서 한라산의 백록담 물을 마시고 이제는 금강산까지 두루 구경하였으니 온 천하의 사내 중에서도 이런 복을 누린 자가 또 있겠느냐?"라고 말했다. 김만덕이 그 당시 여성으로서는 절대 할 수 없는 큰일을 했다는 칭찬이었다.

김만덕이 한양에 있을 때 김만덕을 보겠다고 잘나가는 양반가와 세도가 사람들이 찾아왔는데 그중에는 정약용도 있었다. 정약용은 《경세유표》라는 책에 김만덕의 선행을 소개하며 칭찬을 아끼지 않았다. 훗날 추사 김정희는 김만덕의 후손에게 '은광연세(恩光衍世)'라고 쓴 현판을 선물했는데 '은혜로운 빛은 길이 빛나리.'라는 뜻이다. 김만덕은 늘 이렇게 말했다고 한다.

밥 한 그릇이라도 굶주린 사람의 인명을 구할 수 없는 재물은 썩은 흙과 같다.

정말 멋진 말이 아닌가? 조선 시대에 가장 천대받던 상인이자 기생이었던 여성 김만덕이 제주 백성의 목숨을 구할 수 있었던 것은 그녀에게 이런 '노블레스 오블리주' 마인드가 있었기에 가능했을 것이다. 그리고 그녀가 보여준 것은 노블레스 오블리주만이 아니었다. 그녀는 제주 여성은 육지로 나갈 수 없다는 시대의 틀을 깼다.

의주 만상 임상옥

임상옥의 집안은 의주 지역의 만상이었다. 선친들은 역관으로 활약했는데 역관은 청나라에 가는 사신과 함께 가 통역을 해주고 장사를 하는 사람이었다. 임상옥의 선친 중에는 거상으로 성장했던 역관도 있었지만, 할아버지 때부터 가세가 기울더니 집안이 힘들어졌다. 임상옥의 아버지는 의주 만상으로 활동했는데 많은 빚을 지고 돌아가셨다. 그래서 임상옥은 어려서부터 다른 의주 만상의 밑에 들어가 허드렛일하며 힘들게 장사를 배웠다. 그랬던 임상옥은 어떻게 거상으로 성장할 수 있었을까?

임상옥을 거상으로 성장시킨 것은 '역지사지(易地思之)' 전략과 임상옥의 두둑한 배짱이었다. 그리고 임상옥이 아버지를 통해 얻은 장사 철학이 있었는데 바로 '장사란 이익을 남기기보다 사람을 남기기 위한 것이다.'였다. 사람이야말로 장사로 얻을 수 있는 최고의 이윤이고, 신용이야말로 장사로 얻을 수 있는 최대의 자산이라는 뜻이다.

임상옥은 의주 만상의 지원을 받아 직접 청나라에 가서 장사할 기회를 얻어 당시 주력 제품이었던 인삼을 청나라에 가지고 가서 모두 팔고 큰돈을 벌었다. 임상옥의 첫 무역이 성공하는 순간이었다. 조선으로 돌아오는 길에 임상옥은 청나라 유곽에 잠시 머물렀는데 그곳에서 어떤 여인을 만났다. 그녀의 이름은 장미령이었다. 임상옥의 기록에 따르면 장미령은 양귀비가 환생한 듯 아름다웠다고 한다. 장미령은 임상옥에게 술주정뱅이 아버지에 의해 사창가로 팔려 왔다고 했다. 이 말을 들은 임상옥은 어떻게 사람을 이렇게 돈으로 살 수 있느냐며 500냥을 주고 장미령을 풀어주었다.

임상옥이 준 500냥 중 250냥은 의주 만상의 몫이었고, 나머지 250냥은 자신의 장사밑천이었다. 그런데 임상옥은 이 돈을 모두 쏟아부어 장미령을 구해준 거다. 이익보다 사람이 먼저라는 아버지의 가르침 때문이었을까? 아무튼 의주 만상으로 돌아온 임상옥은 이 일 때문에 쫓겨나는 신세가 되었다. 그러나 훗날 장미령은 고관대작의 첩이 되어 임상옥이 장사를 하는 데 큰 인맥을 만들어 주어 임상옥이 다시 일어설 수 있도록 도와주었다고 한다.

이 이야기는 여러 가지 버전이 있는데 다른 버전의 이야기는 이렇다. 임상옥은 '작은 부자는 한 사람의 노력으로 이룰 수 있지만 큰 부자는 나라의 도움이 있어야만 이룰 수 있는 법이다.'라고 생각했다. 그래서 임상옥은 순조의 어머니의 형제인 박종경과 인맥을 만들면 좋겠다고 바랐다. 그러던 중 박종경의 집에 초상이 나자, 임상옥은 부의금으로 5천 냥을 보냈다. 임상옥의 스케일에 감탄한 박종경은 임상옥에게 청나라와의 무역권 중 인삼 무역 전매권을 주었다. 이후 임상옥은 청나라와의 무역에서 번 돈으로 한 해에 내는 세금이 4만 냥에 이를 정도로 거부가 되었다고 한다. 아무튼 임상옥은 30대에 거부가 되었다. 그런데 임상옥이 40대가 되면서 큰 위기가 닥쳤다.

청나라에서 조선의 인삼은 인기가 매우 좋았는데 특히 홍삼으로 만들어 판매하면 더욱 인기가 좋았다. 왜냐하면 홍삼은 인삼보다 더 오랫동안 보관을 할 수 있었고 약효도 더 뛰어났기 때문이다. 또 중국 사람들은 붉은색을 굉장히 선호했다. 조선의 홍삼은 가격이 점점 높아졌고 이를 못마땅하게 여긴 중국 상인들은 조선 상인들이 파는 홍삼을 사지 않기로 담합했다.

사실 중국 상인들도 중요한 약재인 홍삼을 사지 않으면 안 될 처지였는데 왜 담합했을까? 중국 상인들은 조선 상인들이 사신 행렬을 따라 장사하러 왔기 때문에 사신이 머무르는 동안만 장사할 수 있다는 약점을 노렸던 거다. 조급해진 조선 상인들은 사신 행렬이 돌아갈 날이 다가오자, 홍삼을 헐값에 내놓기 시작했다. 임상옥은 어떻게 했을까? 놀랍게도 임상옥은 조선 상인들의 홍삼까지 다 사들였다. 자칫 잘못하면 홍삼을 전혀 팔지 못하고 돌아가야 할지도 모르는데 말이다.

임상옥에게는 평소 스승으로 모시던 '석숭 스님'이 있었다. 석숭 스님은 임상옥이 다시 장사를 시작할 때 글자를 적은 종이 두 장을 주며 어려움이 있을 때 펴보라 했었다. 그래서 하나를 펴봤더니 거기에 '死(죽을 사)' 자가 적혀 있었다. 무슨 뜻인지 몰랐던 임상옥은 이 글자를 들고 사신으로 함께 온 추사 김정희를 찾아갔다. 상황을 들은 김정희는 "어차피 앞으로 나가지도 뒤로 물러서지도 못한다면 '죽었다.' 생각하고 한 발을 내디뎌라."라고 풀이해주었다. 그 말을 들은 임상옥은 옳거니 하고 돌아가서 다른 상인들의 홍삼까지 다 사들였던 거다.

이제 중국 상인들은 임상옥만 주시했다. 임상옥은 중국 상인들이 보는 앞에서 사들인 홍삼들을 다 모아놓고 불을 지르라 했다. 그러자 중국 상인들은 난리가 났다. 홍삼을 사지 못한 중국인들 역시 한 해 장사를 망치게 될 것이었기 때문이다. 급해진 중국 상인들은 다시 제값을 부르기 시작했지만, 임상옥은 팔지 않겠다며 살 거면 자신이 태운 홍삼값까지 다 내라고 했다. 그렇게 임상옥은 홍삼을 제값에 모두 팔았다. 이를 통해 임상옥은 물건값으로 장난치지 않고 제값만 받는 사람으로 정평이 났고 그의 신용도는 크게 올라갔다.

《매천야록》에 "의주에 사는 임상옥은 돈 버는 재주가 아주 비상했는데 그중에 한-중 양국의 무역을 독점해서 왕실처럼 부를 누렸다.' 그래서 북경에서는 지금도 그의 이름을 부를 정도로 큰 부자가 되었다."라는 기록이 있다.

어느 정도 부자였는지 다음 일화가 잘 보여준다. 어느 날 갑자기 임상옥의 집에 의주 부윤과 평안감사가 방문했다. 그런데 그들과 함께 온 일행이 무려 700명이었다. 임상옥은 이들 700명에게 한 상씩 따로따로 상을 차려 대접했다,

거상 임상옥에게는 평생 가르침을 준 물건이 있다. '계영배(戒盈杯)'라는 술잔이다. 계영배는 '가득 차는 것을 경계하라.'라는 뜻이다. 임상옥은 이 계영배의 철학을 늘 가슴에 새기며 장사했기에 다음과 같은 위기도 잘 이겨낼 수 있었다. '이생이사(二生二死)'라는 일화다.

전주의 어떤 이방이 급히 임상옥을 찾아와 생명이 걸린 일이라며 돈을 꿔 달라고 했다. 임상옥은 엄청난 거금이었지만 어음을 주며 유기전에 가서 환전해 문제를 해결하라 했다. 그리고 받은 차용증을 이방이 물러가자마자 찢어버렸다. 아랫사람이 그걸 왜 찢느냐고 물었더니 임상옥은 "이 돈은 받지 못하는 돈이다. 그러니 갖고 있어 봐야 뭐 하느냐."라고 했다. 그러자 아랫사람이 "왜 그렇습니까?"라고 물었고 임상옥은 "이 이방은 돈을 내놓지 않으면 나를 죽이고 자기도 죽을 각오로 온 것이다."라고 답했다.

알고 보니 이 이방은 많은 돈을 횡령해 감옥에 갇히게 될 위기에 있었기에 어차피 자기 인생은 끝났다고 생각해 돈을 꿔주지 않으면 임상옥을 죽이고 자기도 죽을 생각으로 가슴에 비수를 숨기고 왔다고 한다. 임상옥은 그런 이방의 눈에 어린 살기를 보았던 거다. 그래서 임상옥은 이생이사(二生二死), 즉 두 사람 다 살 건지, 두 사람 다 죽을 것인지 선택해야 했는데 두 사람 다 사는 쪽을 선택한 거다.

장사를 하다 보면 이득이 생길 때도 있고 손해 볼 때도 있다. 그러나 정작 중요한 것은 돈이 아니라 목숨을 살리는 것임을 임상옥은 알고 있었던 거다. 만약 임상옥이 재물에 대한 욕구가 넘쳐 계영배의 가르침을 따르지 않았다면 죽었을 것이다.

또 이런 일도 있었다. 순조 때 평안도에서 '홍경래의 난'이 일어났다. 백성에 대한 세금 수탈이 가장 큰 문제였는데 특히 평안도 지역은 세금 수탈도 문제였지만 평안도 지역 사람들에 대한 차별이 더 큰 문제였다. 난을 준비하던 홍경래가 임상옥을 찾아와 "이 난을 함께하자. 함께 세상을 뒤엎자. 그리고 우리가 세상을 지배하는 권력을 갖자."라고 임상옥을 설득했다.

난감했던 임상옥은 석숭 스님이 주신 종이를 펼쳐보았다. 거기에는 '鼎(솥 정)' 자가 적혀 있었다. 임상옥은 무슨 뜻인지 바로 알아차렸다. 솥에는 다리가 세 개 있다. 이 세 개의 다리가 상징하는 것은 재물, 권력, 명예였다. 사람은 이 세 가지를 다 갖고 싶어 한다. 그런데 세 가지를 한 사람이 다 가지면 솥의 다리는 사라지고 엎어질 것이다. 그래서 '鼎(솥 정)' 자를 본 임상옥은 홍경래의 제안을 거절했다. 결국 홍경래의 난은 실패로 끝났고, 임상옥은 화를 피할 수 있었다. 이것이 계영배의 가르침이다. 임상옥은 늘 계영배를 옆에 두고 가득 차는 것을 경계했다. 실제로 계영배는 술이 7부 이상 차면 모두 쏟아져 버린다.

말년의 임상옥은 어떻게 살았을까? 순조 32년(1832년) 6월 10일 《일성록(日省錄)》에 "의주 부윤 남이형(南履炯)이 아뢰기를 임상옥이 2,070냥을 희사해 이재민을 살렸으며, 이전에도 거금을 쾌척했다 하였다."라는 글이 있다. 이 일로 나라에서는 임상옥에게 '곽산 부사'라는 벼슬을 내려주었다. 그리고 헌종 1년에 또 수재가 발생하자 임상옥은 이번에도 역시 거액의 의연금을 냈고 그 보답으로 종3품의 '귀성 부사'라는 관직을 받았다. 종3품이면 차관급이다. 그러나 당시 비변사의 반대로 이 일은 무산되었다. 상인에게 고위 벼슬을 주니 양반들은 배가 아팠을 것이다. 이런 일을 겪으면서 임상옥은 관직도 욕심이라는 걸 깨닫고 모든 벼슬에서 물러나 빈민 구제와 시주(時酒)로 여생을 보냈다.

그러던 어느 날 자신과 거래하던 사람, 자신에게 빚이 있는 사람들을 모두 불러 모았다. 그리고 빚을 갚지 않아도 된다며 차용 문서들을 다 불태워버리고는 "재물을 모으기보다는 함께 나눌 수 있는 장사를 해라!"라고 말하며 금덩이까지 나눠주었다. 모인 사람들은 의아해하며 왜 그러냐고 물었고 임상옥은 이렇게 답했다.

> 어차피 빚이란 것도 물에 불과한 것. 목마른 사람에게 물을 주었다고 어찌 받을 빚이요, 갚을 빚이라 하겠는가. 그들이 없었다면 상인으로 성공을 거둘 수 없었을 것이다. 애초부터 내 것이 아닌 것을 그들에게 돌려주는 것뿐이다. 그들이 없었다면 나 역시도 상인으로 성공을 거둘 수 없었을 것이다. 재물은 물처럼 평등해야 하고, 사람은 저울처럼 곧아야 한다.

임상옥은 재물이 왜 물과 같다 했을까? 물은 잠시 가둬둘 수는 있어도 영원히 가둬둘 수는 없다. 결국 썩게 될 테니 말이다. 또 물은 손에 쥐면 잠시 머물렀다 곧 새어나가는 것처럼 재물도 이와 같다. 내 것이라 움켜쥐지만 결국 새어나가니 내 것이 아니다. 그러니 재물은 물처럼 흘러야 한다.

지금까지 노블레스 오블리주를 실천한 김만덕과 임상옥에 관해 이야기했다. 세계사에는 노블레스 오블리주를 상징하는 사건이 있다. '칼레의 시민'이다. 중세 말에 영국과 프랑스 간의 '백년전쟁'이 있었다. 영국이 프랑스를 침공했을 때 가장 가까운 프랑스 지역은 작은 항구 도시 칼레였다. 영국은 칼레를 쉽게 점령할 수 있을 줄 알았지만 무려 11개월이나 걸렸다.

칼레를 함락시킨 영국 왕 에드워드 3세는 화가 나 칼레의 모든 시민을 몰살시키겠다고 했다. 그러자 칼레의 시장이 찾아와 "그것만은 말아 달라."라고 통사정했고 이에 에드워드 3세는 "모든 시민의 안전을 보장해주겠다. 대신 시민들 중 여섯 명을 뽑아라. 칼레 시민 전체를 대신해서 그 여섯 명만 처형하겠다."라고 말했다. 이 말을 듣고 돌아온 시장은 칼레 시민들과 의논했다. 누가 칼레의 시민들을 대신해 죽겠느냐고.

그러자 놀랍게도 칼레시의 가장 부유한 인물인 유스타슈 생 피에르가 나서 자신이 맨발에 동아줄을 걸고 나아가겠다고 나섰고, 그의 희생정신에 감격한 시장을 비롯한 유지들이 앞다투어 그의 뒤를 따라나서 모두 일곱 명이 되었다. 그러자 피에르는 다음 날 가장 나중에 오는 사람이 남기로 하고 여섯 명이 영국군 진영으로 가자고 제안했다. 그런데 이튿날 오직 피에르만 나타나지 않았다. 사람들이 집으로 갔더니 이미 자결한 후였다. 혹시라도 살기를 바라는 마음이 생길까 두려워 솔선수범한 것이다.

남은 여섯 명은 담담한 태도로 머리에 동아줄을 매고 허리에 끈을 묶은 후 칼레시의 열쇠를 들고 에드워드 3세 앞으로 나아갔다. 이들을 기다리고 있는 것은 영국 국왕과 교수대였다. 그 순간 임신 중이던 에드워드 3세의 왕비 필리파 드 에노가 왕에게 간청했다. "내 뱃속 아기에게 사랑을 베푼다는 마음으로 그들에게 관용을 베푸소서." 그래서 에드워드 3세가 이들을 살려주고 재산도 지켜줬다. 사실 에드워드 3세가 원했던 건 서로 "네가 죽어라." 하며 싸우는 모습이었을 것이다. 그런데 이렇게 가장 높은 위치에 있는 여섯 명이 먼저 나서 칼레를 구한 것이다. 이것을 '노블레스 오블리주'라고 한다.

칼레의 시장은 이들 여섯 명을 조각상으로 만들어 칼레의 영웅으로 기리고 싶었다. 그래서 〈생각하는 사람〉으로 유명한 로댕에게 부탁해 〈칼레의 시민〉이라는 조각상을 만들었다. 로댕은 이 조각상을 절대 사람들이 우러러볼 수 있는 높은 곳에 두지 말고 사람들의 눈높이에 맞는 평지에 놔두는 조건으로 조각상을 만들었다. 조각상을 본 시장과 사람들은 실망했다. 사람들은 굉장히 비장하고, 멋있는 조각상을 기대했는데 실제 조각상은 굉장히 슬프고, 일그러진 표정에, 두려움에 가득 차 있는 침울한 모습이었기 때문이다. 한마디로 영웅과는 거리가 먼 모습이었다. 그래서 사람들은 이 조각상을 광장에 세우지 않고 칼레의 한적한 바닷가에 세워두었다. 로댕은 왜 이렇게 조각했을까? 사람은 누구나 목숨이 한 개고 그 목숨을 잃는 것이 두렵다. 그럼에도 이들은 기꺼이 죽기로 자청했다. 이것이 진정한 용기인 거다. 로댕은 이를 보여주고 싶었던 거다.

노블레스는 '글을 아는 지식인층'이란 뜻이다. 과거의 지식인층은 대부분 귀족이었다. 그래서 노블레스 오블리주는 '신분이 높은 귀족들이 반드시 지켜야 하는 도덕적 의무'를 의미한다. 그런데 김만덕과 임상옥은 상인이었다. 노블레스 오블리주가 요구하는 사회적 지위가 없음에도 이들은 사회를 위해 자신이 해야 할 의무보다 과분한 실천을 했다. 우리도 남은 인생은 이렇게 살아야 하지 않을까?

거란을 무너뜨린 70대 노장

고려의 영웅 강감찬

KBS2 사극 〈고려 거란 전쟁〉의 주인공은 고려 현종과 강감찬이다. 그중 강감찬에 관해 이야기하려 한다. 강감찬은 우리 역사상 3대 대첩 중 하나인 귀주대첩의 주인공이다. 참고로 3대 대첩은 고구려 을지문덕의 살수대첩, 조선 이순신의 한산도대첩, 고려 강감찬의 귀주대첩이다.

고려의 영웅 강감찬

서울 지하철 2호선에 낙성대역이 있다. 낙성대는 말 그대로 별이 떨어진 곳이란 뜻이며 이곳에 강감찬이 태어났다. 이곳에 떨어진 별은 북두칠성의 네 번째 별 '문곡성'인데 문곡성은 학문을 관장하는 별이다. 훗날 송나라의 사신이 낙성대에 와서 강감찬 장군을 보고 감탄하며 "문곡성이 보이지 않은 지가 오래되었는데 인제 보니 여기와 계시는구려."라고 했다. 이렇듯 강감찬은 굉장히 뛰어난 자질을 타고났다. 그래서인지 낙성대역 바로 옆이 서울대입구역이다.

강감찬의 생가 터에는 유허비와 고려 후기에 그를 기리기 위해 세워진 것으로 추정되는 3층 석탑이 있다. 이 3층 석탑에는 '강감찬 낙성대'라고 새겨져 있는데 이를 통해 그곳이 강감찬이 태어난 곳임을 확인할 수 있다. 후에 이 3층 석탑은 낙성대 공원으로 옮겨졌다. 낙성대 공원은 공원임과 동시에 강감찬을 모시는 사당으로 조성되었다. 그 사당이 안국사다.

강감찬은 고구려 장군 '강이식'의 후손이다. 강이식 장군은 을지문덕 장군과 함께 수나라의 공격을 막아낸 고구려의 대단한 명장이다. 중국을 통일한 수나라가 고구려에 사대를 요구하면서 압박해 왔을 때 강이식 장군은 "이같이 모욕적이고 무례한 글에 대해서는 붓으로 답할 게 아니라, 칼로 답해야 한다."라고 말하곤 고구려 군대를 이끌고 수나라를 선제공격했다. 또 강감찬의 아버지는 고려의 개국공신 '강궁진'이다. 그러니 강감찬은 금수저로 태어난 셈이다.

강감찬은 35세가 되어서야 문과에 장원급제했다. 《고려사 열전》에는 이 일에 대해 "젊은 시절부터 학문을 좋아하고 기발한 지략이 많았으며, 983년(성종 2년) 문과에 장원으로 급제했는데, 이때 나이가 35세였다."라고 서술했다. 늦었지만 장원급제했으니 금수저 강감찬은 출셋길이 보장된 사람이었다.

그러나 강감찬이 역사에 이름을 올린 것은 그의 나이 예순이 되어서였다. 60세면 그 당시에는 죽을 날이 거의 얼마 남지 않았다 여겨지는 나이다. 이는 강감찬이 장원급제하고도 60세 이전까지는 한직을 떠도는 신세였다는 것을 의미한다.

강감찬은 훌륭한 집안에서 태어나 장원급제까지 한 실력자였는데 왜 한직을 떠돌았을까? 크게 두 가지 이유가 있다. 첫 번째는 그의 볼품없는 외모다. 강감찬의 외모에 대해 《고려사에》는 "공은 체구가 작고 외모가 못생겨 볼품이 없었다."라고 적혀 있고, 《고려사절요》에는 "형체와 외모가 작고 못생겼으며 옷은 때가 묻고 해져서 볼품은 보통 사람에 지나지 않았다."라고 적고 있으며 민간설화에는 "얼굴이 얽고 천하 박색에, 체구가 왜소하여 엎드리면 마치 여우가 기어가는 듯했고, 키는 다섯 자(151cm 정도)로 난장이나 다름없었다."라고 전해진다.

흔히 명장이라 하면 기골이 아주 장대하고 관상이 호랑이처럼 용맹스러워야 한다고 생각한다. 그런데 강감찬은 이와 거리가 먼 사람이었다. 고대로 갈수록 사람을 평가할 때 그 사람의 능력보다 외모를 중요시하는 경향이 있는데 고려 시대도 그랬던 거다.

이런 문화는 조선 시대에 와서 달라졌는데 성리학의 영향으로 외모보다는 인품, 도덕성 등을 중요시했기 때문이다. 이는 이순신의 초상화를 보면 알 수 있는데, 중후하고 부드러운 인상의 초상화와 달리 관상학적으로는 입술이 뒤집어져 복이 있는 사람처럼 보이지 않았다고 한다.

강감찬이 한직을 떠돈 두 번째 이유는 늘 돌직구를 날리는 독불장군 같은 성격이다. 거란의 2차 침입이 있었던 1010년이었다. 다들 거란의 40만 대군이 공격해 왔으니 항복해야 한다고 주청할 때 강감찬만 이렇게 말했다.

> 항복은 절대 불가합니다. 국경에서 양규 장군이 잘 싸우고 있으니 항복하기보다는 다른 계책을 강구해야 합니다.

강감찬은 늘 자기 소신대로 할 말은 하고 마는 독불장군이었기에 늘 주변 사람들의 인정을 받지 못했고, 그래서 한직을 돌 수밖에 없었다.

그랬던 강감찬이 60세 되었을 때 3품 벼슬의 예부시랑으로 임명되었다. 공신 집안의 자제이니 그에게 명예 차원에서 한 처우로 보인다. 하지만 강감찬은 예부시랑임에도 2차 침입을 해 온 거란에 항복하지 말고 개경을 잠시 비우고 피난을 가야 한다고 강력하게 현종을 설득했다. 그를 신뢰했던 현종은 강감찬의 말을 따랐다. 현종은 피난을 가면서 많은 우여곡절을 겪었지만, 강감찬 덕분에 거란의 2차 침입을 잘 막아냈다고 생각했다. 이후부터 강감찬은 현종의 전폭적인 신뢰와 지원을 받으면서 장군으로서 승승장구하게 된다.

2차 침입이 있고 난 이후 고려는 거란에 항복하기로 약속했다. 그러나 고려는 그 약속을 지키지 않았고, 이 때문에 거란이 다시 쳐들어올 거라 예상했다. 현종은 강감찬을 서경유수로 임명하고 서북 지역의 군사적인 준비에 전적인 책임을 맡겼다.

최고의 승리, 귀주대첩

1018년 12월, 거란은 예상대로 3차 침입을 해 왔다. 거란은 소배압이 이끄는 10만의 최정예 부대를 동원해 침략해 왔는데 거란 성종의 친위부대였다. 거란에는 황제 직속의 최정예 부대 피실군이 있었는데 그중 우피실군이 고려를 침략한 것이다. 황제의 직속 최정예 부대였으니 거란에서 가장 잘 훈련된 병사들이라 할 수 있다. 이들은 대부분 기병이었으며 한 사람이 여러 마리 말을 데리고 놀라운 속도로 진격해 왔다. 진격 속도를 높이기 위해서는 보급을 현지 조달해야 하는데, 그 역할은 타초곡(병사들의 식량과 무기, 말이 먹을 풀 등을 약탈해 보급하는 약탈 전문 병사)들이 했다.

거란 사람들은 주변머리가 있는 사람들이었다. 머리 중앙에 머리카락이 없다. 이런 외모는 상대국 백성들에게 굉장히 무섭게 여겨졌다. 또 《신오대사(新五代史)》의 거란전에는 "거란군은 중국(당시 송나라) 사람들의 얼굴 껍질을 벗기고 눈을 파내고, 머리털을 뽑고, 팔을 부러뜨려 죽였다."라는 기록이 있다. 그만큼 거란은 당시 중국을 공포로 몰아넣었던 북방 민족이었던 거다. 이렇게 강력한 거란의 최정예군이 고려를 침입해 왔다.

고려의 현종은 강감찬을 상원수로 임명하고 대장군 강민첨을 부원수로 삼아 군사 20만 8천 3백 명을 거느리고 영주에 주둔하게 하였다. 이때 강감찬의 나이는 일흔이었다. 그럼에도 강감찬은 귀주대첩에서 큰 승리를 거두었다. 강감찬의 놀라운 통찰력 덕분이었다.

거란군은 1, 2차 침략에서 압록강을 넘어오면 가장 먼저 공격하는 성이 흥화진이었다. 그리고 고려의 전통적인 수비 방식은 흥화진 성의 안에서 성을 방어하는 것이다. 그런데 강감찬 장군은 흥화진뿐만 아니라 그 옆의 삼교천에도 군사를 매복시키고 대비를 해두었다. 강감찬의 예상은 적중했다.

거란군은 흥화진 성을 공격하지 않고 우회해 삼교천을 지났다.

강감찬은 큰 동아줄에 가죽을 엮어서 삼교천의 물을 막고 그들이 오기를 기다리고 있었다. 적들이 강을 건너자 막아놓았던 물을 터트렸고 강을 건너던 거란군들은 우왕좌왕했다. 그때 매복해 있던 1만 2천 명의 고려군이 거란군의 후미를 공격해 큰 승리를 거두었다. 이것이 '삼교천 전투'다.

삼교천 전투에서 고려는 거란군의 정찰과 보급을 무너뜨렸으나 거란의 주력 부대는 여전히 개경을 향해 빠른 속도로 진격했다. 강감찬은 그들의 속도를 늦추기 위해 강민첨에게 별동대를 이끌고 거란군의 후미를 공격하라고 급파했다. 강민첨은 거란군을 추격해 내구산에서 큰 타격을 입혔고 강민첨의 연락을 받고 서경에 있던 조원이 마탄에서 또 거란군의 후미를 공격해 만여 명의 목을 베었다.

거란군은 타격을 입었지만, 여전히 개경을 향해 진격했다. 고려의 주력군들은 대부분 북방에 와 있었기 때문에 개경에는 개경을 지킬 군대가 부족했다. 그래서 강감찬은 김종현에게 군대를 이끌고 빨리 개경으로 가라고 명령했다.

거란군이 기어이 개경 근처 40km 지점에 다다랐다. 현종은 거란의 2차 침입이 있었을 때는 어쩔 수 없이 수도를 버리고 피난 갔지만 이번에는 달랐다. 현종은 그동안 개경을 수호하기 위해 성을 튼튼히 보수하며 결연한 의지를 다졌다. 지금 거란군은 보급이 충분치 않으니, 성을 수비하면서 시간을 끌면 북쪽에서 지원군을 보낼 것이고, 그렇게 되면 거란군은 결국 오래 버티지 못하고 철수할 수밖에 없으리라 생각했다.

또 현종은 거란군들이 개경 밖에서 식량이나 말 먹이를 구할 수 없도록 '청야수성(淸野守城)' 전술을 펼쳤다. 청야수성 전술이란 현종이 개경을 사수하기 위해 개경 인근지역에 거주하고 있는 주민들을 개경 성내로 전원 대피시키고 개경 반경 100리 내외의 삼림과 가옥을 모조리 소각하거나 철거하는 동시에 양곡과 마초를 개경 성내로 운반하고 우물과 하천을 독으로 오염시키거나 메워버린 조치를 말한다. 후방 보급선은 전혀 고려하지 않은 채로 남진에만 주력한 거란군은 개경에 진입했을 무렵에는 이미 군량과 마초가 거의 바닥난 상태였다.

개경에 도착한 거란군은 생각보다 개경의 성이 더 튼튼하게 보수되어 있고, 왕을 중심으로 거란군에 맞서고 있어 계책을 세워야 했다. 고려를 향해 자신들은 곧 물러날 것처럼 고려의 눈을 속인 채 300명의 최정예 부대로 개경을 기습했다. 그러나 이미 이를 예상했던 고려군은 금교역에 매복했고, 밤을 틈타 고려군 100명이 거란 300명의 최정예 부대를 기습해 전멸시켜버렸다.

이에 개경의 고려군은 기세등등해졌고, 마침 강감찬이 보낸 김종현의 군대까지 개경에 도착했다. 상황이 이러하니 소배압의 선택은 오직 하나 개경을 포기하고 철수하는 것뿐이었다. 거란군은 빠르게 철수했지만, 고려군들은 가만있지 않았다. 연주, 위주에서 그들의 후미를 공격해 타격을 입히면서 거란군을 압록강을 건너기 위해 꼭 필요한 지역인 귀주로 몰았다.

그리하여 1019년 2월 2일 귀주에서 거란의 10만 기병과 고려의 20만 보병이 격돌했다. 얼핏 보면 고려군이 유리해 보이지만 거란이 더 유리했다. 고려는 보병이었고, 거란은 기병이었기 때문이다. 혹자는 기병이 보병보다 10배 더 우세하다고 평가하기도 했다.

귀주성이 아닌 귀주 들판에서 기병 중심의 거란군을 상대하고 있는 강감찬은 무슨 생각이었을까? 그에겐 어떤 전략이 있었던 것일까? 거란군은 배수의 진을 치고 승리의 의지를 다졌고, 고려군은 여기서 거란군을 완전히 섬멸시켜 다시는 고려를 공격하지 못하게 할 생각이었다.

양군은 모두 결사 항전했지만, 막상막하로 좀처럼 승패가 나지 않았다. 강감찬은 점점 초조해지기 시작했다. 그가 기다리던 김종현의 기병이 오지 않고 있었기 때문이다. 그러던 중 드디어 김종현이 이끄는 기병이 거란의 측면을 공격하기 시작했다.

전세가 기울기 시작한 바로 그때 북풍이 남풍으로 바뀌며 초속 20m의 거센 비바람이 거란군 쪽으로 몰아쳤다. 거란군은 바람과 비를 마주하고 싸워야 했기 때문에 거란군의 화살은 고려군까지 미치지 못했지만, 고려군의 화살은 쏘는 족족 거란군을 명중시켰다. 갑작스럽게 바뀐 날씨에 당황한 거란군은 전열이 흐트러지고 뒤로 물러나기 시작했는데 바로 그때 강민첨이 이끄는 부대가 거란의 후미를 공격해 거란군을 섬멸했다. 이 전술을 '망치와 모루의 전술'이라고 하며 이 전투를 귀주대첩이라 한다. 귀주대첩은 우리 역사에서 처음이자 마지막으로 벌판에서 대승을 거둔 전투였다. 《고려사 열전》에서는 귀주대첩을 이렇게 평가했다.

> 거란의 병사들은 북으로 도망치기에 바빴다. 우리 군사가 추격하여 석천을 건너 발령에 이르렀는데 적군의 시체가 들판에 널려 있고 포로로 잡은 인원과 뺏은 말과 낙타, 갑옷, 병장기 등이 헤아릴 수 없을 정도로 많았다. 적군 중에 살아 돌아간 자가 불과 수천여 명이었다. 거란이 이토록 무참한 패배를 당한 사례는 일찍이 없었다.

반면 거란의 전쟁 기록《요사》에는 귀주대첩을 이렇게 설명하고 있다.

> 개태 7년 12월 정유, 소배압이 다하(茶河)와 타하(陀河) 사이에서 고려와 전투를 벌였으나 운이 따라주지 않아 천운, 우피실 2군에서 도망치다가 물에 빠져 죽은 이가 많았으며 요련장상온 아과달, 객성사 작고, 발해상온 고청명, 천운군상온 해리 등이 전사했다.

거란의 이름난 장수들이 귀주대첩에서 모두 전사하였고, 거란의 최정예 부대라고 할 수 있는 우피실군마저 전멸당했단 소리다. 거란군을 이끌고 온 소배압은 서희와 담판을 벌인 소손녕의 형으로 이 소 씨 집안은, 거란 왕실의 외척으로 굉장히 유력한 가문이었다. 또 소배압은 거란의 성종과 이종사촌이기도 했다. 게다가 소배압은 거란이 강력한 제국으로 성장하는 데 큰 역할을 한 명장이었다. 그가 대패한 것에 크게 화가 난 거란의 성종은 소배압에게 "그대는 적을 가볍게 여기고 적지에 깊숙이 들어갔다가 사태를 이 지경으로 만들었다. 이제 무슨 면목으로 나를 대면하려 하는가? 내 반드시 그대의 낯가죽을 벗겨 죽이고야 말리라."라고 말했다.

강감찬은 소배압과 세계를 제패하고 있던 거란을 이긴 세계 최고 명장 중 한 명인 거다. 물론 강민첨, 김종현 같은 젊은 장수들의 도움과 현종의 전폭적인 지지와 신뢰가 있었기에 가능한 일이었다.

귀주대첩은 고려가 동북아시아의 판도를 바꾸며 균형자 역할을 하게 된 세계적인 사건이었다. 귀주대첩의 승리로 거란과 송 모두 고려의 눈치를 봐야 했고, 덕분에 이후 동북아시아는 100년 이상 평화의 시기를 맞을 수 있었다.

영웅 강감찬의 인품과 존재감

강감찬의 존재감은 어느 정도였을까? 강감찬이 귀주대첩에서 승리했다는 소식이 들리자, 현종은 직접 강감찬 장군을 마중 나왔다. 그 모습이 《고려사》에는 이렇게 기록되어 있다.

> 임금이 금으로 만든 8가지의 꽃을 손수 그의 머리에 꽂아준 뒤 왼손으로는 그의 손을 잡고 오른손으로는 축배를 들어 그를 위로하고 찬양하니, 그는 분에 넘치는 우대에 감당하기 어렵다는 뜻으로 사의를 표했다.

귀주대첩 후 강감찬은 6월 6일 망종일에 전몰 군인들의 유해를 찾아 그 뼈를 가족들에게 보내주고 그들을 위로하는 제사를 지냈다. 전몰 군인들을 위해 나라에서 제사를 지낸 것은 이때가 처음이었다. 그래서 이날은 지금의 현충일이 되었다.

역사에 남을 전쟁에서 승리했음에도 강감찬은 절대 거만하지 않고 이렇게 아픈 사람들부터 챙겼다. 그런 강감찬을 위해 현종은 큰 연회를 베풀고 진수성찬을 차렸다. 그런데 밥그릇 뚜껑을 연 강감찬은 깜짝 놀랐다. 빈 밥그릇이었던 거다. 이 사실이 알려지면 궁인들은 매우 난감한 상황에 처할 것이 분명했다. 그래서 강감찬은 조용히 밥뚜껑을 덮고 자리에서 일어나 바깥으로 나오면서 내관을 불러내 이렇게 속삭였다. "밥그릇을 열었더니 빈 그릇이더군. 실수를 한 것 같은데 걱정하지 말게. 내게 묘안이 있네." 그러고 강감찬이 자리로 돌아와 앉자, 내관이 와서 강감찬에게 이렇게 말했다. “장군님, 진지가 식은 듯하오니 바꿔드리겠습니다.” 강감찬은 이렇게 아랫사람까지 인간적으로 챙기는 영웅다운 인품을 가진 인물이었다.

강감찬은 60세 이전까지의 기록이 거의 없다. 그러나 강감찬과 관련된 설화와 이야기들은 전국 곳곳에서 전승되고 있다. 강감찬이 어릴 적 이야기다. 사실 강감찬은 굉장히 잘생긴 얼굴로 태어났다. 그런데 어린 나이에도 잘생긴 얼굴은 자신이 큰일을 하는 데 오히려 걸림돌이 될 거로 생각하고 마마신을 불러 자기 얼굴을 곰보로 만들어 달라고 부탁하는 바람에 추남이 되었다.

그 얼굴이 너무 못생겨 강감찬의 아버지도 외출할 때는 그를 잘 데리고 나가려 하지 않았다. 하루는 잔치가 있어 나가는 아버지가 강감찬을 데려가지 않으려 하자 강감찬이 굳이 따라나섰다. 그렇게 따라나선 강감찬이 혼례를 치르고 있는 신랑을 보니 귀신이 들렸다. 그래서 강감찬은 신랑에게 들어간 귀신을 쫓아내주고 신부를 구해주었다. 이후부터 강감찬의 아버지는 강감찬을 달리 보기 시작했다.

다음은 강감찬이 어린 나이에 고을 원님이 된 설화다. 고려에는 음서제가 있었으니 가능한 이야기다. 고을에 어린 사또 강감찬이 부임해 오자 그 고을의 아전들은 사또를 우습게 여겼다. 그러자 강감찬은 아전들을 모두 불러 수숫대를 주며 “이 수숫대를 소매 속에 넣어보거라.”라고 했다. 아전들이 팔보다 긴 수숫대를 소매에

넣지 못하자 어린 사또 강감찬은 "겨우 1년 자란 수숫대도 소매에 집어넣지 못하면서 20년이나 자란 원님을 아전들이 소매 속에 집어넣으려 하느냐?" 하고 큰소리쳤다. 이후 아전들은 이런 강감찬의 배짱과 당당함에 꼼짝 못 했다.

다음 이야기는 강릉에서 전해지는 설화다. 못에서 개구리들이 하도 시끄럽게 울어서 백성들이 편히 잠들 수가 없었다. 그러자 강감찬이 아전에게 부적을 써주며 못에 던지라고 했다. 그랬더니 개구리들이 다시는 울지 않았다.

이번에는 강감찬이 한성부윤으로 부임했을 때의 이야기다. 남산에서 호랑이가 출몰해 백성들을 잡아먹는 일이 많았다. 그러자 이 소식을 들은 강감찬이 아전에게 편지 하나를 써주면서 "남산에 가면 나이 많은 노인네가 있을 것이다. 이 편지를 전해주고 데리고 오너라."라고 말했다. 이윽고 노인은 강감찬 장군을 찾아왔고, 강감찬은 노인에게 "너는 지금 당장 네 무리를 데리고 저 멀리 떠나거라." 하고 호통쳤다. 그랬더니 노인이 호랑이로 바뀌어 달아났고 이후 남산에는 더 이상 호랑이가 출몰하지 않았다.

이렇게 전국 곳곳에서 강감찬과 관련된 설화들이 전해지고 있다. 물론 후대에 만들어진 이야기일 것이다. 이는 강감찬이 그만큼 고려 백성들의 희망이자 영웅이었다는 반증이다. 그런 강감찬에 대해《고려사절요》는 이렇게 기록하고 있다.

국가에 장차 화패(禍敗)가 올 때는 반드시 명현을 내시어 이를 구하시는구나. 목종 말년과 현종 원년에 역신(逆臣)이 난을 일으키고 거란이 내습해 안으로는 내홍, 밖으로는 환란이 있어 국가가 위급할 지경에 이르렀는데, 만약 강공이 없었더라면 장차 나라가 어찌 됐을지 알 수가 없다.

어느덧 일흔이 넘은 강감찬은 귀주대첩 이후 은퇴할 뜻을 밝혔다. 그러나 현종은 강감찬을 놓아주는 대신 궤장(지팡이와 의자)을 하사했다. 매일 출근하지는 못하더라도 일주일에 한두 번은 입궁해 가르침을 달라는 뜻이었다.

이후 강감찬은 태부(太傅), 태사(太師) 등의 명예직을 받기도 하고, 지금의 총리 격인 문하시중의 자리에 오르기도 했다. 그렇게 끝까지 나라와 백성을 위해 헌신한 강감찬은 현종이 승하하고 몇 달 후 84세의 나이로 세상을 떠났다.

강감찬을 기억하기 위해 우리는 군함에 강감찬의 이름을 붙여 '강감찬함'이라 부르고 있다. 강감찬은 지금의 평균 수명을 생각하면 80세가 되어서야 역사에 이름을 드러낸 인물이다. 이렇게 유능한 인물이 그 나이가 되도록 인정받지 못하고 살았다는 것은 고려 사회가 그만큼 부조리했다는 방증이다. 늘 옳은 말을 하고 직언하고 부조리를 그냥 넘어가지 못하는 성격 탓에 한직을 맴돌았지만,

그는 불평하지 않고 실력을 쌓았다. 그리고 국가에 위기가 닥쳤을 때 그 역량을 마음껏 발휘해 나라와 백성을 구했다.

나이 드는 것은 나쁜 것이 아니다. 그만큼 지혜도 함께 늘어나기 때문이다. 그렇게 지혜를 쌓아 가다 보면 강감찬만큼은 아니더라도 꼭 필요한 역할이 찾아올 것이다. 그러니 부조리한 세상에 불평하며 시간을 낭비하는 것보단 실력과 지혜를 쌓아 나가는 삶이 훨씬 가치 있는 삶이 될 것이라 믿는다.

VI

문득 반항심이
들 때 읽는

아웃사이더를 위한
인문학

조선이 외면한 아웃사이더

시대를 앞서간 천재 개혁가 허균

허균 하면 뭐가 제일 먼저 떠오르는가? 아마 홍길동일 것이다. 우리가 관공서나 은행에 가면 문서를 작성할 때 예시로 나와 있는 이름도 홍길동이다. 이렇듯 홍길동은 우리에게 매우 익숙한 이름이다. 그에 반해 홍길동을 탄생시킨 허균의 진짜 모습은 잘 알려지지 않았다.

허균의 호는 교산(蛟山)으로 임진왜란을 전후로 선조와 광해군 시대를 살았던 인물이다. 용인에 가면 허균의 가족 무덤이 있다. 첫째 형 허성, 둘째 형 허봉, 아버지 허엽 그리고 허균의 무덤이다.

그런데 안타깝게도 허균의 무덤은 시신이 없는 가묘다. 허균은 능지처참(陵遲處斬, 죄인의 머리와 팔다리를 각각 베어 죽이는 형벌)되었기 때문이다. 허균의 아버지 역시 부관참시를 당해 무덤 앞에 비석이 두 동강 나 있으니 참으로 불운한 가족의 묘다. 허균에 대해 《광해군 일기》에는 이렇게 기록하고 있다.

> 천지간의 괴물이다. 그 몸뚱이를 찢어 죽여도 시원치 않고, 그 고기를 씹어 먹어도 분이 풀리지 않을 것이다. 그의 일생을 보면 악이란 악은 모두 갖추어져 있다.

허균은 정말 괴물이었을까? 지금부터 허균에 대해 네 가지 키워드로 설명할 테니 허균이 정말 괴물인지 판단해보시라.

천재

강릉에 가면 허난설헌 기념관이 있는데 이곳에서 난설헌을 비롯해 다섯 명의 문장가를 만날 수 있다. 첫 번째는 허난설헌의 아버지 허엽이다. 허엽은 서경덕의 문하에서 공부한 이로 당시 동인의 거두였고 호는 초당이다. 강릉의 유명한 초당두부가 바로 이 허엽의 호를 따서 만든 것이다.

허엽은 뛰어난 자식들을 두었는데 허성, 허봉, 허초희, 허균이다. 허초희는 우리가 잘 알고 있는 허난설헌의 본명이다. 허균은 허엽의 막내아들이었다. 이 다섯 명이 바로 '양천 허씨의 5문장가'다. 5명이 모두 문장과 시에 아주 뛰어난 재능이 있었다. 허균은 당대 최고의 명문가이자 천재 집안에서 태어났다. 그러나 허균의 삶은 순탄치 않았다.

허균은 12살에 아버지를 여의고, 두 형을 의지해 살았다. 특히 둘째 형이었던 허봉은 허균의 스승이자 친구 같은 형이었다. 그런데 그 허봉은 율곡 이이를 탄핵하다 귀양 갔고, 귀양에서 풀려난 이후에 떠돌이 생활하다 객사하고 말았다. 이때 허균의 나이 21세였다. 그런데 연이어 그다음 해에 마음을 나누던 누이가 시집간 지 얼마 되지 않아서 요절해버렸다. 그리고 임진왜란이 일어났다. 허균은 만삭인 부인과 피난을 떠났는데 피난 중에 아이를 낳은 부인이 산후조리를 제대로 못 해 3일 만에 죽고, 아이도 죽었다. 허균의 심정이 어땠을지 감히 상상하기 어렵다.

이 시기 조선에는 허균의 능력이 꼭 필요했다. 임진왜란 발발로 조정에서는 명나라의 원군이 절실했고 그러려면 명나라 사신들의 마음을 얻어야 했다. 명나라 사신들은 조선의 문인들과 시를 나누는 걸 굉장히 즐겼는데 허균은 문장을 잘 짓고, 시를 많이 외우고, 시를 잘 짓는 능력까지 있었다. 그래서 조선은 사신 접대를 위해 허균의 능력이 꼭 필요했던 거다.

허균은 사신 접대에 탁월한 능력을 보여주었고 이 능력은 선조를 거쳐 광해군까지 이어졌다. 광해군 때 조선에 사신으로 왔던 명나라 사신 '주지번'은 허균의 이런 특별한 능력을 굉장히 칭송했고 광해군 일기에도 "허균은 글 쓰는 재주가 매우 뛰어나 수천 마디의 말을 붓만 들면 써 내려갔다."라며 그의 능력을 칭송했다. 거의 자동으로 문장과 시가 나오는 수준이었던 거다.

특히 임진왜란 막바지 조선에 왔던 명나라 사신 '오명제'는 허균에게 들은 수백 편의 시를 모아 《조선시선(朝鮮詩選)》이라는 시문집을 펴냈다. 명나라에서 출판된 조선의 시문집인 거다. 명나라의 경전이나 시가 조선에 소개되는 경우는 많았지만 조선의 시가 명나라에 소개되기는 쉬운 일이 아니었는데 《조선시선》에는 신라시대 최치원의 시를 비롯해 모두 108명의 시 340여 편이 실려 있다. 오명제는 조선시선의 첫머리에 "허균이 영민해서 한번 보면 잊지 않아 동방의 시를 수백 편이나 외워주었다."라고 적혀 있다. 허균 덕분에 책을 출간할 수 있었다는 뜻이다. 더 놀라운 것은 여기에 적혀 있는 수백 편의 시는 한자로 쓰였지만 한글음이 달려 있었다는 것이다. 당시에는 한글 사용이 많지 않은 시기였지만 허균은 여기에 한글로 음을 달아 한글을 명나라에 소개한 것이다.

이런 명나라와 조선의 외교를 '시문(詩文)외교' 또는 '수창(酬唱)외교'라고 한다. 시를 주고받으면서 마음을 나누고 외교적인 성과를 거둔다는 뜻이다. 명나라와 조선의 관료들은 말이 통하지 않았으니, 시를 통해 소통했던 거다.

시문외교는 사실 임진왜란 이전 약 200년 전부터 이어지고 있었다. 그 시작은 세종 때였다. 세종 때 명나라에서는 한림원 출신의 굉장한 문장가를 조선에 사신으로 보냈다. 세종은 그를 접대하라고 정인지, 성삼문, 신숙주를 보냈다. 명나라 사신은 모두 15편의 시를 지었는데 그 시에 정인지가 6편, 성삼문이 6편, 신숙주가 5편의 시를 지어 화답했다. 이에 명나라 사신은 정인지에 대해 "그대와 나눈 대화는 10년 책을 읽은 것보다 낫다."라고 극찬했고, 성삼문과 신숙주도 높이 평가하면서 이들과 의형제를 맺고 돌아갔다. 이처럼 시문외교는 조선의 외교에 매우 중요한 역할을 했다. 임진왜란 때 이 중요한 시문외교를 허균이 수행했고, 명나라에서 책으로 편찬되게 했으니, 허균은 정말 대단한 천재였음이 분명하다.

자유인

허균은 26살에 관직에 진출했고, 임진왜란이 끝난 후에는 그 공로를 인정받아 '황해도사'에 부임했다. 그런데 황해도사에 부임한 지 6개월 만에 파직되었다. 허균이 황해도사로 갈 때 풍악을 울리며 공개적으로 한양의 기생들을 데리고 갔기 때문이다. 기록에는 "선조 32년(1539) 황해도사 허균은 한양에서 창기들을 데려다놓고 따로 관아까지 만들었다."라고 되어 있다. 그러나 사실 관기의 수청을 받는 것은 관례였다. 허균에게 잘못이 있다면 이를 쉬쉬하지 않고《조강기행》이라는 책에 기생들과의 이야기를 글로 써서 드러냈다는 것이다. 당시 양반들에게는 체면 깎는 모습으로 비쳤을 것이다.

그런데 이것으로 끝이 아니었다. 허균은 강릉 땅에 나갔을 때도 기생에게 혹하여 어머니가 원주에서 죽었을 때조차 찾아가지 않는 불효를 저질렀다. 성리학을 높이 사는 조선 사회에서는 있을 수 없는 일이었다. 그러나 허균은 기생과 노는 것에 대해 이렇게 합리화했다. "남녀의 정욕은 하늘이 주신 것이요. 인륜과 기강을 분별하는 것은 성인의 가르침이다. 하늘이 성인보다 높으니 나는 차라리 성인의 가르침을 어길지언정 하늘이 내려주신 본성을 어길 수 없다." 허균은 인간의 본성인 식욕과 성욕에 이렇게까지 솔직한 사람이었다.

그렇다고 허균이 기생들과 연애만 했던 건 아니다. 기생 '매창'은 허균과 정서적으로 교감하며 시를 나누는 친구였다. 그런데 매창이 안타깝게 일찍 요절하자 허균은 그를 추모하며 이런 시를 지었다.

신묘한 글귀는 비단을 펼쳐놓은 듯
청아한 노래는 가는 바람 멈추어라.

복숭아를 딴 죄로 인간에 귀양 왔고
선약을 훔쳤던가 이승을 떠나 나니

허균은 매창의 죽음을 진심으로 안타까워했다. 《선조실록》에 따르면 양반들은 그런 허균을 "허균이 행실도 부끄러움도 없는 사람이다. 오직 문장의 재주가 있어 세상에 용납되었는데 식자들은 더불어 한 조정에 서는 것을 부끄러워하였다."라며 비난했다. 허균은 재능이 많았지만 그 행실 때문에 많은 양반의 비판과 비난이 따라다녔다.

황해도사에서 파직된 허균은 몇 년 후 '삼척부사'에 임명되었다. 그런데 13일 만에 또 파직되었다. 허균이 부처를 섬겼기 때문이다. 《선조실록》에는 "허균은 밥을 먹을 때면 식경을 외고 항상 작은 부처를 모시고 절하면서 스스로 부처의 제자라고 하니 승려가 아니고 무엇인가?"라고 기록되어 있다. 당시 조선은 성리학 이외의 학문이나 사상은 모두 배격하는 사회였다. 허균은 부처님을 섬기고 스님들과 교류한다는 이유로 파직되었던 거다.

사실 허균은 예전부터 서산대사, 사명대사 같은 분들과 굉장히 친하게 어울렸다. 특히 사명대사와는 18세 때부터 형제처럼 가까이 지냈다. 오죽하면 사명대사가 열반에 드시자, 그 제자들이 허균에게 사명대사의 비문을 지어 달라 할 정도였다. 실제로 사명대사의 비문이 적힌 해인사에 있는 '석장비'의 비문은 허균이 지어준

글이다. 허균은 불교를 신봉했다 해서 자신을 파직시킨 양반들을 향해 "하찮은 일을 가지고 소인배들이 모략을 일삼는다. 그대들은 그대들의 법을 따르라. 나는 나대로 내 인생을 살겠다."라고 소리쳤다. 자유인 허균다운 말이다.

삼척부사에서 파직된 허균은 몇 년 후 '공주목사'로 임명되었다. 그리고 9개월 만에 파직되었다. 서자들과 어울렸기 때문이다. 당시 서자들은 능력이 아무리 출중해도 관직에 나갈 수 없는 '아웃사이더(어떤 그룹에 끼지 못하는 사람)'들이었다. 그런데 허균은 이들과 친하게 지내며 스스럼없이 어울렸다. 공주목사로 부임한 허균은 가까운 서자에게 "나는 큰 고을의 원님이 되었네. 자네 어머니를 모시고 이곳으로 오게. 내가 절반의 봉급으로 대접하리니. 비방을 받는다 해도 전혀 개의치 않겠네."라고 써서 편지를 보내기도 했다. 허균은 서자들을 챙겨주고 어울린다는 이유로 파직된 거다. 지금 생각해보면 너무나 부조리한 세상이다.

그런데 허균은 왜 서자들과 친하게 지냈던 것일까? 이는 허균의 스승 이달과의 관계로 짐작할 수 있다. 손곡 이달은 허균의 형 허봉과 가까운 친구였고 허균과 허난설헌의 시 스승이었다. 그런 이달은 당대를 대표할 만한 시인이었지만 서자였기 때문에 어쩔 수 없이 시를 짓고 술을 마시면서 그냥 떠돌이로 살아야 했다. 누구보다 스승의 재능을 잘 아는 허균은 그를 알아주지 않고 받아주지 않는 것에 크게 실망하며 세상을 비판했다. 이런 허균의 마음이 잘 나타난 책이 허균이 지은 한문 소설《손곡산인전(蓀谷山人傳)》이다. 이 소설의 주인공은 스승 손곡 이달이다. 뛰어난 재능을 갖고 있지만 서자라는 이유로 출세할 수 없는 조선 사회를 비판하는 소설이다.

허균은 20여 년의 관직 생활 중 세 번의 유배와 여섯 번의 파직을 당하는 파란만장한 삶을 살았다. 허균은 그런 자신의 삶을 두고 '불여세합(不與世合)'이라고 칭했다. 나는 세상과 화합하지 못한다는 뜻이다. 허균은 또 이런 말도 했다.

> 나는 성격이 곧아서 남이 옳지 못한 짓을 하면 참고 보지 못했고, 속된 선비들의 멍청한 짓은 비위가 상해 견딜 수 없었다.

세상과 화합하지 못하는 허균의 성격이 잘 드러난다. 그런 허균이 살아갈 힘을 얻은 것은 책이었다. 허균이 한 말이다.

> 나는 처세에 졸렬하고 재물을 유리하게 쓸 줄 몰라 반평생 동안 파란이 많았다. 그러나 몇 번 옥살이하고 몇 번씩 쫓겨 다녀도 책만 있으면 극락같이 여겼다.

이를 뒷받침하는 사건이 있다. 허균이 명나라에 사신으로 갔을 때의 일이다. 허균은 명나라에서 천주학을 접했다. 보통, 조선의 사신이 명나라에 갈 때는 월급 대신 인삼을 받아 갔다. 그리고 그 인삼을 명나라에 가서 은으로 바꾸고 그 은으로 명나라의 골동품을 사서 조선으로 돌아왔다. 그런데 허균은 그러지 않았다. 허균은 인삼으로 바꾼 일만 양의 은을 4천여 권의 책을 사는 데 썼다. 그런데 그 4천여 권의 책 속에는 천주교의 찬송가와 기도문도 들어 있었다. 그뿐만 아니라 명나라에서 금서로 지정된, 구하기도 어려운 '이탁오'의 책을 구해 조선으로 가져왔다. 책에 대한 그의 애정이 어느 정도인지 알 수 있다.

그러나 허균의 이러한 행동은 위험천만한 일이었다. 허균은 새로운 사상, 새로운 학문을 거리낌 없이 받아들이고 싶었지만, 세상이 그를 가만두지 않았다. 《어유야담》에는 "허균은 유, 불, 도 삼가의 책을 닥치는 대로 읽고 시원하게 외워내니 아무도 그를 당할 수 없었다."라고 기록되어 있다. 그나마 허균을 긍정적으로 보는 듯하다. 반면 《광해군일기》에서는 허균을 "글 쓰는 재주가 매우 뛰어나 수천 마디의 말을 붓만 들면 써 내려갔다. 그러나 허위적인 책을 만들기 좋아하여 산수나 도참설, 도교나 불교의 신기한 행적으로부터 모든 걸 거짓으로 지어냈다."라고 비판했다. 자유를 추구하는 허균의 삶이 왠지 위태롭게 느껴진다. 시대가 그를 자유롭게 내버려두지 않는 것 같다.

역적

앞서 허균은 서자들과 친하게 지냈다고 했다. 서자들은 아무리 능력이 출중해도 관직에 나갈 수 없으니, 자기들끼리 어울리며 풍류를 즐겼다. 그들 중 스스로 '강변칠우'라 부르는 서자들이 있었다. 그런데 이들이 사고를 치고 말았다. 문경새재에서 은을 거래하는 은상을 습격해 은 칠백 냥을 강탈한 것이다. 강도 사건이었다. 그런데 이 강도 사건이 어처구니없게도 '칠서의 난'이라 불리는 역모 사건으로 확대되었다. 때는 광해군 시기였는데 광해군을 지지하던 대북파 세력이 이를 역모 사건으로 조작해 이들이 김재남과 손을 잡고 영창대군을 옹립하려 했다고 사건을 확대한 거다. 일이 이렇게 되니 강변칠우는 물론 강변칠우와 친하게 지냈던 허균도 난처해질 수밖에 없었다.

허균은 일단 살기 위해 권력자 이이첨에게 도움을 요청했다. 이이첨은 허균의 뛰어난 문장력을 얻기 위해 그의 손을 잡아주었다. 이이첨과 손을 잡은 허균은 살기 위해 김재남은 물론 김재남의 딸이자 선조의 계비였던 인목대비의 처벌까지 주장했다. 또 허균은 자신을 따르던 유생들과 합세해 인목대비를 폐위시키라는 폐모론까지 불러일으켰다. 이 폐모론은 불안했던 광해군의 정치적 입지를 탄탄하게 만들었고 이 일로 허균은 광해군의 총애를 받게 되었다.

위기는 기회와 함께 온다고 했던가. 이후 허균은 출세 가도를 달려 '형조참위'까지 올라갔다. 지금으로 말하면 '법무부 차관' 정도 될 거다. 허균에 대한 광해군의 총애가 얼마나 컸는지 당시 세자의 후궁으로 허균의 딸이 거론되기도 했다. 허균이 권력의 실세로 부상했던 거다. 이를 본 이이첨은 허균을 견제하기 시작했고 결국 큰 사단이 일어났다.

바로 광해군 10년 8월 10일에 일어난 '남대문 흉방 사건'이었다. 남대문에 흉방이 붙었는데 그 내용은 이러했다. "백성들을 구하고 죄를 벌하러 장차 하남 대장군이 이를 것이다." 광해군을 죽일 것이란 역모 사건이었다. 이 흉방 사건이 허균의 외가 현흥민의 소행으로 밝혀지면서 허균은 배후 세력으로 지목되었고 결국 반역죄로 의금부로 끌려갔다. 이후 광해군 10년 8월 25일의 기록에 따르면 "허균이 애초에는 의창군을 추대하려는 것을 계획으로 삼았으나 나중에는 허균 스스로 하려 했다."라는 고변이 이어졌다고 한다. 허균은 꼼짝없이 역모죄를 뒤집어쓰고 말았다. 허균은 자신이 아직 승복하지 않았으므로 결안할 수 없다면서 붓을 던지고 서명하지 않았으나 좌우의 사람들이 핍박하여 서명하게 했다. 이에 허균은 "할 말이 있다!"라고 소리쳤으나 아무도 그의 말을 들어주지 않았고 결국 능지처참당했다.

이런 허균의 죽음을 두고 논란이 많았다. '기자헌'은 허균의 폐모론에 반대했던 인물임에도 이렇게 말했다.

예로부터 죄인에게 형장을 가하며 신문하지 않고 사형이 결정된 문서도 받지 않은 채 단지 죄인의 범죄 사실을 진술한 말로만 사형에 처한 죄인은 없었으니 훗날 반드시 이론이 있을 것이다.

허균의 처벌에 관해 절차가 잘못되었음을 말하고 있다. 원래 사형에 처하려면 세 번의 재판을 거쳐야 하는데 허균은 그 절차를 모두 무시당했다. 더욱이 허균의 자백도 없었다. 그런데도 이렇게 허균은 일사천리로 사형당했다. 더 기막힌 것은 허균이 죽고 난 이후에도 허균과 친하게 지냈던 관련자들이 수시로 끌려와 심문당했다는 것이다. 관련자 심문도 안 끝났는데 주동자를 사형시켜 버린 것이다.

기록에 따르면 광해군은 이 역모 사건에 대해 누구보다 허균을 강하게 비판했다. 이렇게 말이다. "허균은 성품이 사납고 행실이 개, 돼지와 같았다. 윤리를 어지럽히고 음란을 자행하여 인간의 도리가 전혀 없었다, 죄인을 잡아서 동쪽의 저잣거리에서 베어 죽이고 다시 기쁨을 누리고자 대사령을 베푸노라."

형장의 이슬로 사라진 허균이 마지막 남긴 말은 이것이었다. "할 말이 있다." 그러나 그는 할 말을 하지 못했다. 그가 하고 싶었던 말은 무엇이었을까?

허균이 죽은 5년 후 인조반정이 일어났다. 광해군이 쫓겨난 것이다. 인조반정 이후 광해군 때 있었던 반역 사건들은 모두 복권되거나 사면되었다. 그러나 단 한 사람, 허균만은 복권되지 못했다. 그래서 허균은 조선의 역사가 끝나는 날까지 역적으로 남았다. 바로 그의 사상 때문이었다.

사상

허균은 조선의 사상에 정면으로 반박한 인물이었다. 그런 허균의 사상을 이야기하기 전에 허균의 인간적인 면모부터 살펴보자. 이미 말했듯이 허균의 누이 허난설헌은 요절했다. 허균은 허난설헌이 죽자, 자신이 외우고 있던 누이의 시를 다 모아《난설헌집》이라는 문집을 만들었다. 그리고 이 문집은 시간이 한참 지난 후 중국의 3대 문장가였던 주지번을 통해 명나라에 건너가 그곳에서 출판되었다. 허균과 주지번 덕분에 난설헌의 이름은 중국에서도 칭송받았다.

허균은 형 허봉의 시도 기억을 떠올려 문집으로 만들었는데 이 문집이 형의 호 '하곡'을 딴《하곡집》이다. 이 문집에 실려 있는 〈인주기사제(仁州寄舍弟)〉는 허봉이 유배에서 풀려나 인천 일대를 유랑하며 남긴 시문인데 억울한 유배 생활의 흔적, 형제에게 해가 되지 않을까 하는 염려와 그리움이 담겨 있다.

형의 죽음과 더불어 허균이 겪었던 안타까운 죽음은 첫 번째 부인의 죽음이었다. 허균은 첫 번째 부인의 죽음을 두고 〈망부인김씨행장(亡妻淑夫人金氏行裝)〉이라는 글을 썼는데 다음은 그 글의 일부다.

> 바야흐로 내가 가난할 때 당신과 마주 앉아 짧은 등잔에 심지를 돋우며 밤을 지새워 책을 놓고 읽다가 싫증을 내면 당신은 내게 농담하기를 당신이 게으르면 제 숙부인 첩지가 늦어진답니다. 이렇게 이야기했는데 누가 알았으랴. 18년이 지난 후에 첩지를 앞에 놓고 허공에 고하게 될 줄이야. 그때 영전에 교지를 바치나 영화로움을 누리는 사람은 처음에 나와 머리를 올린 그대가 아니라네. 만약 그대가 안다면 반드시 슬퍼하고 탄식하리라.

허균은 굉장히 다재다능한 천재였다. 허균이 유배지에서 쓴 책이 《도문대작(屠門大嚼)》인데 '도문대작'은 고깃집 앞에서 입을 크게 벌리고 고기 씹는 흉내를 낸다는 뜻이다. 유배 생활 중 먹을 것이 변변치 않았던 허균이 자신이 그동안 먹었던 맛있는 음식들 117가지를 기억해낸 후 그 음식의 기원과 관련 이야기를 담은 책이다.

허균의 인간적인 면모를 살펴보았으니 이제 본격적으로 허균의 사상이 담겨 있는 중요한 책을 소개해보겠다. 바로 《성소부부고(惺所覆瓿藁)》다. '성소'는 허균의 또 다른 호이고, '부부고'는 장독대를 덮을 만한 하찮은 글이라는 뜻이다. 굉장히 겸손한 제목이지만 이 책 속에는 허균의 사상이 그대로 담겨 있다. 이 책은 허균이 역모죄로 의금부에 잡혀가기 전 사위의 집으로 빼돌려 무사할 수 있었다. 허균이 처형당한 지 52년 뒤 외손자가 세상에 내놓아 빛을 보게 되었다.

이 책 속에는 관론(官論), 후록론(厚祿論), 병론(兵論) 등이 담겨 있는데 관론은 관원이 너무 많아 기구와 관료를 줄여 국고의 손실을 막아야 한다는 주장이고, 후록론은 관리에게 의식주를 해결할 정도의 후한 녹봉을 줘야 부정과 부패를 막을 수 있다는 주장이며, 병론은 모든 계층이 고르게 군역의 의무를 져야 한다는 주장이다. 당시 사회 분위기 볼 때 엄청나게 선진적인 개혁안이 아닐 수 없다.《성소부부고》에는 또 인재에 대한 허균의 생각이 잘 담겨 있는 '유재론(遺才論)'도 있는데 하늘이 내린 인재를 버리는 건 하늘에 대한 거역이라는 항변이 다음과 같이 기록되어 있다.

> 하늘이 사람을 낼 때 귀한 집 자식이라 해서 재주를 넉넉하게 주고, 천한 집 자식이라 해서 인색하게 주지 않았다. 그래서 옛날 어진 임금은 이런 걸 알고 인재를 더러는 초야에서 구했으며 낮은 병졸 가운데서도 뽑았다. 싸움에 패하여 항복해 온 오랑캐 장수 가운데서도 발탁했으며, 도둑 가운데서도 끌어올리거나 창고지기를 등용하기도 했다. 우리나라는 땅이 좁고 인재가 드물어

예로부터 그것을 걱정했다. 하늘이 재주를 고르게 주었는데 이것을 문벌과 과거 제도로 제한하니, 인재가 모자라 늘 걱정하는 것도 당연하다. 우리나라만이 어미가 천하거나 다시 시집갔으면 그 자손은 모두 벼슬길에 끼지 못했다. 변변치 않은 나라인데 양쪽 오랑캐 사이에 끼어 있으니, 인재들이 우리나라를 위해 쓰이지 못할까, 걱정해야 할 터인데, 도리어 그 길을 막고는 '인재가 없다.'라고 탄식만 한다.

감탄이 절로 나오는 통찰과 표현력이다. 이번에는 허균의 '호민론(豪民論)'을 살펴보자. 호민론의 핵심은 천하가 두려워할 바는 오직 백성뿐이라는 것이다. 이 호민론에서 허균은 백성을 세 가지 종류로 구분했다.

- 항민(恒民) : 눈앞의 일에 얽매이고 부림을 당하는 사람.
- 원민(怨民) : 시름하고 탄식이나 하는 사람.
- 호민(豪民) : 천지간을 흘려보다가 시대가 원할 때 꿈을 실현하는 사람.

항민은 무지하고 세상이 이러면 이렇게 세상이 저러면 저렇게 별생각 없이 사는 사람들이고, 원민은 무턱대고 세상을 원망만 하는 사람들이며, 호민은 세상을 잘 관찰하고 있다가 때를 만나면 당당히 일어서서 세상에 맞서는 사람이다. 이 호민들이 일어서면 원민과 항민도 그를 쫓아서 일어선다는 주장이다. 그러니 호민은 사회에 맞서는 개혁을 주도하는 이로 《홍길동전》에 나오는 홍길동 같은 사람이다.

허균은 《홍길동전》을 통해 당시 사회의 부조리에 맞섰다. 보통의 양반들이 한시를 지을 때 허균은 조선 사회를 정면으로 비판하는 한글 소설을 쓴 것이다. 《홍길동전》은 차별 없는 인재 등용, 백성이 중심이 되는 개혁, 허균이 꿈꾸는 이상 세계를 담고 있다.

허균은 그 당시 국제 정세를 정확하게 꿰뚫고 있었다. 그는 여러 차례 북방 민족의 침략을 경고했다. 명나라가 도와줄 것이니 걱정 없다는 대신들에게 "요동도 빼앗긴 명나라는 그럴 힘이 없다."라고 반론을 폈고, 잠시 남쪽으로 피신하면 된다는 자들에게는 "우리가 갈 수 있다면 저들도 올 수 있다는 뜻"이라고 반박했으며, "고기 먹는 자들의 생각이 슬플 뿐"이라고 통탄했다. 실제로 허균이 죽고 9년 후 우리는 후금의 침략을 받아 정묘호란을 겪었다. 또 그로부터 10년 후 병자호란도 겪었다. 만약 조선이 허균의 목소리에 귀를 기울였더라면 조선의 역사는 달라졌을지도 모른다.

허균의 《홍길동전》에는 '율도국'이라는 이상 세계가 나온다. 그런데 놀랍게도 영국의 '토마스 모어'도 《유토피아》라는 책을 썼다. 토마스와 허균은 비교적 비슷한 시기의 인물인데 공통점이 있다. 허균은 광해군의 총애를 받았고, 토마스 모어는 헨리 8세의 총애를 받았다. 허균은 역모죄로 광해군에게 처형당했고, 토마스 모어는 헨리 8세에 대항하다 죽임을 당했다. 그런 토머스 모어가 그린 이상 세계가 '유토피아'다. 유토피아는 '세상에 있을 수 없는 곳'이라는 뜻이다. 그러니 이상 세계는 세상에 있을 수 없는 곳이다. 그럼에도 허균과 토마스 모어는 이상 세계를 꿈꿨다. 적어도 마음에는 둘 수 있지 않은가.

지금까지 우리가 미처 몰랐던 허균의 모습을 천재, 자유인, 역적, 사상이라는 네 가지 키워드로 살펴보았다. 허균은 조선이 외면한 아웃사이더였지만 누구보다 시대를 앞서간 천재 개혁가였다. 허균의 삶을 한마디로 정의하라면 '허균답게'라고 표현할 수 있지 않을까?

지금 우리는 조선시대보다 더 급변하는 시대를 살고 있다. 그런 우리에게 가장 필요한 것이 무엇일까? 허균처럼 '나다움'을 찾는 것이 아닐까. 나다움은 정체성이고 정체성이 없는 삶은 흔들릴 수밖에 없으니 말이다. 당신의 '나답게'는 무엇인가?

백성을 위해 최선을 다하는 삶

조선의 노스트라다무스 이지함

토정 이지함의 이름만 들어도 떠오르는 단어가 '토정비결'이다. 매해 12월이 되면 많은 사람이 새해를 기대하며 토정비결을 본다. 《토정비결》은 이지함이 지었다고 알려졌지만, '토정'이라는 호 외에 이지함이 저자라는 역사적 근거는 아직 없다. 그래서 《토정비결》의 저자가 이지함이 맞다 아니다 논란이 많다.

이지함은 어떤 인물이었을까? 1720년(숙종46) 이지함의 현손 이정익(李禎翊)에 의해 편집·간행된 이지함의 시문집 《토정유고(土

亭遺稿)》에는 그에 대해 "이지함은 천문, 지리, 의약, 복서(점), 율려(음악), 산수, 소리에 능했다. 그리고 관상, 신방과 비결에 통하지 않았던 분야가 없었다."라고 쓰여 있다. 정말 많은 분야의 지식이 풍부한 인물이었음을 알 수 있다. 특히 이지함은 천문, 지리, 점술 등의 능력이 아주 탁월했다고 한다.

이지함에게는 여러 제자가 있었는데 그중 조헌이라는 특별한 제자가 있다. 조헌은 임진왜란 때 의병장이었다. 이지함은 조헌에게 "15년 후에 피가 천리를 흐르게 함이 있을 것이다."라고 말했다. 그 15년 후에 피가 천리를 흐르게 함이 바로 '임진왜란'이었다. 또 이지함은 조헌에게 "나는 아산에서 죽을 것이고, 자네는 금산에서 죽을 것이니."라고도 했다. 과연 그의 말대로 이지함은 아산 현감으로 아산에서 죽고, 조헌은 임진왜란 때 금산에서 전사했다.

지금부터 이렇게 특별한 인물이었던 이지함의 모습에 대해 세 가지로 나누어 살펴보겠다.

조선의 괴짜

이지함은 조선의 3대 기인이라 불릴 정도로 기이한 행동을 많이 했다. 그런데 이지함은 한산 이씨의 명문가 집안에서 태어났다. 고려 말의 충신이자 뛰어난 인재였던 목은 이색의 6대손이고, 이지함의 조카 이산해는 선조 때 영의정까지 지낸 인물이었다.

명문가에서 자란 이지함은 외모도 예사롭지 않았다.《토정유고》에 따르면 보통 사람보다 머리 하나는 더 있는 건장한 체격에 얼굴은 둥글고 살이 붙어 있지만, 검은 피부에 눈은 빛나고 목소리는 웅장하였다고 한다. 이지함은 공부도 아주 열심히 했는데 경전을 모두 통달하고 사서와 제자백가까지 섭렵했다.

그러나 이지함은 관직에는 관심이 없었다. 일생의 대부분을 유랑 생활로 보내면서 백성들의 삶의 문제를 해결하기 위해 노력했다.《선조수정실록》에 따르면 "이지함은 유랑 생활을 할 때 머리에는 솥을 쓰고, 나막신을 신고 구부정한 모습으로 성시(成市)에 나왔는데 사람들은 그를 보면 손가락질하며 웃었으나 그는 아무렇지도 않게 여겼다."라고 되어 있다.《연려실기술》에는 이런 그의 모습을 "솥을 지고 다니기가 싫어 쇠로 관(鐵冠)을 만들었는데, 거기에 밥을 지어 먹고 씻어서 관으로 쓰고 다녔다. 팔도를 두루 유람하면서도 탈것을 빌리는 일이 없었다."라고 기록했다.

이지함은 바다 건너 섬으로도 많이 다녔는데 그 모습을《어우야담(於于野譚)》에서는 "일엽편주(一葉片舟)에 몸을 싣고 네 모퉁이에 표주박을 묶어서 제주도에 세 번이나 드나들었지만 풍랑의 피해를 전혀 입지 않았다."라고 기록하고 있다. 그 당시 제주 바다를 건너는 건 큰 배로도 쉽지 않은 일이었는데 이지함은 어떻게 그 작은 배로 제주도를 세 번이나 오가면서 한 번도 위험한 일을 겪지 않을 수 있었을까? 이지함은 앞서 말한 것처럼 천문, 지리, 점술에 능해 바람의 기운, 조수의 시기 등을 꿰뚫고 있었기 때문이다.

이지함의 기행은 이것이 끝이 아니다. 《동패낙송(東稗洛誦)》에는 이지함의 잠자는 법에 대해 "잠을 자고 싶으면 길가에서 지팡이를 짚고 서서 잤다. 오고 가는 소나 말에 부딪혀서 동서로 옮겨 다니다가 5, 6일 후에 비로소 깼다."라고 기록되어 있다. 또 《국조인물고(國朝人物考)》에는 이지함의 굶주림을 참는 능력에 대해 "이지함은 굶주림을 참음에 있어서 십여 일이나 익힌 음식을 먹지 않았다. 목마름을 참음에 있어서는 한여름에도 물을 마시지 않았다."라고 기록되어 있다. 하나같이 굉장히 기이한 모습들뿐이다.

명문가 집안의 양반이 왜 이런 기이한 행동을 했을까? 그 이유는 조선 전기 연산군 때 일어난 갑자사화로 거슬러 올라간다. 갑자사화는 연산군이 자신의 어머니 폐비 윤씨를 죽음으로 몰고 간 사람들을 쫓아내거나 죽인 대단히 큰 사건이었다. 이때 이지함의 아버지도 연루되어 유배 보내졌는데 다행히 연산군이 중종반정으로 쫓겨나면서 유배에서 풀려났다.

왕위에 오른 중종은 세 명의 왕비가 있었는데 첫 번째 왕비는 단경왕후였다. 중종이 왕위에 오르고 얼마 후 단경왕후는 강제 이혼을 당해야 했다. 왜냐하면 단경왕후의 고모가 연산군의 왕비였기 때문이다. 어쩔 수 없이 두 번째 왕비를 맞이한 중종은 아들을 얻었다. 그런데 이번에는 두 번째 왕비가 산후 후유증으로 일찍 죽어버렸다. 그래서 중종은 세 번째 장가를 들었는데 그 왕비가 문정왕후다. 문정왕후는 뒤늦게 아들을 낳았다.

중종은 두 번째 왕비에게서 첫째 아들을, 세 번째 왕비에게서 둘째 아들을 얻었다. 중종이 죽자 첫째 아들 인종이 왕위에 올랐다. 그러자 인종의 외삼촌 윤임의 세력이 막강해졌는데 인종은 왕위에 오른 지 1년이 채 못 되어 죽어버렸다. 인종이 죽자, 중종의 둘째 아들 명종이 왕위에 올랐다. 그러자 문정왕후가 수렴청정하면서 막강한 권력을 가지게 되었고 덩달아 문정왕후의 남동생이자 명종의 외삼촌이었던 윤원형의 세력도 막강해졌다.

윤원형은 선대 인종의 외삼촌 윤임 세력을 몰아냈다. 이것이 외척 간의 정치대결 '을사사화'다. 그 당시 승정원의 사관이던 안명세는 이 을사사화를 시정기에 상세하게 기록했다. 시정기의 내용은 사초와 함께 왕이 죽고 나면 실록에 적히게 되는데 이러한 사실이 윤원형 세력의 귀에 들어갔다. 안명세는 윤원형 세력에게 끌려가 온갖 고초를 겪다 결국 죽임을 당했다. 안명세는 이지함의 절친이었다. 안명세의 죽음을 본 이지함은 이때부터 정치를 멀리하고 바닷가를 돌아다니면서 거짓 미치광이로 살았던 거다.

이지함이 현실 정치를 멀리하고 세상을 떠돌아다닌 데에는 또 다른 이유도 있었다. 《선조수정실록》에 따르면 안명세가 죽기 한 해 전, 이지함은 갑자기 불길한 예감이 들어 장인에게 "아내의 가문에 길할 기운이 없으니 떠나지 않으면 장차 화가 미칠 것입니다."라고 말했다. 그러나 장인은 받아들이지 않았고 이지함은 어쩔 수 없이 처가에서 처자식을 데리고 나와 몸을 피했다. 그리고 바로 그다음 날 이지함의 장인은 '양재역 벽서 사건'에 휘말려서 죽음을 면치 못했다. 참고로 여기서 말하는 양재역은 서울 지하철 양재역이 아니라, 조선시대에 말을 빌려주는 역으로 오늘날의 과천이다. 이곳에 방이 붙었는데 그 방에 '여주가 정권을 잡고 간신들이 권세를 농단하니…….'라는 내용이 적혀 있었던 거다. 문정왕후가 명종을 앞세워 권력을 농단하고 있다는 말이었다. 이는 윤원형 세력이 윤임 세력을 숙청하기 위해 만들어 낸 역모 사건으로 이때 이지함의 장인도 함께 죽임을 당한 거다.

흙집에 사는 양반 상인

정치에 환멸을 느낀 이지함은 현실 정치를 멀리하고 백성들 속으로 들어가 조선의 이단아가 되었다. 이단아 이지함은 흙집에 사는 양반 상인이 되었다. 흙집에서 사는 것, 장사를 하는 것 모두 양반과는 어울리지 않는다. 그런데 이지함은 어쩌다 흙집에 살면서 장사하는 양반이 되었을까? 여기서 우리는 이지함의 인품을 엿볼 수 있다.

이지함의 부인은 결혼 후 그에게 멋진 비단 도포를 지어줬다. 어느 날 이지함이 그 도포를 입고 출타했는데 도포 없이 돌아왔다. 이지함의 부인이 도포를 어떻게 했느냐고 물었고 이지함은 "다리 밑에 거지 삼형제가 쪼르르 앉아 추위에 떨고 있어 벗어주고 왔소."라고 답했다. 이지함은 백성을 생각하는 마음이 누구보다 따뜻했던 사람이다.

당시에는 정치가 엉망인 만큼 백성들의 삶도 엉망이었다. 오랜 흉년과 관리들의 수탈에 생업을 잃고 떠도는 사람들이 늘고 얼어 죽는 사람이 잇따라, 촌락이 쓸쓸해져서 열 집 중 아홉 집은 비게 되었다. 떠난 백성들은 주로 도적이 되었는데 이때 유명했던 도적이 바로 '임꺽정'이다.

힘든 백성을 위해 이지함은 무인도에 들어가서 박을 심었다. 그 결과 수만 개의 박이 열렸고 이지함은 그 박을 갈라 바가지를 만들어 곡식을 사들였는데 그 양이 천여 석에 이르렀다. 이지함은 이 쌀을 모두 가난한 백성들에게 나누어주었다. 양반 상인의 수완이 굉장해 보인다.

사농공상으로 신분의 차별이 철저했던 시대에 양반 이지함은 어떻게 장사할 생각을 했을까? 그 답은 이지함과 가깝게 지냈던 사람들에게서 찾을 수 있다. 이지함의 사람들은 서경덕, 조식, 성혼, 이이다. 서경덕은 이지함의 스승이고, 조식은 '칼 찬 선비'라는 별명답게 목에 칼이 들어와도 할 말을 하는 인물이었고, 성혼은 학식이 매우 뛰어난 인물이었고, 율곡 이이는 이지함보다 한참 어렸지만, 나라를 부강하게 하고, 백성을 잘 먹이고 입히는 정치를 하기 위해서 누구보다 많이 고민하며 이지함과 뜻을 같이한 인물이었다. 이들 중 이지함에게 가장 많은 영향을 끼쳤던 사람은 서경덕이다.

서경덕은 개성 출신이었다. 개성에서는 양반들도 상업에 관심이 많았고, 장사하는 양반들이 꽤 있었다. 왜냐하면 개성은 고려를 건국한 왕건의 해상 세력이 있던 지역이었기 때문이다. 또 개성은 고려의 수도로 가까운 곳에 '벽란도'라는 국제 무역항이 있어 아주 오래전부터 상업 활동이 활발하던 지역이었다. 이런 개성 출신인 서경덕의 영향으로 이지함 역시 장사에 뛰어들게 된 거다.

박제가는 자신의 저서 《북학의》에서 이지함을 "토정 선생이 외국 상선 여러 척과 통상하여 전라도의 가난을 구제하려 한 적이 있다. 그분의 식견은 탁월하여 미칠 수가 없다."라고 평했다. 이지함은 그냥 장사가 아니라 여러 척의 배를 이끌고 다른 나라와 무역하는 상인이었던 거다. 이런 면모를 본다면 이지함은 200년이나 앞선 실학자였다.

직접 상업에 뛰어들고 백성들과 장사했던 이지함이 정착한 곳이 '토정'이라는 지역이다. 조선 시대 지도에도 토정이라는 지명이 나오는데 이곳은 당시 마포 나루터였다. 나루터는 전국 각지에서 물자가 들어오는 상업의 최적지였다. 이곳에서 상인들과 함께 장사를 배우고 상업 활동으로 부를 축적한 이지함은 그 부를 백성들에게 나누어주었다. 지금의 마포구 토정동에 가면 이지함이 백성들을 돌

보고 백성들을 구휼하는 모습이 담긴 청동상이 있다. 이지함은 이 마포구 토정동에 흙을 메워 언덕을 만들고 그 위에 흙집을 짓고 그 흙집 지붕 위에 자그마한 정자를 만들었다. 그래서 토정(土亭)이라는 이름이 붙었고 이지함은 이 토정을 자신의 호로 삼았다.

백성을 생각하고 베푸는 이지함의 명성이 퍼지면서 많은 백성이 그를 찾아왔다. 먹을 걸 구하는 백성들도 오고, 고민을 토로하는 백성들도 오고, 몸이 아픈 백성도 찾아왔다. 그리고 이들 중에는 이지함에게 혼례를 하려 하니 길일을 정해 달라고 부탁하는 이도 있었고, 아이 이름을 지어 달라고 부탁하는 이도 있었다. 그런 백성들에게 이지함은 늘 그들의 목소리를 들어주고, 위로해주며 희망을 불어넣었다.

이지함은 신분을 가리지 않고 제자를 길렀는데 그중 '서기'라는 제자는 재상집 노비였다. 이지함은 그의 공부에 대한 열정과 능력이 출중하다는 걸 알고, 그에게 아낌없이 학문을 전수해주었다. 그 덕분에 노비 출신 서기는 충청 지역에서 이름난 학자가 되기도 했다.

또 이지함은 전라좌수영의 절도사에게 요청해 관노비였던 '순정'을 노비 신분에서 벗어날 수 있게 해주고 그가 공부할 수 있도록 뒷바라지까지 해주었다. 이지함은 신분 고하를 막론하고 자신의 주변에 있는 백성들을 위해 할 수 있는 최선을 다하는 삶을 살았다.

토정 이지함

《선조수정실록》에 보면 이지함은 평소 이렇게 말했다고 한다.

> 백리 되는 고을을 얻어 정치를 하면 가난한 백성을 부자로 만들고, 야박한 풍속을 돈독하게 하고, 어지러운 정치를 다스려서 나라의 보장을 만들 수 있다.

이지함의 이런 면모를 일찍부터 알아봤던 율곡 이이와 남명 조식은 조정에 이지함을 적극적으로 추천했다. 덕분에 이지함은 '포천 현감'이 되었다. 당시 포천의 상황은 굉장히 열악했다. 《토정유고》에는 그 상황을 "포천현의 상황은 어미 없는 고아 비렁뱅이가 오장이 병들어서 온몸이 초췌하고 고혈이 다하였으며 피부가 말랐으니 죽는 것은, 아침 아니면 저녁이다."라고 기록되어 있다. 언제 죽을지 모를 정도로 백성들의 상황이 열악했음을 보여준다. 이런 포천의 현감으로 부임한 이지함은 이 문제를 타개하기 위해 나라에 이렇게 상소를 올렸다.

> 전라도 만경현에 고기잡이할 수 있는 섬이 있고, 황해도 풍천부에 소금을 구울 수 있는 섬이 있습니다. 이 섬들을 임시로 빌려주시면 고기를 잡고 소금을 굽겠습니다. 2~3년 안이면 몇천 섬

의 곡식을 장만할 수 있을 것입니다.

포천 현감이 포천과 멀리 떨어진 황해도의 풍천부에서 소금을 굽겠다고 하고, 전라도 만경현에서 고기를 잡겠다고 했다. 이지함은 어느 지역에서 고기를 잡을 수 있는지 어느 지역에서 소금을 얻을 수 있는지 다 알고 있었던 거다. 유랑 시절 백성들 속으로 들어가 전국을 떠돌며 몸소 체험한 경험 덕분이었다. 그러나 기득권층의 반대로 상소가 받아들여지지 않자 이지함은 또 상소를 올렸다.

땅과 바다는 백 가지 재용의 창고이니, 이것을 자원으로 이용하지 않고 나라가 다스려진 경우는 없습니다. 만약 이 자원의 창고를 열 수만 있다면 백성들에게 돌아가는 혜택은 한이 없을 겁니다.

나라가 가진 자원을 활용해 국가를 부강하게 하고 그 부를 백성들에게 되돌려주자는 상소였다. 그러나 이번에도 이지함의 상소는 받아들여지지 않았다. 그러자 이지함은 또 이렇게 상소를 올렸다.

갯벌의 소금은 무엇이 아까워 굽지 못하게 하십니까? 산과 들에 헛되이 버려져 있는 은은 무엇이 아까워 주조하지 못하게 하며 옥은 무엇이 아까워서 채굴하지 못하게 하십니까?

이지함의 이런 상소는 그 당시 상공업을 천대하는 분위기에서는 굉장히 파격적인 제안이었고, 관료들은 이를 받아들이지 않았다. 그래서 이지함은 다시 한번 상소를 올렸다.

> 의(義)와 이(利)는 쓰는 사람에 따라 달라서 나쁜 사람이 악용하면 욕심을 채우는 것이 되지만 선한 사람이 사용한다면 재물과 이익 모두 덕(德)이 될 것입니다.

이지함은 여러 번 간곡하게 상소를 올렸지만 결국 그의 제안은 받아들여지지 않았다. 그도 그럴 것이, 이지함의 제안은 영국의 애덤 스미스보다 200년이나 앞선 국부론이었기 때문이다. 놀랍지 않은가?

이지함이 포천 현감으로 있을 때는 이런 일도 있었다. 이지함은 임진강이 범람할 것을 예견하고 사람들을 대피시켜 포천현의 많은 사람을 구했다. 그렇지만 앞서 말했듯 그는 포천 현감으로 그리 오래 재직하지 않았다. 5년 후 조정에서는 이지함을 아산 현감으로 다시 불렀다. 이지함이 아산 현감으로 부임하던 첫날 아산의 향리들은 그에게 진수성찬을 차려놓고 대접했다. 그러자 이지함은 아전들에게 "백성들은 생활이 곤궁한데 모두 먹고 마시는 것에 절제가 없구나. 앞으로 내 밥상은 잡곡밥 한 그릇과 나물국 한 그릇이면 족하다."라고 말했다. 그리고 그는 몸소 삼베옷을 입고 짚신을 신으면서 업무를 보는 모범을 보였다.

그 당시 아산에는 가물치라는 물고기를 임금에게 진상하고 있었다. 그래서 백성들은 연못에서 가물치를 기르고 있었는데 조정에서는 진상할 가물치보다 훨씬 많은 양을 요구해 백성들이 갖은 고초를 겪고 있었다. 이 사실을 알게 된 이지함은 가물치를 기르던 연못을 나라의 허락 없이 독단으로 메워버렸다. 백성을 위한 것이라면 자신이 책임지겠다는 용감한 행동이었다.

당시 아산은 흉년이 들어서 굶어 죽는 이가 많았다. 그래서 고을 곳곳에 거지들이 판을 치고 있었다. 그러자 이지함은 거지들을 모두 모아서 걸인청을 만들었다. 걸인청은 거지들에게 숙소를 제공하며 능력 있는 사람에겐 기술을 가르쳤고, 능력 없는 사람에겐 볏짚을 주어 미투리를 만들게 했는데, 하루 10짝씩 만들어서 시장에 팔았다. 미투리를 판 돈으로 곡식과 옷감을 살 수 있었고 이런 방법으로 거지들은 스스로 의식주를 해결하는 양민이 되었다. 이 모습은 지금 우리 사회가 사회복지 활동을 하는 모습과 매우 흡사하다. 이지함은 21세기에 등장해도 손색이 없을 만큼 대단한 사회복지운동가의 면모도 갖추고 있었다.

그런데 안타깝게도 이지함은 아산 현감으로 부임한 지 불과 몇 달 후 갑자기 이질에 걸려 유명을 달리하고 말았다. 그의 나이는 62세였다. 이지함의 죽음에 아산 읍민들은 자신들의 부모상을 당한 것처럼 슬퍼했다. 지금 이지함의 무덤은 고향인 충남 보령에 있다. 그리고 이지함의 비석에는 그의 조카이자 선조 때의 정승 이산해가 이렇게 묘비명을 썼다.

> 배 타기를 좋아하여 큰 바다를 마치 평지처럼 밟고 다녔다. 나라 안 산천을 멀다고 가보지 않은 곳이 없었으며, 험하다고 건너보지 않은 곳이 없었다.

《조선왕조실록》에도 이지함에 관한 기록이 있는데 그의 기행에 관한 것이 대부분이다.

> 그와 이야기하면 기발하여 사람들의 주의를 끌었지만, 때로는 수수께끼 같은 농담을 하며 점잖지 못한 태도를 보이기도 했기 때문에 사람들이 그를 헤아리기 힘들었다.

당대 서인의 거두였던 송시열은 이지함에 대해 "신은 세 분의 스승이 있는데 이지함, 이이, 성혼이 그분들이다. 세 분이 성취한 덕은 제각각 다르지만, 그 마음을 맑게 하고 사사로운 욕심을 부리지 않아 지극한 행적이 세상의 규범이 된 점만은 똑같다고 할 수 있다."라고 말하며 그를 극찬했다. 참고로 송시열은 조선 후기의 대표적인 성리학자이자 《조선왕조실록》에 그 이름이 3천 번이나 언급될 정도로 거물 정치인이었다.

이지함은 세상 사람들이 이야기하는 질문에 세 가지 명답을 이야기하기도 했다. 세상에서 가장 부자는 누구냐는 물음에 이 세상에서 제일가는 부자는 욕심내지 않는 사람이라고 답했고, 이 세상에서 가장 귀인은 누구냐는 물음에 이 세상에서 제일가는 귀인은 벼슬하지 않는 사람이라 답했으며, 이 세상에서 제일 강한 사람은 누구냐는 물음에 이 세상에서 가장 강한 사람은 다투지 않는 사람이라 답했다.

이런 이지함의 삶 때문일까? 그의 호 '토정'이《토정비결》이라는 책의 이름이 되었다. 어렵게 살아가는 백성들을 위로하고 희망을 주는 책《토정비결》은 몇 가지 특징이 있다.

첫째, 태어난 해, 월, 일, 시까지 넣어 사주팔자를 보는 주역과 달리 토정비결은 태어난 해, 월, 일만 갖고 운을 점친다. 그래서 훨씬 간결하고 쉽다. 둘째, 토정비결은 한글로 적혀 있어 누구든 자신의 토정비결을 쉽게 볼 수 있다. 셋째,《토정비결》의 내용은 약 70%가 좋은 이야기들이다. 힘든 백성들이 조금이라도 더 기운을 낼 수 있게 희망을 전하는 이야기 말이다. 예를 들면 '북쪽에서 목성을 가진 귀인이 와서 도우리라.', '꽃이 떨어지고 열매를 맺으니 귀한 아들을 낳으리라.'와 같이 말이다. 반면 안 좋은 이야기는 '실물수가 있으니 잃어버리지 않도록 조심하라.', '화재수가 있으니 불을 조심하라.'와 같이 조심하라는 식으로 나온다.

지금까지 조선의 노스트라다무스, 토정 이지함에 관한 이야기를 다루어보았다. 이지함에게는 기인, 이단아, 양반 상인, 실학자, 사회복지가, 개혁가 등 여러 수식어가 붙지만 한 가지 공통점이 있다. 이 모든 수식어는 애민에서 비롯되었다는 것이다. 그가 우리에게 가장 하고 싶었던 말은 무엇일까? 나는 '희망'이라 말하고 싶다. 매일 떠오르는 해처럼 당신의 희망도 매일 떠오르길 바란다.

세상에 물들지 않고 당당하게

조선의 아웃사이더 김시습

김시습 앞에는 항상 천재, 반항아, 아웃사이더 같은 수식어가 붙는다. 그가 어떤 인물이길래 이런 수식어가 붙는 것일까? 세 가지로 나누어 이야기하려 한다.

김시습은 천재로 태어났지만, 한평생을 아웃사이더로 살았다. 김시습이 태어날 때 이런 일이 있었다. 성균관에 있는 사람들이 성균관 근처 '반궁리'에서 공자가 나오는 꿈을 꾸었다. 그래서 다음날 아침 그 집에 찾아갔더니 갓 태어난 아기가 있었다. 그 아이가 바로 김시습이었다.

특별한 태몽에 걸맞게 김시습은 태어나면서부터 굉장히 비범했다. 김시습은 태어난 지 불과 8개월 만에 글을 깨쳤다. 이에 그의 외할아버지는 김시습이 두 살에 불과할 때 시(詩)를 가르쳤다. '시습'이란 이름은 외할아버지의 친구이자 집현전 출신의 고위 관리였던 최치훈이 지어준 이름인데 논어에 나오는 '배우고 때때로 익히면 기쁘지 아니한가.'라는 구절에서 따온 것이다. 가르치면 가르치는 대로 스펀지처럼 흡수하니 붙여준 이름일 것이다. 최치훈은 신사임당 모친의 외조부로 세종 때 《신주무원록(新註無冤錄, 조선시대 살인 사건 발생 시 사체(死體) 조사 지침서)》이라는 책을 편찬한 인물이기도 하다.

김시습은 불과 3살 때부터 시를 짓기 시작했다. 이렇게 말이다. "비도 안 오는데 천둥소리 어디서 나는가? 누런 구름이 풀풀 사방으로 흩어지네" 유모가 집에서 맷돌로 콩을 갈고 있는 모습을 보고 지은 시다. 이러니 그의 명성은 입소문을 탈 수밖에 없었다.

타고난 천재였던 김시습은 뛰어난 스승들로부터 교육받는 기회까지 있었다. 김시습의 집이 성균관 근처인 덕분이었다. 성균관 출신이자 예문관 수찬이었던 이계전(이색의 후손)은 김시습이 5살 때 '중용(中庸)'과 '대학(大學)'을 가르쳤고, 성균관 대사성 출신이었던 김반은 김시습에게 '맹자', '시경(詩經)', '서경(書經)'을 가르쳤다. 또 성균관 겸사성이었던 윤상은 김시습에게 '주역(周易))'과 '예기

(禮記)'를 가르쳤는데 김시습은 이 모든 공부를 10대에 다 뗐다.

이러한 그의 명성을 듣고 세종 때의 좌의정 허조가 5살의 김시습을 찾아와 "내가 이렇게 늙었으니 늙을 노자를 써서 나를 위해 시를 한 편 지어다오."라고 말했다. 그러자 김시습이 "늙은 나무에 꽃이 피었으니, 마음은 늙지 않았네" 하고 시를 지었다. 허조는 무릎을 치며 감탄했다.

김시습에 대한 소문은 세종의 귀에까지 들어갔다. 세종은 김시습을 사사로이 만날 수 없었기에 승지를 불러 김시습을 테스트해 보라고 했다. 그래서 승지가 김시습을 궁궐로 불러 김시습에게 이렇게 운을 띄웠다. "동자의 학문은 백학이 푸른 소나무 끝에서 춤을 추는 것 같구나." 그랬더니 김시습이 이렇게 답했다. "어진 임금님의 덕은 황룡이 푸른 바다 가운데서 노니는 것 같습니다." 이 이야기를 들은 세종은 김시습을 크게 칭찬하면서 비단 50필을 하사했다. 그리고 김시습의 부모에게 "재주를 밖으로 드러내지 말고 잘 길러라. 학문이 성취되기를 기다렸다 장차 나라를 위해 크게 쓰겠다."라고 전했다.

5살에 세종의 마음을 얻은 김시습을 두고 당시 사람들은 '오세신동(五歲神童)'이라 불렀다. 설악산에 가면 '오세암(五歲巖)'이 있는데 오세신동 김시습이 여기 오래 머물렀다 해서 붙여진 이름이라 한다.

아웃사이더가 된 천재

어려서부터 그 능력을 인정받았던 신동 김시습은 장차 나라를 위해 크게 쓰일 거라는 꿈을 키워 나갔다. 그런데 그의 삶은 그의 뜻대로 되지 않았다. 그가 겨우 15살 때 어머니가 돌아가신 것이다. 김시습은 외가 쪽의 영향을 더 많이 받았는데 성균관 근처에 집을 짓고 살았던 것도 김시습의 공부를 위한 어머니의 정성이었다. 그런 어머니가 돌아가셨으니 그 충격이 매우 컸을 거다. 이후 외할머니의 보살핌을 받고 자랐는데 어머니의 삼년상 중에 외할머니마저 여의게 되었다. 이런 상황에 아버지는 자신이 병약하다는 이유로 새장가를 들고 아들에게 큰 관심을 두지 않았으니, 김시습은 마음 둘 곳이 없었다. 얼마 후 결혼한 김시습은 과거에 응시했지만 낙방하고 말았다. 상황이 그럴만했다.

그러나 김시습은 다시 굳게 결심하고 북한산(北漢山) 깊숙이 있는 절 중흥사(重興寺)로 들어가 공부에 매진했다. 그런데 청천벽력 같은 소식이 들렸다. 세조가 '계유정난(1453)'을 일으킨 거다. 크게 충격받은 김시습은 방문을 걸어 잠그고 3일 동안 통곡했고, 이어서 자신이 공부하던 책을 모두 불사르고 출가했다.

출가한 김시습은 법명을 '설잠(雪岑)'이라 짓고 철원 지역에서 세조를 피해서 모여든 사람들과 교류를 이어 갔다. 그러던 중 또 놀라운 소식이 들려왔다. 단종 복위 사건을 일으켰던 성삼문, 박팽

년, 이개, 하위지, 유성원, 유응부 등이 사형당했다는 소식이었다. 이들은 거열형을 받아 목은 저잣거리에 효수되었고, 사지는 잘려 나갔으며, 시신은 그냥 버려졌다. 그러나 세조의 눈치를 보느라 아무도 이들의 시신을 수습하지 못했다. 그러자 김시습은 이들의 시신을 다 주워 담아 지금의 노량진 근처에 이들의 무덤을 만들어주었다.

단종 복위 사건 이후 김시습은 스님 차림으로 전국을 유람하며 시를 읊었는데 이때 지어진 수많은 시가 아직도 그의 문집으로 남아 있다. 24세에 관서 지역을 유람한《탕유관서록(宕遊關西錄)》을, 26세에 관동 지역을 유람한《탕유관동록(宕遊關東錄)》을, 29세에 호남 지역을 유람한《탕유호남록(宕遊湖南錄)》을 엮었다. 김시습은 왜 이렇게 전국을 유람했을까? 그의 말을 들어보자.

> 나는 어려서부터 성격이 질탕하여 명리를 즐겨하지 않고 생업을 돌보지 아니하여 다만 청빈하게 뜻을 지키는 것이 포부였다. 본디 산수를 찾아 방랑하고자 하여 좋은 경치를 만나면 이를 시로 읊조리며 즐기기를 친구들에게 자랑하곤 하였지만 문장으로 관직에 오르기를 생각해보지는 않았다. 하루는 홀연히 감개한 일(세조가 왕위를 찬탈한 일)을 당하여 남아가 이 세상에 태어나서 도를 행할 수 있는데도 몸을 깨끗이 보전하여 삼강오륜을 어지럽히는 것은 부끄러운 일이며 도를 행할 수 없는 경우에는 홀로

그 몸이라도 지키는 것이 옳다고 생각하였다.

김시습은 세조를 피해 그 당시의 불의한 세상을 등지고 전국을 떠돌았던 거다. 하지만 김시습이 유학자의 삶을 완전히 저버린 건 아니었다. 이는 그가 한 말에서 알 수 있다. "머리를 깎은 것은 세상을 피하고자 하는 뜻이었고 수염을 기른 건 장부의 뜻을 나타내려 함이었다." 김시습은 여전히 유학자로서 자신의 꿈을 펼칠 날이 있을 거라는 희망은 놓지 않았던 거다.

그러던 중 자신이 원하던 책을 구하기 위해 한양에 들렀던 때가 있었다. 그때 효령대군이 김시습에게 불경을 한글로 펴내는 '불경언해사업(佛經諺解事業)'을 도와 달라 요청했다. 그래서 김시습은 열흘간 한양에 머물며 이 불경언해사업의 교정 작업을 도와주었다. 그러던 즈음 세조는 원각사(圓覺寺)를 새로 창건해 낙성회(落成會)를 열 예정이었다. 이에 효령대군은 김시습에게 또 찬시(讚詩)를 지어 달라 부탁했다. 그래서 김시습은 원각사 낙성회의 찬시를 지어주었는데 그 찬시를 본 세조가 굉장히 흡족해하며 "원각사 낙성식 때 김시습도 초대하라."라고 말했다. 세조와 만나기 싫었던 김시습은 기이한 행동으로 피했다. 절에 있는 뒷간의 똥통에 일부러 빠져버린 것이다. 이 이야기는 다른 방식으로 전해지기도 하는데 세조가 여러 사람의 천거를 받은 김시습을 등용하고자 궁궐로 불렀더니 김시습이 그 왕명을 받들지 않기 위해 똥통에 빠졌다는 이야기다.

세조를 피해 다시 한양을 등진 김시습은 경주 남산으로 갔다. 그 당시 경주 남산은 금오산이라 불렀다. 김시습은 이 금오산에 '금오산실(金鰲山室)'이라는 작은 산방을 만들어 그곳에 머물렀다. 그리고 자신의 호를 매월당(梅月堂)이라 지었다. 뭔가 유학자로서의 절개와 의지를 상징하는 것 같은 호다. 김시습은 금오산실에 7년간 머물며《금오신화》를 저술했다.

김시습은 거의 마흔이 다 되었을 즈음 다시 한양으로 돌아와 성동에 있는 수락산에 집을 짓고 '폭천정사'라 이름 붙였다. 그리고 수락산에 있는 높은 봉우리를 '동봉'이라 이름 짓고 이걸 자신의 호로 삼았다. 그렇게 김시습은 수락산 근처에서 40대 후반까지 살았다.

그러던 어느 날 김시습은 갑자기 환속해 머리를 기르고 고기를 먹기 시작하더니 안씨와 두 번째 결혼까지 했다. 그리고 아버지와 할아버지의 제사를 모셨다. 갑자기 김시습의 심경에 어떤 변화가 있었던 것일까? 김시습은 유학자의 삶을 놓지 않았기 때문에 대를 잇지도 못하고 조상의 제사를 지내지도 못하는 것이 마음에 걸렸던 거다. 더 큰 이유도 있었다. 김시습이 유학자로서 자신의 꿈을 펼칠 기회가 있을 거라는 희망이 생긴 거다. 이는 김시습이 양양 부사로 있던 친구 유자한에게 쓴 편지에 "새 왕(성종)이 등극하여 어진 인재를 등용하고 좋은 의견들을 들어준다고 하기에 속으로 벼슬이라도 해볼까 한 적이 있었다."라는 글귀에 잘 나타나 있다. 그러나 이러한 마음은 오래가지 못했다.

1483년(성종 14년) 49세에 재혼한 안씨와 사별하고, 폐비 윤씨 사건으로 세상은 다시 혼란스러워졌기 때문이다. 세조의 편에서 계유정난을 일으켰던 사람들이 여전히 높은 벼슬에 있었다. 그는 다시 한양을 등지고 강원도로 들어갔다. 강원도에 들어간 김시습은 춘천에도 머물고 오세암에도 머물렀다. 그렇게 떠돌다 나이가 들어 몸이 쇠약해지자 김시습은 1491년(성종 24년) 마지막으로 부여의 무량사로 갔다. 그리고 그는 그해 3월 59세의 나이로 파란만장한 방랑의 삶을 마감했다. 김시습은 죽기 전 〈아생(我生)〉이라는 자신의 시에서 이렇게 말했다.

> 100년 뒤 나의 무덤에 비석을 세울 때 꿈속에 살다 죽은 늙은이라 써준다면 나의 마음을 잘 이해했다 할 것이니 천년 뒤에 이 내 회포 알아나 주었으면.

그리고 김시습은 자신의 묘비명에 '夢死老(몽사노)'라고 써 달라는 유언을 남겼다. '꿈꾸다 죽은 늙은이'라는 뜻이다. 그는 그렇게 평생 꿈꾸며 살았지만, 평생 그 꿈을 이루지 못하고 저세상으로 갔다. 그리고 김시습은 비록 승려로 살았지만, 자신을 화장하지 말고 근처에 묻어 달라는 유언도 남겼는데 이는 유학자의 삶을 포기하지 않았음을 보여준다. 그래서 무량사 근처에 임시매장을 했는데 3년 후 그의 무덤을 파보았더니 생전 모습 그대로였다고 한다. 다시 승려의 예법대로 다비식을 해 화장했더니 그에게서 사리가 나왔다고 한다. 무량사에 김시습의 부도(사리탑)가 있는 것은 이 때문이다.

김시습은 이렇게 조선을 떠들썩하게 만든 천재로 태어났지만 한평생 아웃사이더의 삶을 살았다. 아웃사이더의 삶을 살았으니, 역사에 기록이 없을 만도 한데 《조선왕조실록》에는 그의 이름이 적지 않은 존재감으로 등장한다. 그만큼 후세 사람들에게 많은 칭송을 받았다는 뜻이다. 바로 김시습이 남긴 사상과 철학 때문이다.

반항아 김시습의 사상과 철학

김시습은 시대의 반항아였다. 그는 '세상에 물들지 않고 당당하게 살겠다.'라며 세상과 화합하지 않았다.

예를 들면 이런 식이다. 세조의 편에 서서 계유정난을 일으키고 단종 복위 사건이 있었을 때 그 사건을 고변했던 사람이 김질이었다. 김질의 장인 정창손은 이 시기 영의정이었는데 그가 가마를 타고 지나갈 때 남루한 옷을 입은 김시습은 "그만두는 게 마땅하다."라고 호통쳤다. 그러자 정창손은 아무 말도 하지 못하고 그 자리를 서둘러 피했다.

또 이런 일도 있었다. 세조의 핵심 인재 한명회는 명나라 사신들에게까지 명성이 자자할 정도로 경치가 뛰어난 정자 압구정(狎鷗亭)을 지어놓고 살았는데 한명회는 이 압구정에 이런 시를 적어서 걸어두었다.

青春扶社稷(청춘부사직) 젊어서는 사직을 붙잡고
白首臥江湖(백수와강호) 늙어서는 강호에 묻히네

이를 본 김시습은 한명회가 쓴 시의 두 글자를 바꿔 이렇게 고쳐 놓았다.

青春亡社稷(청춘망사직) 젊어서는 사직을 망치고
白首汚江湖(백수오강호) 늙어서는 강호를 더럽히네

한명회는 그 자리에서 김시습이 고친 시를 없애버렸다. 이렇듯 김시습은 불의에 맞서면서 할 말은 하는 사람이었다. 또 이런 일도 있었다. 신숙주가 술에 취한 김시습을 자기 집에 데려와 좋은 옷을 입혀 비단 이불에 잠을 재웠다. 다음 날 아침에 잠에서 깬 김시습은 신숙주가 입혀준 비단 이불을 걷어차고, 좋은 옷을 벗어 던지고는 신숙주에게 호통을 쳤다. 과연 조선의 반항아다운 행동들이다.

그런 김시습이 끝까지 좋은 관계를 유지한 사람이 서거정이다. 서거정은 성종 때 많은 책을 편찬했던 유명한 인물인데 사거정과 김시습은 어려서부터 동문수학한 동기였다. 나이는 서거정이 15살이나 많았지만 말이다.

서거정은 세종 때부터 성종 때까지 출사해서 조선을 위해 많은 일을 하고 있었다. 어느 날 서거정이 지나가자 역시 남루한 옷을 입은 김시습이 “강중이 잘 지냈는가?”라고 말했다. 그런데 15살이나 많은 서거정은 김시습을 아주 반갑게 맞으며 “자네로군. 반갑네.”라고 답했다. 굉장히 특이한 관계다.

서거정의 자는 ‘강중(剛中)’이었다. 아주 강직한 사람이라는 뜻이다. ‘자’는 성인식을 치른 후 그 사람을 잘 아는 사람이 그에게 잘 어울리게 새로 지어준 이름을 말한다. 김시습의 자는 ‘열경(悅卿)’이었다. 기쁘게 관직 살이 하겠다는 뜻이다. 정작 김시습은 관직에 나가지 않고, 강직하게 살겠다던 서거정은 세조의 편에서 높은 관직에 올랐다. 그런데 김시습은 왜 서거정은 비난하지 않고 계속 좋은 관계를 유지했던 걸까? 서거정은 변절한 것이 아니라, 일찍부터 세조와 친했던 인물이었기 때문이다. 하지만 서거정에게도 바른 소리는 따끔하게 했다. 이런 김시습을 두고 후세 사람 이황은 이렇게 말했다.

"매월당은 한갓 괴이한 사람으로 궁벽스러운 일을 캐고 괴상스러운 일을 행하는 무리에 가깝지만, 그가 살던 시대가 어지러웠기 때문에 그의 높은 절개가 이루어졌을 뿐이다."

반면 율곡 이이는 이렇게 극찬했다.

절의를 표방하고 윤기(倫紀)를 붙들었으니 그 뜻을 궁구해보면 가히 일월(日月)과 빛을 다툴 것이며, 백대의 스승이라 하여도 또한 근사할 것이다… 그는 유학에 마음을 두었으나 불교를 실천하였다.

훗날 율곡 이이는 선조의 명을 받고《매월당집》이라는 김시습의 문집과 그의 일대기를 저술했다.《매월당집》은 선조 때 활자본으로 출간될 정도로 아주 중요한 책이었다. 율곡 이이는 이 책에서 김시습을 이렇게 묘사하고 있다.

김시습은 키가 작고 얼굴이 못생겼으나 호탕하고 광채가 나고, 간솔하여 위엄이 있으며, 강직하여 남의 허물을 용서하지 않았다. 따라서 시세가 격상하여 울분과 불평을 참지 못하였다. 세상을 따라 저항할 수 없음을 스스로 알고 몸을 돌보지 아니한 채 방외로 방랑하게 되어, 우리나라의 산천치고 그의 발자취가 미치지 않은 곳이 없었다.

김시습은 한평생 세상을 떠돈 유학자였지만 승려의 삶을 살았다. 그런 그가 가장 존경했던 인물은 원효였다. 김시습이 경주 남산에서 《금오신화》를 저술한 이유도 원효와 같은 삶을 살고 싶었기 때문으로 보인다. 왜냐하면 원효는 불교를 전파하기 위해 직접 백성들의 삶으로 들어간 인물이었기 때문이다.

원효를 따라 김시습도 늘 백성들과 함께했다. 김시습은 시주나 받는 승려, 일하지 않고 놀고먹으며 비단옷을 입는 양반들을 경멸했다. 그는 일하지 않으면 먹지도 말라며 직접 화전을 일구고, 백성들과 함께 농사를 지으며 백성들 속에서 불교를 전파했다. 그러면서 《대화엄일승법계도주병서》, 《묘법연화경별찬》, 《화엄석제》, 《십현암요해》 등 불교와 관련된 많은 책을 펴내기도 했다.

김시습이 원효와 다른 점은 불교뿐만 아니라, 유교와 도교까지 아울렀다는 것이다. 이것은 그의 호를 보면 알 수 있다. '매월당'은 유교, '설잠'은 불교, '청한자(淸寒子,깨끗하고 한가한 사람)'는 도교를 상징한다. 《해동전도록(海東傳道錄)》은 한국 도교의 역사를 적어놓은 책이다. 이 책은 김시습을 통일 신라의 최치원에서 고려의 이명을 거쳐 조선으로 이어지게 한 도교의 맥으로 표현했다.

도교에서는 사람이 죽지 않고 신선이 된다고 하는데, 신선이 되는 방법은 '외단'과 '내단' 두 가지가 있다. 외단은 불사약을 먹고 신선이 되는 것이고, 내단은 수련을 통해 신선이 되는 것이다. 김시습은 '내단 수련법'을 위해 《수진》, 《복기》, 《용호》 같은 책을 저술하며 도에 대해 이렇게 말했다.

> 무릇 도라고 하는 건 천지를 담아도 남음이 있고 만유의 모든 현상을 포괄하여도 형태가 없다. 만상을 만들고 무리를 짓지 않으니 오묘한 근원은 비어서 막힘이 없고, 고요하면서 여러 일에 드러난다. 어떤 사업에 적용하여도 그렇지 않음이 없다. 그러므로 이 도를 깨달아서 무위에 이르면 저절로 얻어지는 것이 있다.

김시습이 도교의 높은 경지에 이르렀음을 보여주는 글이다. 김시습은 사심을 끊고 공평한 마음을 회복하여 인을 실현하고자 유학자의 길을 갔고, 집착을 끊어내고 '나'라는 실상이 없음을 깨닫고 모든 존재가 상호 관계에 있다는 것을 깨닫는 승려의 길을 가기도 했으며, 양생이나 연단으로 탐욕을 끊음으로써 본연의 생명을 유지하려는 노장의 길을 걷기도 하는 유·불·도를 아우르는 삶을 살았다. 서거정은 이런 김시습을 두고 이렇게 말했다.

> 그는 입산도 출산도 마음대로 하고 유학에도 불교에도 구애됨이 없었다. 그는 공자이면서 불자이며 노장이었고, 동시에 공자도 불자도 노장도 아니었다.

중요한 것은 김시습의 모든 사상의 근원에는 백성이 있었다는 것이다. 그는 '애민의(愛民義)'라는 글에서 이렇게 말했다.

> 임금이 왕위에 올라 부리는 것은 백성뿐이다. 민심이 돌아와 붙좇으면 만세토록 군주가 될 수 있으나 민심이 떠나서 흩어지면 하룻저녁도 기다리지 못해서 필부가 되는 것이다. 군주와 필부의 사이는 머리카락의 차이로 서로 격해 있으니 조심하지 않을 수 있겠는가? 곡식 창고와 재물 창고는 백성의 몸이요, 모자와 신발은 백성의 가죽이요, 주식과 음선은 백성의 기름이요, 궁실과 거마는 백성의 힘이요, 세금과 물건은 백성의 피다. 그러므로 임금이 음식을 받으면 백성들도 나와 같은 음식을 먹는가를 생각하고 옷을 입으면 백성들도 나와 같은 옷을 입는가를 생각해야 한다.

구구절절 옳은 말이고 백성을 위하는 말이다. 김시습은 조선의 아웃사이더로 살았지만, 그의 내면은 결코 아웃사이더가 아니었다. 그런 그가 한평생 철학자로서, 구도자로서 자신이 공부한 대로 실천하는 삶을 살았기에 우리 역사가 지금까지 그를 기억하고 후대의 인물들이 그를 칭송하고 있는 거다.

시대의 틀을 깬 《금오신화》

《금호신화(金鰲新話)》의 '신' 자는 '귀신 신(神)'이 아니라 '새 신(新)'이다. '김시습이 금오산에서 새롭게 지은 이야기'라는 뜻으로 김시습은 서문에 "향로에 향을 피우고 먹을 갈아 기이한 새로운 이야기를 두루 적는다."라고 편찬한 이유를 적었다. 원래 유학자들은 귀신의 이야기를 하면 안 되고, 당시 귀신 이야기를 다루는 책이 없었던 것을 고려할 때 《금오신화》는 가히 혁신적인 책이었다. 그러나 이는 곧 금서임을 의미하기도 한다. 그래서 이 책은 조선 시대에도 구하기 쉽지 않았는데 그나마도 임진왜란 때 불타버리거나 일본이 약탈해버려 남아 있는 책을 찾아보기 힘들었다. 그러던 중 1927년 최남선이 일본에서 간행된 《금오신화》를 우리나라에 소개했고, 1999년에는 중국에서 조선 시대에 발간했던 《금오신화》가 발견되기도 하였다.

《금오신화》는 한국 전기체 소설(傳奇體小說)의 효시다. 전기체 소설이란 용궁, 저승, 신선 세계 등 초현실적인 소재로 쓴 소설을 말한다. 《금오신화》에는 〈만복사저포기(萬福寺樗蒲記)〉, 〈이생규장전(李生窺牆傳)〉, 〈취유부벽정기(醉遊浮碧亭記)〉, 〈용궁부연록(龍宮赴宴錄)〉, 〈남염부주지(南炎浮洲志)〉 등 5편의 이야기가 수록되어 있다. 이 다섯 편의 이야기를 간략하게 소개하면 이렇다.

첫 번째 이야기는 〈만복사저포기〉로 만복사에서 저포놀이를 한다는 뜻이다. 참고로 저포놀이는 나무로 만든 주사위를 던져 승부를 다투는 민속놀이다. 일찍 부모를 잃은 양생이라는 총각이 장가를 들지 못해 부처님에게 "저포놀이를 해서 제가 이기면 저에게 예쁜 처녀를 소개해 주세요."라며 내기를 제안했다. 양생은 내기에서 이겼고, 얼마 후 법당에 어여쁜 처녀가 들어왔다. 양생은 그 처녀와 3일 동안 사랑을 나누었는데 3일 후 그 처녀는 떠나버렸다. 그런데 알고 보니 그 처녀는 왜구에게 죽은 귀신이었다. 그래서 양생은 그 처녀의 명복을 빌고 산에 들어가서 약초를 캐며 살았다.

두 번째 이야기는 〈이생규장전〉으로 이생이 담 너머를 엿본다는 뜻이다. 이생이라는 선비가 담 너머의 최랑이라는 처녀를 보고 한눈에 반해 두 사람은 서로 사랑에 빠졌다. 그런데 이생이 공부하러 떠나면서 잠시 이별하게 되었다. 최랑은 이생을 잊지 못해서 상사병에 걸렸고 그 사실을 안 부모가 이생의 부모를 설득해 두 사람은 결혼했다. 이후 두 사람은 행복한 삶을 살고 있었는데 홍건적의 난이 일어나 최랑이 죽임을 당했다. 공부하러 떠났다 돌아온 이생은 부인이 죽었다는 이야기는 들었지만, 시신을 찾을 수 없었다. 그러던 어느 날 이생 앞에 부인이 나타났다. 그래서 둘은 다시 행복하게 살았는데 얼마 후 최랑이 다시 사라져버렸다. 최랑은 귀신이었던 거다. 그래서 이생은 최랑과 자기 부모의 시신을 찾아 장례를 치르고 자신도 최랑의 뒤를 따라 죽어버렸다.

세 번째 이야기는 〈취유부벽정기〉로 취하여 부벽정(정자 이름)에서 노닌다는 뜻이다. 홍생이라는 부잣집 아들이 있었는데 평양의 잔칫집에 초대받아 갔다. 홍생은 술을 잔뜩 마시고 취해 부벽정에 올라 시를 읊고 있었는데 하늘에서 선녀 같은 어여쁜 여인이 내려와 자신이 기자 조선의 기자의 딸이라고 했다. 두 사람은 기자 조선이 망한 이야기를 하며 슬픔과 시를 나누며 밤새 좋은 시간을 보냈다. 그런데 날이 밝자 처녀가 하늘로 올라가버렸다. 홍생은 그 처녀를 그리워하다 병으로 죽고 말았다. 그런데 홍생의 얼굴은 그가 죽은 지 몇 날 며칠이 흘렀는데도 살았을 때 빛깔 그대로였다.

네 번째 이야기는 〈용궁부연록〉으로 용궁 잔치에 초대받는다는 뜻이다. 한생은 글을 잘 쓰는 인물이었지만 출세하지는 못했다. 그런 한생이 꿈을 꾸었는데 꿈속에서 용궁에 초대받아 갔다. 마침 용궁에서는 새로운 건물을 짓고 상량문을 써야 했는데 한생이 멋지게 그 상량문을 써주었다. 그러자 용왕님이 크게 기뻐하며 한생에게 용궁 구경을 시켜주고 선물을 잔뜩 안겨주었다. 한생이 꿈에서 깨보니 꿈에서 받은 선물이 실제로 옆에 있었다. 그래서 한생은 공부를 내려놓고 산에 들어가서 살았다.

마지막 이야기는 〈남염부주지〉로 남쪽의 염부주에 간다는 뜻이다. 염부주는 인도 신화에 나오는 수미산의 네 땅을 말한다. 박생은 과거 공부를 하던 유학자이기에 귀신을 믿지 않았다. 그런데 꿈에서 염라대왕에게 가서 자기 눈으로 지옥을 확인했다. 그리고 염라대왕과 귀신, 윤회 사상, 극락 등에 대한 문답을 주고받았다. 염라대왕은 박생의 박식한 지식에 매우 흡족해하며 "왕위를 너에게 물려주겠다."라고 말했다. 꿈에서 깬 박생은 꿈인지 생시인 구분하지 못하고 살다가 몇 달 후 죽어버렸다. 그런데 박생이 죽은 날 박생의 이웃집 사람이 꿈을 꾸었는데 꿈에서 염라대왕이 나타나 "내 왕위를 박생에게 물려주었다."라고 말했다.

이것이 《금오신화》에 수록된 다섯 가지 이야기다. 김시습은 왜 이런 이야기를 썼을까? 이 이야기들의 공통점은 해피엔딩이 아니라는 거다. 이는 김시습의 한평생 불우했던 삶을 반영한다. 특히나 〈남염부주지〉나 〈용궁부연록〉 같은 경우는, 능력이 출중했지만 출세하지 못한 김시습의 삶과 굉장히 닮았다. 김시습은 아마 이 다섯 편의 이야기를 통해 자신이 이루지 못한 꿈에 대한 희망과 간절한 마음을 표현하고 싶었던 것 같다.

지금까지 김시습에 관해 이야기해보았다. 천재로 태어났으나 부조리한 세상과 화합하지 못해 한평생 조선의 아웃사이더로 살았던 김시습. 그는 부조리한 세상과 타협하지 않았지만 그렇다고 외면하지도 않았다. 은둔 속에서도 포기할 수 없었던 자신의 꿈이 있었기 때문이다. 500년 전에 김시습이 그의 삶을 통해서 우리에게 전하고 싶은 메시지는 무엇일까? 나는 이것이라고 생각한다. "부조리한 세상에 굴복하지 말고, 꿈꾸다 죽는 늙은이가 되어라!"

자신을 불태워 인류의 빛이 되어준 발명가

에디슨이 질투한 천재 과학자 니콜라 테슬라

"천재는 99%의 노력과 1%의 영감으로 만들어진다." 이는 토머스 에디슨이 한 말이다. 이 말을 듣고 이렇게 반격한 사람이 있다. "에디슨이 머리를 좀 더 썼으면 99%의 노력을 안 해도 됐을걸." 이는 니콜라 테슬라가 한 말이다.

화성에 식민지를 만들겠다고 공언한 일론 머스크가 전기회사 이름을 '테슬라'라 지은 이유는 '니콜라 테슬라'를 너무나 존경했기 때문이라 한다. 또 미국 수소차 제조업체 회사인 '니콜라'도 이 이름을 '니콜라 테슬라'에서 따왔다. 니콜라 테슬라는 천재들의 존경을 받는 천재 과학자다. 사람뿐만이 아니다. 세르비아는 니콜라 테슬라를 기리기 위해 수도 베오그라드에 있는 국제공항 이름을 '니콜라 테슬라'라 명명했다.

1856년에 태어나 1943년에 눈을 감은 니콜라 테슬라는 도대체 어떤 인물이었기에 이런 대접을 받는 것일까? 지금부터 그의 생애와 업적을 하나씩 살펴보자.

괴짜 소년, 테슬라

테슬라는 과거 오스트리아 헝가리 제국이라 불리는 크로아티아에서 태어났는데 아버지는 세르비아의 정교회 사제였다. 테슬라는 어릴 때부터 대단한 천재였다. 5개 국어 이상 할 줄 알았고, 5살 때 수차를 발명했다. 반면 굉장한 괴짜이기도 했다. 끓는 우유에 몸을 담가 목숨이 위태로웠던 적도 있고, 높은 데서 마을 아주머니 치마 위로 뛰어내리기도 했으며 식사 전에는 반드시 음식의 부피를 재는 기이한 행동도 했다.

천재이자 괴짜인 테슬라의 아이디어는 어디에서 나왔을까? 보통 발명하기 위해서는 수많은 실험과 실패를 거쳐야 한다. 그런데 테슬라는 직감을 바탕으로 머릿속으로 실험했다. 다시 말해 물리적인 시행착오 없이 발명품을 만들었다는 말이다. 우리가 흔히 하는 말로 '반짝이는 아이디어'라는 말이 있다. 그런데 테슬라는 실제로 머릿속에서 빛이 반짝이는 걸 느꼈다고 한다. 테슬라는 이렇게 반짝이는 상상력으로 25개국에서 270개가 넘는 특허를 출원했다.

테슬라는 괴짜답게 아이디어 창출법도 남달랐다. 다음은 그가 한 말이다.

> 나는 결혼한 남성이 만든 훌륭한 발명품들은 별로 없다고 생각한다. 혼자 있어라! 그것이 발명의 비결이다. 혼자 있어라. 바로 그때 아이디어가 탄생한다.

테슬라는 뛰어난 언변 덕분에 여성들에게도 인기가 많았는데 결혼은 하지 않았다. 아무튼 이게 바로 테슬라가 말하는 아이디어 창출법이자 발명의 비결이다.

에디슨과의 만남

테슬라와 항상 함께 언급되는 인물이 있다. 모두가 아는 천재 발명왕 에디슨이다. 에디슨과 테슬라는 어떻게 만나고 결별했을까? 테슬라는 오스트리아에 있는 그라츠 공업대학과 보헤미아(체코)

에 있는 프라하 대학에서 공부했다. 테슬라는 1881년 헝가리 부다페스트에 있는 작은 전기회사에서 전기기사로 사회에 첫발을 내디뎠다. 그리고 프랑스 파리로 건너가 에디슨의 유럽 자회사인 콘티넨털 에디슨에 근무하며 직류를 생성하는 발전기인 다이너모를 디자인했다.

테슬라가 뛰어난 능력을 발휘하자 뛰어난 발명가이자 에디슨의 오른팔이었던 찰스 배첼러가 테슬라를 위해 에디슨 전기회사에 "나는 두 명의 위대한 사람을 안다. 한 사람은 당신이고 다른 이는 이 젊은이다."라고 추천장을 썼다. 배첼러는 에디슨과 테슬라가 위대한 발명가임을 한눈에 알아봤던 거다. 1884년 배첼러 덕분에 테슬라는 드디어 에디슨 연구소에 입사하며 꿈에 그리던 발명왕 에디슨을 만났다.

당시 에디슨 전기회사는 고객들로부터 매우 많은 컴플레인을 받고 있었다. 잦은 전기 고장으로 고객들의 집이나 건물에 화재가 자주 발생하고 있었기 때문이다. 이것을 본 테슬라는 에디슨에게 자신이 해결해보겠다며 기회를 달라고 했고, 에디슨은 테슬라가 성공한다면 5만 달러를 주겠다고 선심 쓰듯 말했다. 당시 5만 달러는 현재 가치로 130억 원이 넘는다. 테슬라는 에디슨의 이 제안을 받고 몇 달 동안 3~4시간만 자며 개선을 거듭했고 마침내 효율성 높은 직류 발전기를 만들어냈다. 이제 테슬라는 부자가 될 일만 남았다.

그러나 에디슨은 약속을 지키지 않았다. 더 큰 문제는 테슬라에게 비아냥거리는 말투로 "자네는 미국식 유머를 이해하지 못하는군. 주급 10달러만 올려주겠네."라고 말했다는 데 있다. 테슬라의 심정이 어땠을까? 이 일로 인해 테슬라와 에디슨은 영원히 등지는 관계가 되었다.

에디슨 vs 테슬라

에디슨과 테슬라의 불꽃 튀는 경쟁이 시작되었다. 테슬라는 에디슨 전기회사를 나온 후 교류 시스템을 만들었다. 에디슨 전기회사에 머물렀던 시간이 헛되지만은 않았던 거다. 테슬라는 에디슨 연구소 다니며 직류 시스템은 많은 문제점이 있다는 걸 알아냈고, 이를 해결하는 교류 시스템을 만든 것이다.

이 교류 시스템을 인정한 조지 웨스팅하우스는 테슬라와 손잡고 에디슨이 장악한 직류 전기 시장에 교류 전기로 도전장을 내밀었다. 조지 웨스팅하우스는 기관차의 공기 제동기(air brake)를 보급한 대단한 발명가이자 사업가였다. 지금 웨스팅하우스는 미국에 있는 세계적인 종합 원자력 기업이다. 이로써 과학자로서의 라이벌은 에디슨과 테슬라지만 사업가로서의 라이벌은 웨스팅하우스와 에디슨이 되었다.

GE(제너럴 일렉트릭)는 에디슨이 설립한 전기 조명 회사를 모체로 한 세계적인 대기업이다. 반면 웨스팅하우스는 당시 스타트업 기업이었다. 그야말로 골리앗과 다윗의 싸움이었다. 전기는 그 당시만 해도 신에너지였다. 이 신에너지 전기의 송전 방식 채택을 건 치열한 경쟁이 펼쳐졌는데 이를 '전류 전쟁'이라 한다. 직류를 주력으로 하는 GE와 교류를 주력으로 하는 웨스팅하우스 중 누가 이겼을까?

경쟁을 논하기 전에 직류와 교류의 특징을 간략히 살펴보자. 직류 전기는 항상 같은 방향으로 일정하게 흘러 전력은 강하나 장거리 전송이 어려워 전압을 높이기 위해서는 승압기가 필요하다. 이 때문에 비용이 많이 들고 잦은 화재가 발생했다. 반면 교류 전기는 전기의 방향이 주기적으로 변하고 승압이 쉬웠기 때문에 장거리 전송에 유리해서 싼값에 공급할 수 있었다. 여기에 더해 안전하기까지 했다. 그러니 객관적으로 보면 당연히 웨스팅하우스와 테슬라의 승리였다. 그러나 이전까지 미국의 전기 시장은 에디슨의 GE가 독점하고 있었기에 그 벽을 넘기가 쉽지 않았다.

에디슨은 교류 전기 시장이 활성화되기 시작하자 위협을 느꼈고 이 위기를 타개하기 위해 대중들에게 교류 전기는 위험하다는 인식을 심기로 했다. 다시 말해 가짜 뉴스를 만들기로 한 것이다.

에디슨은 교류 전기의자를 만들어 당시 교수형으로 사형시키던 사형수를 2,000V가 넘는 교류 전기의자에 앉혀 사형시키는 퍼포먼스를 벌였다. 또 수많은 대중이 지켜보는 앞에서 교류 전기의자로 코끼리, 고양이 개를 죽이는 퍼포먼스도 벌였다. 이뿐만 아니라 에디슨은 뉴욕주를 비롯한 다른 주에서도 사형장에 전기의자가 채택될 수 있도록 정치적인 로비도 했다. 에디슨은 교류 전기의 높은 전압으로 승압할 수 있다는 장점을, 대중에게 위험하다는 인식을 심는 수단으로 활용했던 거다.

에디슨의 이러한 행동에 대한 대처로, 테슬라와 웨스팅하우스는 '제대로 알면 두려움이 없어진다.'라는 생각으로 교류 전기의 안전성을 대중들에게 알리고자 직접 전기 속으로 몸을 던졌다. 콜로라도 스프링스 연구소에서 전기 때문에 번개 치듯 번쩍번쩍하는 변압기 옆에 앉아 유유히 독서하는 모습을 공개한 것이다.

GE와 웨스팅하우스 대결의 정점은 시카고 박람회였다. 시카고 박람회는 1492년 콜럼버스가 신항로를 개척한 지 400주년이 되는 1893년에 열린 신항로 개척 기념 박람회였다. 이 시카고 박람회에서 GE와 웨스팅하우스는 사활을 건 입찰 전쟁을 벌였다.

입찰의 첫 번째 관문은 안정성이었다. 테슬라는 이 안정성을 증명하기 위해 박람회장에서 수많은 사람이 지켜보는 가운데 코르크 신발을 신고 연단에 올랐다. 그리고 자기 몸속으로 교류 전기를 흘려보냈다. 그러나 그는 멀쩡했다. 대중들은 비로소 교류 전기가 얼마나 안전한지 알게 되었다.

입찰의 두 번째 관문은 경제성이었다. 이 문제에 대해 웨스팅하우스는 큰 고민거리가 있었다. 웨스팅하우스에서 테슬라의 교류 시스템 특허를 샀기 때문에 사용한 전력량에 따라 로열티를 지급해야 했기 때문이다. 이 사실을 안 테슬라는 특허권을 포기해버렸다. 그래서 웨스팅하우스는 입찰에서 GE가 제출한 가격의 반값을 써낼 수 있었고, 드디어 낙찰받을 수 있었다. 이윽고 시카고 박람회장에는 교류 전기를 활용한 전구 25만 개가 켜졌다. 테슬라와 웨스팅하우스는 2,700만 명이 다녀간 시카고 박람회에서 교류 전기의 안전성, 효율성 그리고 경제성까지 모두 증명하며 에디슨을 이겼다.

나이아가라 폭포에 가면 테슬라 동상을 볼 수 있다. 나이아가라 폭포와 테슬라가 무슨 상관일까? 젊은 시절 테슬라는 꿈이 있었다. 미국으로 건너가 나이아가라 폭포의 힘을 이용해 전기를 만드는 꿈이었다. 이 나이아가라 폭포에서 세계 최초로 수력발전소가 만들어졌는데 이 수력발전소 역시 에디슨의 직류 시스템이 아닌 테슬라의 교류 시스템을 채택했다. 이후 교류 방식은 국제 표준이 되었고 테슬라의 꿈은 현실이 되었다. 그리고 테슬라는 에디슨과의 대결에서 최종 승자가 되었다.

테슬라 이전의 전기는 특권층의 전유물이었다. 굉장히 비싼 발전 시설과 승압 비용 때문에 전기료 또한 매우 비쌌기 때문이다. 하지만 니콜라 테슬라의 교류 시스템의 발명으로 전기는 대중에게 더 싸고 편리하게 공급되는 보급형 전기가 되었다.

과학계 최고의 맞수 테슬라와 에디슨은 '영감형과 노력형', '이

상파와 현실파', '연구가와 사업가', '상상력 천재와 쇼맨십의 천재' 등으로 자주 비교된다. 왜 그럴까? 이들의 발명 철학 때문이다. 에디슨은 1,033개의 발명품과 1,093개가 넘는 발명 특허를 가지고 있다. 이런 에디슨의 발명 철학은 '팔 수 없는 것은 발명하지 않는다.', '나는 나 이전의 마지막 사람이 멈추고 남겨놓은 것에서 출발한다.'이다. 에디슨이 얼마나 현실적인 사업가인지 잘 보여준다. 테슬라는 이런 발명 철학을 가진 에디슨을 싫어했다.

테슬라와 에디슨이 얼마나 사이가 좋지 않았는지 잘 보여주는 사례 두 개를 소개하겠다. 첫 번째 사례는 1915년 뉴욕타임스에서 테슬라와 에디슨이 노벨 물리학상 공동 수상자로 선정되었다는 기사가 실렸을 때다. 이 기사를 보고 테슬라와 에디슨 모두 공동 수상을 거부했다. 두 사람의 거부 이유를 들어보자. 에디슨은 "내 밑에서 일하던 애송이가 나와 공동 수상이라니 기분 나빠서 받지 않겠어."라고 말했다. 테슬라는 "치졸한 에디슨과 공동 수상을 하느니 차라리 안 받는 게 낫겠어."라고 말했다. 두 번째 사례는 이것이다. 우리 모두 알고 있는 에디슨의 어록 "천재는 99%의 노력과 1%의 영감으로 만들어진다."를 듣고 테슬라는 이렇게 반박했다. "에디슨이 머리를 좀 더 썼으면 99%의 노력을 안 해도 됐을걸."

그렇다면 테슬라는 어떤 발명 철학을 가지고 있기에 이렇게 에디슨을 싫어한 것일까? 테슬라의 발명 철학을 가장 잘 보여주는 건물이 워든클리프 타워다. 이 타워는 47m 높이의 구조물로 청동

돔이 얹혀 있고, 테슬라 코일이 감겨 있다. 이 대단한 구조물의 용도는 대륙에서 대륙으로 전력을 공급하는 것이다. 그냥 공급하는 것이 아니라 무선으로 공급하는 시스템이다. 놀랍지 않은가? 더 놀라운 것은 이 시스템을 만든 테슬라의 목적이다. 그 목적은 바로 '전기를 인류에게 공짜로 공급하는 것'이었다. 이것이 테슬라의 발명 철학이다.

그러나 안타깝게도 테슬라의 발명 철학은 현실이 되지 못했다. 워든클리프 타워에 투자했던 J.P 모건이 전기를 무상으로 공급하겠다는 테슬라의 의도를 알고 투자를 철회해버렸기 때문이다. 이 때문에 워든클리프 타워는 고철로 팔리게 되었고 테슬라는 파산 직전까지 갔다.

테슬라의 발명 철학은 그의 주요 발명품들을 보면 더 잘 알 수 있다. 앞서 말한 교류 발전기를 비롯해 유도 전동기, 테슬라 코일, 무선 에너지를 송전 기술, 전파 라디오, X선 등이 테슬라가 만든 발명품들이다. 이 발명품들을 한마디로 표현하면 '오버 테크놀로지'라 할 수 있겠다. 그 시대에는 상상할 수 없는, 믿을 수 없는 발명품들인 거다. 니콜라 테슬라가 '금성에서 온 외계인', '미래에서 온 인간' 등의 별명으로 불리는 것은 이러한 이유 때문이다.

위대한 천재 발명가 니콜라 테슬라는 1943년 1월 7일 뉴요커 호텔에서 홀로 쓸쓸한 죽음을 맞이했다. 다음은 임종을 앞두고 고국의 친구에게 쓴 테슬라의 편지 내용이다.

이 세상은 더 이상 가진 자들의 폭력이 가난한 자들에게 굴욕을 주는 일이 없는 세상이 될 것입니다. 그리고 새로운 세상에서는 지식과 과학, 예술의 산물이 개인의 부를 위해서가 아니라 인류의 복지와 윤택한 삶을 위해 쓰일 것입니다.

테슬라의 발명 철학을 한마디로 정의하면 무엇일까? 당신은 어떻게 정의하고 싶은가? 그 정의가 무엇이건 분명한 건 천재 발명가 니콜라 테슬라는 자신을 불태워 인류의 빛이 되어준 발명가였다는 사실이다. 나를 불태워 세상을 이롭게 하는 것만큼 위대한 일은 없다.

하루 30분
그날그날 기분 따라 골라 읽는
일상의 인문학

초판 1쇄 인쇄 2024년 6월 20일
초판 1쇄 발행 2024년 6월 25일

지은이 김병철
책임편집 하진수
디자인 그별
펴낸이 남기성

펴낸곳 주식회사 자화상
인쇄,제작 데이타링크
출판사등록 신고번호 제 2016-000312호
주소 경기도 고양시 덕양구 꽃마을로 34, 1006호,1007호(향동동, DMC스타팰리스)
대표전화 (070) 7555-9653
이메일 sung0278@naver.com

ISBN 979-11-91200-96-6 03300